5.-

Zu diesem Buch

Der konservative Teil der Gesellschaft fesselt die Sexualität an die Fortpflanzung, der liberale Teil bindet sie an die Partnerbeziehung. Die erste bewußte sexuelle Erfahrung der meisten Jugendlichen ist die Selbstbefriedigung. Sie wird auch von Erwachsenen neben und zwischen lustvollem Umgang mit anderen Menschen praktiziert. Über diesem verbreiteten Tun lastet aber noch immer Peinlichkeit, Spätfolge einer angsteinflößenden, lustverneinenden Erziehung.

Das Streben nach sexueller Befriedigung, gleichgültig wie sie geschieht, soweit dabei kein Mitlebewesen gequält wird, ist ein Ausdruck der Lebensfreude des Menschen, die entscheidenden Einfluß auf seine sexuelle, seelische und körperliche Gesundheit hat.

Das deutsche Wort «Selbstbefriedigung» hat einen negativen Beigeschmack, von dem es der Autor befreien möchte. Die Fremdwörter «Onanie» und «Masturbation» enthalten Unrichtigkeiten und entstanden aus einer Anti-Gesinnung gegen eine der harmlosesten und liebenswürdigsten Verhaltensweisen des Menschen.

Dieses Buch ist eine Mischung aus Theorie und Praxis, Kunst und Wissenschaft. Es enthält Erfahrungen und Spekulationen des Autors, eine Materialsammlung zur Geschichte des «Onanie»-Tabus, das um 1700 entstand, bemüht sich um seine Aufhebung und schließt mit einem Rezeptanhang: «mann/frau nehme ...» sich selbst.

Der Autor: 1942 in Wiesbaden geboren, aufgewachsen in der Mark Brandenburg, Schule im Süden von Berlin (DDR), Studium in der BRD: Jura, Psychologie, Soziologie, Musik und Film in Göttingen, Frankfurt, Wiesbaden und München. 1968 juristisches Staatsexamen, 1970 Dissertation über den Rechtsschutz der angewandten Kunst. Seit 1970 Schriftsteller. Veröffentlichungen: 1971 «Sie wolln auch kein Antwort hörn», Beitrag des Hessischen Rundfunks zum Dürerjahr (Frankfurter Hefte 2, 1972). 1973 «Der Untergang des Mannes» – Selbstkritik als Gesellschaftskritik, Aufdeckung der Mechanismen der latent-homosexuellen Männergesellschaft. 1974 «Dressur des Bösen» – Darstellung der Familie als Ursprung des Bösen, Entzauberung der Idylle «Mutter–Kind». 1975 «Der selbstbefriedigte Mensch» – Verteidigung der Selbstbefriedigung, Angriff auf die Überschätzung der Partnersexualität. 1976 «Männerbilder», gemeinsam mit Männergruppe – Reflexionen von Männern über ihre Rolle. 1977 «Manifest für den freien Mann» – Programm für die Veränderung des Mannes (1983 2. Teil: «Manifest 83»). 1977 «Frau Dr. Johnsohn», Theaterstück über eine berufstätige Frau zwischen Mutterbindung und Männerherrschaft. 1980 «Das Paradies der Väter», gemeinsam mit Alexej Mend – Entdeckung neuer Unterdrückungsformen (oraler und analer) und des Zusammenhangs zwischen Sucht, Depression und Krebs. 1982 «Dr. Margarete Johnsohn», Fernsehspiel nach dem Theaterstück, gemeinsam mit Anne Rose Katz. 1984 «Die Elternaustreibung» – autobiographischer Roman über das Ende einer Liebesbeziehung und die Scheidung der Kinder von ihren Eltern.

Volker Elis Pilgrim

# Der selbstbefriedigte Mensch

Freud und Leid der ‹Onanie›

rororo
Rowohlt

Umschlagentwurf: Thomas Henning und Claus Pfitzner
Redaktion: Jürgen Volbeding

17.–20. Tausend April 1987

«Der selbstbefriedigte Mensch» erschien zum erstenmal 1975.
Die vorliegende Fassung ist grundlegend überarbeitet und erweitert.
Veröffentlicht im Rowohlt Taschenbuch Verlag GmbH,
Reinbek bei Hamburg, Mai 1985

Satz Bembo (Linotron 202)
Gesamtherstellung Clausen & Bosse, Leck
Printed in Germany
980-ISBN 3 499 18217 3

Für Wolfgang Korruhn, «das Monument».
Er hat mich beschworen, den Ernst
des Themas zu begreifen, die Laune
zu verlassen und dieses Buch zu schreiben.
Für seinen Satz: «Der Mensch,
der die Onanie erfunden hat, müßte
den Friedens-Nobelpreis bekommen.»

«Übrigens ist nichts natürlicher als das Zusammentreffen
der Hand mit dem Geschlecht.» (Michel Tournier)

«Bei tief bewußtlosen Kranken, noch zu einer Zeit,
da der Hornhaut- und andere Fluchtreflexe bereits erloschen sind,
beobachtet man oft ein Spielen einer Hand am Genitale.
Gewisse Eigentümlichkeiten der Finger-
und Handstellung weisen darauf hin,
daß diese Bewegungskombinationen
in einem sehr alten Gehirnteil
ihr Zentrum haben ... Man spricht nicht davon.
Soll man nicht wissen, daß in jedem Menschen
ererbte Antriebe zu Spielen am Genitale bestehen?»
(Dr. med. Karl Landauer)

# Inhalt


Prolog mit Kind 9

Vergnügen zwischen Bett und Theatersessel 11
Erste Schauer – letzte Geheimnisse 15

Materialien zur Scham 29

Die Sünde
Pastoren und Ärzte saugen sich die «Onanie» aus den Fingern 32
Die Krankheit
Das 19. Jahrhundert fällt über die Kinder her 49
Das Verbrechen
Der Kapitalismus raubt die Person 70
Das Provisorium
Psychoanalytiker legen fest,
wer wann warum «onanieren» darf 88
Der Ersatz
Der Zeitgeist «onaniert» unter dem Mantel der Sexualaufklärung 100
Die Verzweiflung
Nicht die Selbstbefriedigung macht krank, sondern
die Gesellschaft, die den Menschen isoliert 129
Die Früchte
Untergangsväter produzieren mit Kleiderständermuttis
in Intensivsärgen Horrorbabies 146

Pause 157

Wollust – Mußtrieb 159

Kapitel der Lust 165

Das Handwerk der Ekstase 171
Die Genugtuung des Körpers 172
Krankheit – die Nachtseite der Lust 175
Selbstfrieden gegen den Krebs 176

Selbstmord als ausbleibende Befriedigung 178
Autobieren ist besser als Rauchen 179
Die Bewegung des Gehirns 180
Reste der Unabhängigkeit 183
Der Untergang des Bordells 184
Die vernachlässigte Verantwortung 190
Einübung der Zärtlichkeit 192
Überwindung der Rolle 194
Unempfänglichkeit für Herrschaft 198
Das innere Abenteuer 201
Die Befreiung des Menschen 202

Rezepte für das Geschlecht 207

Der Abstand 210 – Das Fieber 210 – Die Meditation 213 – Die Übung 214 – Das Gebet 214 – Der Frieden 214 – Der Knick 215 – Der Ellbogen 216 – Das Internat 216 – Der Ort 218 – Der Seiflappen 219 – Die Freude 219 – Der Himmel 219 – Die Vererbung 220 – Die Badewanne 220 – Die Nähmaschine 221 – Die Wurzel 222 – Die Plakate 222 – Das Kinderzimmer 223 – Die Antwort 223 – Der Unterschied 224 – Das Gießkännchen 224 – Das Gefühl 224 – Das Auto 225 – Die Selbsthilfe 225 – Die Auflehnung 226 – Die Unterhosen 226 – Das Herz 227 – Die Selbstverständlichkeit 227 – Die Pfirsich-Bowle 228 – Die Provokation 228 – Die Unerreichbaren 229 – Die Konzertkarten 230 – Das Spiel 230 – Der Spiegel 230 – Der Zug 231 – Die Körperkunst 233 – Die Hilfe 233 – Die Rasur 233 – Der Geschmack 234 – Die Schaukel 234 – Die Götterdämmerung 235 – Der Kreis 235 – Die Künstlerin 235 – Die Mutter 236 – Das Plastiksäckchen 236 – Der Yogasitz 237 – Das Telefon 238 – Das Boot 238 – Das Euter 238 – Der Rückzug 239 – Werner Finck 240 – Die Fliege 240

Literatur 243

Danksagung 253

# Prolog mit Kind

# Vergnügen zwischen Bett und Theatersessel

An einem Nachmittag der frühen siebziger Jahre klopfte ich an die Tür von Primowitz' Zimmer. Primowitz, abgekürzt Primo, war der damals zwölfjährige Sohn meiner Freundin. Seine Mutter schäkerte ihm mit diesem Spitznamen die erste Stelle in ihrem Herzen frei. Unser Leben zu dritt ging in den zweiten Sommer. Anklopfen hatten wir verabredet, um jedem Mitglied der Gemeinschaft Unwilligkeit zuzugestehen und ihm die Möglichkeit zu geben, sich allein oder mit anderen zurückzuziehen.

Hinter der Tür regte sich nichts. Primo hatte das Klopfen wohl nicht gehört oder sich nicht getraut, «Nein» zu sagen. Ich brauchte dringend etwas aus seinem Zimmer. Ich wollte sehen, ob er da war, ob er vielleicht nur schlief. Ich öffnete die Tür vorsichtig einen Spalt. Primo lag in eindeutiger Beschäftigung auf dem Bett, hatte die Hosen herunter, riß sie sich im Moment meines Hereinschauens hoch und rief: «Ich komme gleich!» Ich murmelte: «Ach verzeih!», wurde rot, schloß eilig die Tür und konnte dadurch nicht mehr sehen, ob auch er rot geworden war.

Kaum nach einer Minute stand er in meinem Zimmer und tat wie Tulpe! Wir waren verlegen. Ich bückte mich und gab vor, in der untersten Schublade meines Schreibtisches etwas ordnen zu müssen. Ich ärgerte mich. Längst hatten «Aufklärungs»-Gespräche stattgefunden, ich konnte, ohne mit der Wimper zu zucken, ihn fragen, ob Lustlaute aus dem Schlafzimmer der Erwachsenen ihn störten, worauf er freche Bemerkungen über die Einsatzfähigkeit der «Alten» abgab.

Aber nun Selbstbefriedigung, über die wir uns nicht gelockert miteinander verständigen konnten. Ich hatte sein Nachmittagseinerlei gestört und war nicht fähig, lässig zu rufen: «Hallo, gut Wichs!» Und er konnte sich nicht im Vergnügen lassen und flott erwidern: «Bis gleich, bin grad nicht bei Trost!» Ich war in etwas gestolpert, wovor es mir die Sprache verschlug. Warum spricht ungeniert alle Welt in aller Öffentlichkeit über alle Arten von Kommunikationssex: Heterosexualität, Homosexualität, Bisexualität, Partnertausch, Gruppensexualität ...?

Nur der Autosex ist verhüllt. Die Person entflammt daran zu Scham. Und ich schämte mich vor dem Kind, nicht wegen meinem, sondern vor seinem Tun.

Wir gingen spazieren. Vorhin, als er in mein Zimmer hereingestürzt war, hatte ich mich nicht mehr zu sagen getraut als: «Das Anklopfen ist fürs ‹Nein›-Sagen gedacht», jedoch das sexuelle in flagranti ausgespart. Jetzt, auf hochsommerlichen Waldeshügeln, konnte ich Rotwerden und Schwitzen für mich und ihn riskieren. Ich redete von den Sätzen, die wir uns lieber hätten zurufen sollen, anstatt mit beiderseitiger Peinlichkeit auf die Störung zu reagieren. Es entstand eine gelockerte Stimmung. Wir lachten über unsere bis eben noch andauernde Verstocktheit und wurden immer frecher. Wir tauschten Techniken und Praktiken für Männer und Jungen aus, sich durch sich selbst Lust zu verschaffen. Primo hatte seit ein paar Monaten Erfahrungen mit Mädchen und seit zwei Jahren mit sich selbst, meinte zu dem Unterschied, die Mundwinkel pampig herabhängend: «Alleine ist viel schöner!»

«Na ja, das kommt darauf an!» flüchtete ich aus, wie es der Jurist gelernt hat, sich nicht festzulegen, und bedachte meine eigenen Stimmungen und Tätigkeiten auf diesem Gebiet. Mit dem Geschlecht ist nichts gewiß. Das Gegenteil wollen uns die Hauptvertreter aus den Branchen Theologie, Medizin, Psychologie und Pädagogik einreden.

«Du müßtest mal ein ‹Rezeptbuch fürs Wichsen› schreiben!» schlug Primowitz vor.

«Was, Rezepte für das männliche Geschlecht zum Selbermachen?!»

Ich sah die Häupter der Kulturmächtigen sich über solche Zeilen beugen. Würden sie sich erzürnen, mich verachten und ignorieren, würden sie wenigstens vor diesen Tätigkeiten dazu kommen, einen hochzubekommen, vielleicht – der allerkühnste Gedanke – ein Rezept ausprobieren, ehe sie zur Verachtung schreiten? Ich spielte mit Primowitz alles erst einmal durch. Wir erzählten uns ein lustiges Buch. Und so etwas gab es noch nicht. Es gibt nur Partner-Sex-Technik-Bücher, keine Selbstbefriedigungs- oder Autosex-Rezepte. Wir waren auf Wolken der Verhöhnung unseres sextechnischen Zeitalters und liefen die dämmrig gewordenen Hügel wieder hinab, um im Schauspielhaus noch Brechts ‹*Im Dickicht der Städte*› zu sehen. Ein Stück zum Stillhalten und Dösen, einem marxistischen Dösen zwar, aber ohne zu meditieren kamen wir an es nicht heran. Das war sinnlich und anstrengend zugleich. Eine nackte Frau trat auf und blieb zu lange auf der Bühne, als daß ihr Erscheinen nur vorübergehend hätte wahrgenommen werden können. Und also trieb der Primo neben mir Kurzweil zwischen seinem Ellbogen und seinem zum Gürtel rankenden Glied im dunklen vollen Zuschauersaal, leise und ohne Gekeuche mit zartem Knistern und Rascheln, sich nicht mehr unterbrechend, in stetem Bleiben an dieser lieblichen Entspannung.

Meine Möglichkeiten hatten sich ebenso wie die vom Primowitz auf die Gürtellinie zugearbeitet. ‹Warum denn nicht? Biete den Vätern auch mal praktisch deine Stirn, Elias, im Theatersaal hast du dich noch nicht gerieben! Unmöglich, mein Vater hat mir solches nicht zu üben aufgetan. Und außerdem: man kennt mich doch inzwischen. Na ja, Jean Genet, Arthur Koestler und Bertrand Russell gestanden Selbstbefriedigung memoirisch, Tilmann Moser führt sie zu wissenschaftlichen Zwecken auf, und Peter Handke verarbeitet sie mit künstlerischen Effekten. Wenn schon, an mir ist es, sie vor allen Leuten jetzt zu tun. Das wär zuviel.› Etliche pikierte Kinne theaterstimmungsgestörter Zuschauer hatten sich bedrohlich zu uns hingeschoben, so daß meine Möglichkeiten schon wieder verängstigt von der Gürtellinie weggerückt waren. Primo hatte seinen Rausch allein, sein Rascheln hörte auf, die «Psts» und «Schts» der beunruhigten Zuschauer ebbten wieder ab. Das *‹Dickicht der Städte›* lief weiter ohne Lust.

«Wo läßt du denn den Samen?» fragte ich, als Primowitz in der Pause keine Anstalten machte, aufs Klosett zu eilen.

«Ach, der trocknet ja. Das bin ich schon gewöhnt. In der Schule während des Unterrichts kipple ich immer mit dem Stuhl, dann ist die Arbeit mit dem Ellbogen nicht so anstrengend.»

«Machst du das denn immer?»

«Nee, nur wenn die Lehrer langweilig sind!»

In der Fernseh-Podiumsdiskussion «Was habe ich eigentlich falsch gemacht? Mein Kind ist kriminell!»* redete ich zweimal vom Geschlecht des Primowitz, und jedesmal brach Tumult aus unter den Zuschauern im Studio. Die Teilnehmer wurden gefragt, was sie den Eltern praktisch empfehlen könnten, damit ihr Kind nicht kriminell wird. Ich sagte: «...

* Nachmittagsprogramm WDR 3. April 1975. Redaktion Lisa Kraemer

und dann ist das Wort ‹Triebe› benutzt worden, und ich möchte doch nicht allgemein bleiben, sondern sagen, es gibt ja da die Entwicklung des Geschlechts des Kindes, und da(zu) können Eltern ganz einfach positiv Stellung nehmen und sagen: ‹Laß das Kind den Trieb entwickeln› und nicht ‹Pfui, pfui, baba› (machen), wie es vorhin hieß, (um) im Kinde, das onaniert, den künftigen Triebverbrecher zu sehen. Laßt das Kind sich mit sich lustvoll beschäftigen und mit anderen Kindern lustvoll beschäftigen und verbietet das nicht! Das tun noch immer Eltern.»

Der Soziologe Erwin K. Scheuch fuhr mir in die Seite: «Na ja, also, wie bei anderen Trieben auch, und sei es auch nur der Hunger, sollten sie doch lernen, mit Messer und Gabel zu essen, statt mit den Fingern.»

«Na und?! Was heißt das aufs Geschlecht?»

«Daß da auch Regeln fällig sind!»

«Ja, aber, das heißt doch nicht, es zu verbieten, und zu kommen und – was Eltern alles tun . . .»

«Moment, aber sind wir uns einig, daß hier auch wieder ein . . .»

«Nein, sagen Sie das mal ganz konkret, was das heißt!»

«Bitte? Na ja, Sie wünschen ja nicht, daß der sein Leben lang onaniert! Richtig?»

«Nein, ich sagte ja: ‹. . . mit sich *und* mit anderen lustvoll beschäftigen . . .›»

Und etwas später geht es noch einmal los, als Scheuch sagte: «(Sexualität) ist ein Verhalten, was man nicht regellos lassen kann, mehr habe ich nicht gesagt.»

«Das muß man aber genauso fördern wie anderes, wie Sprachelernen, Sexualität muß man ebenso lernen . . .»

«Sie brauchen Onanieren nicht zu fördern wie Sprache!»

«Sehr wohl!»

«Nein, weil es nicht die gleiche Funktion hat!»

Abermals Tumult! «Meine Herren!» sagte die Diskussionsleiterin und beendete den Streit.

Lieber Primowitz, der Scheuch hat mit seinem Satz: «Sie wünschen ja nicht, daß der» – gemeint warst du – «sein Leben lang onaniert!» dich, der du in voller Blüte dieser Beschäftigung warst, unruhig machen und mich, der ich immer noch, wenn's mir paßt, das gleiche tue wie du, kränken wollen. Das lassen wir uns nicht gefallen. Ich wünsche dir gegen alles Besserwissen der mit Regeln umgehenden Herren, daß du doch dein Leben lang immer wieder auch Lust an dir und durch dich selber hast. Ich danke dir, daß du mich inspiriertest, einem Kapitel menschlicher Beschäftigung meine Aufmerksamkeit zu widmen, das so, wie ich es tun werde, noch niemand aufgeschlagen hat. Ich versuche, aus meiner Provokation «sehr wohl» auf die abfällige Bemerkung Scheuchs: «Sie brauchen Onanieren nicht zu fördern wie Sprache» ein Buch zu machen. Unser Gelächter über die Rezepte werde ich nicht vergessen. Wenn auch in diesem Buch alles wieder ziemlich traurig wird, werde ich an unsere Späße denken und zur Aufheiterung von dir und mir und vielen anderen überall kleine Frechheiten einstreuen. Der oft unterbrochene rote Faden der Schamlosigkeiten soll an dich erinnern, an deine Rezepte für das Geschlecht, denen ich den Schluß gewidmet habe. Laß dir einstweilen deinen Sonntagmorgen nicht madig machen, dir nicht deinen Sonnabendnachmittag stehlen. Wenn du eines Tages mit deinem Geschlecht in Beziehungen und Ehen arbeiten und mit Hand und Kopf für deinen Unterhalt sorgen mußt, vergiß nicht die Muße zwischen deinem Ellbogen und der Spitze deines Einerlei.

## Erste Schauer – letzte Geheimnisse

Der Tumult im Aufnahmestudio brach nicht aus, weil von Sexualität gesprochen wurde. Von ihr redet und schreibt das Zeitalter seit Freud. Der Professor wurde nicht gegen die Passage meines Satzes scharf: «Laßt das Kind sich mit anderen Kindern lustvoll beschäftigen», sondern gegen den Teil: «Laßt es sich mit sich selbst lustvoll beschäftigen.» Der Streit wurde abgebrochen, als es darum ging, ob «Onanieren nicht zu fördern (sei) wie Sprache».

Sprache ist etwas Hehres, Regeln sind etwas Gutes, Sexualität inzwischen auch, da «man (sie) nicht regellos lassen kann». Regelfähig ist sie als soziales Verhalten. Die Selbstbefriedigung gilt nichts, weil sie einem Normverfahren schwer zugänglich ist. So wird sie sonderbehandelt, aus dem Begriff «Sexualität» ausgeschlossen, konzentriert auf sich einen der letzten Makel der Abartigkeit.

In einen Geschlechtsakt des Primo zu platzen, hätte mir kaum ein «Ach so» abgenötigt. Mich selbst bei einem geschlechtlichen Umgang mit jemandem ertappen zu lassen, würde ein Zwischenfall sein, der mir wenig Peinlichkeit bereitete. Aber sogar von meinem intimsten Menschen beim Handreiben am Glied überrascht zu werden, hätte mich knallrot werden lassen. Meine Freundin hat sich nie so geniert, als sie mir eine während unserer Beziehung erstmals probierte Selbstbefriedigung, die ihr noch nicht recht geglückt war, eingestand.

Schlüpfrige Aufschneidereien und Herrenwitze betreffen vieles Mögliche des Unterleibes, die Selbstbefriedigung im allgemeinen nicht. Wenn Arbeitskollegen gut gelaunt sind, tauschen sie in den Mittagspausengesprächen Positionen bei Geschlechtsakten aus, Todesarten und Selbstmordtechniken, wenn es ihnen schlechtgeht. Von eigener Selbstbefriedigungspraxis wird nicht gesprochen.

Über die Selbstbefriedigung gibt es Fachaufsätze, psychoanalytische Gesprächsrunden, zahlreiche veraltete kuriose medizinische Traktate und Problemerörterungen als Abhandlungen über Erziehung und Jugendsexualität. Armand Mergens ‹*Sexualforschung – Stichwort und Bild*›[84] führt unter 550 Titeln im Literaturverzeichnis nur einen über die Selbstbefriedigung auf: René Spitz' Aufsatz ‹*Autorität und Onanie*›[128].

Die Selbstbefriedigung wird in den Büchern über Sexualität – gemeint ist unter diesem Begriff immer Partnersexualität – berührt, beiläufig erwähnt und bekommt hier und da ein Unterkapitel eingeräumt. «Keiner der Autoren versucht indes, eine umfassende Darstellung der Selbst-Stimulation mit allen ihren Variationen und vielschichtigen Erscheinungsformen zu geben. Das zur Bewältigung einer so ungeheuerlichen Aufgabe erforderliche akkumulierte Wissen gibt es bis heute nicht. Es müssen noch viele ihren individuellen Beitrag leisten, bevor ein einzelner oder ein Team imstande sein wird, die gewonnenen Erkenntnisse zusammenzufassen und uns eine auch nur annähernd erschöpfende Darstellung zu vermitteln.»[80] (S. 51)

Diese Sätze – von Masters 1967 geschrieben – sind aufmunternd. Jedoch die Selbstbefriedigung zu einem abgesonderten Gegenstand der Sexualität zu machen und einzeln zu behandeln, kränkt sie ebenso, wie sie die thematische Nebensächlichkeit in den allgemeinen Partnersex-

Abhandlungen verletzt. Der Peinlichkeit, in die ein erwachsener Mensch gerät, wenn er eingestehen soll, daß geschlechtliche Selbstbefriedigung zur Gegenwärtigkeit und nicht nur zur Vergangenheit seiner Lust gehört, korrespondiert die miese Tönung, in der die Fachsprache über die sexuelle Selbstbeschäftigung gefärbt ist. Den Gründen dieser Geringschätzung möchte ich nachgehen und nicht einen letzten Schutzwinkel an Geheimnissen aufstöbern. Es würde auch immer noch schwer möglich sein, über die Selbstbefriedigung eine umfassende Darstellung zu erarbeiten, ähnlich wie Kinsey[71,72] Masters/Johnson[81] und Yankowski[147] partnerschaftlich-sexuelle Verhaltensweisen und Reaktionen erforscht haben, weil jene Betätigung sich Beobachtungen und Messungen bisher entzieht. Die Selbstbefriedigung ist nicht stubenrein, nicht vorzeigbar. Die Menschen wollen mit ihren Geheimnissen nicht in die Tabellen oder auf die Apparatetische. Kinsey, Yankowski, Giese[49], Schmidt/Sigusch[118, 119] berichten über Selbstbefriedigung bei der Jugend. Da gestehen die Menschen sie noch eher ein als im Erwachsenenstadium. 90 Prozent der Jungen und 70 Prozent der Mädchen üben sie aus. Angeblich schwindet das Verhalten, wenn die Geschlechter heiraten, steigt wieder an, wenn sie im Alter ohne Partner leben.

Ich wollte der Selbstbefriedigung aufhelfen, indem ich beweise, sie steht bei Erwachsenen den Geschlechtsakten an Häufigkeit und an seelischer Bedeutung nicht nach. Ich faßte einen Fragebogen ab, begann, ihn an Freunde und Fremde zu verteilen, versuchte, damit zu nachweisbaren Prozentzahlen zu kommen, als mich die Notiz eines Beantworters stoppte: «Ihre Bücher lassen eine Tiefe der Fragestellung zurück, denen dieses Zahlenspiel nicht gerecht wird.»

Ich wurde in Sachen Selbstbefriedigung ein zweites Mal rot. Vor der radikalen Subjektivität, die mir dieses Thema abverlangt, hatte ich fliehen wollen in die Bravour von Zahlen, die das Allgemeine absichern sollten. Ich maßte mir die Arbeitsweise eines Instituts für Sexualforschung an, von der mich die Unberührbarkeit gegenüber dem Persönlichen trennt.

Das weitverbreitete Vorkommen der Selbstbefriedigung kann ich mir durch eine einfache Rechnung vergegenwärtigen. Ich denke mir alle geschlechtlichen Befriedigungen, die die Menschheit je empfunden hat, und teile sie auf in die durch einen anderen und die durch sich selbst gewonnenen. Dann ist es unmöglich, der Selbstbefriedigung einen zweiten Platz einzuräumen. Kinder und Jugendliche bis zwanzig sind meist noch ohne einen Dauerpartner. Etliche Menschen heiraten nicht. Bis ins 20. Jahrhundert hinein taten es die meisten nicht. Die Zeit der Partnerschaft endet für viele nicht mit dem eigenen Leben. Junge, alte, alleinstehende Menschen fallen aus der Partnerbefriedigung heraus. Und die in Beziehungen lebenden Menschen können sich auch nicht immer ununterbrochen durch den anderen befriedigen. Zeiten der Trennung, der Kriege der Männer, der Schwangerschaften der Frauen, der Reisen und Krankheiten des einen Lebensgenossen, der Feindschaften mit ihm, des Ekels vor ihm eröffnen immer wieder eine Besinnung auf die Möglichkeiten durch sich selbst. Die Häufigkeit der Selbstbefriedigung ist der der Befriedigung durch Geschlechtspartner ebenbürtig oder überwiegt sie sogar. Diese Tatsache wird zur Binsenweisheit beim Überdenken des eigenen Lebens und bei der Kalkulation der menschlich-sexuellen Bedingungen, die nicht identisch sind mit Ehebedingungen. Das, worum ich mich in Pseudo-Forschermanier sorgte, wurde mir durch frühe Kritik schnell zur unzweifelhaften Sicherheit, die aber die Thematik erst zuspitzte und nicht in Zahlenbetten von Statistikergebnissen zur Ruhe wiegte.

Das Spiel mit Primowitz ist aus. Von der Mühsal meiner Problem-Entdeckungen in Büchern und Gesprächen brachte ich Zentner Trauer mit, ein paar Pfund Wonne. Die Wonne betrifft einige Details einiger Personen, die Trauer die gesamte Gesellschaft. Ich bin einem ihrer lautlosesten Verbrechen auf die Spur gekommen, dessen Geschichte mitten in die sexliberalisierte Gegenwart führt und das die sogenannte sexuelle Befreiung Lügen straft.

Die Selbstbefriedigung steht unter Schmach. Im Deutschen hat sie keinen präzisen Namen. Das Wort transportiert einen unklaren Sinn, weil alle geschlechtliche Befriedigung Selbstbefriedigung ist. Der Mensch befriedigt sich auch in jedem Geschlechtsakt selbst, nur dabei mit Hilfe eines anderen Körpers – zum Unterschied bei der Befriedigung durch eigene Körperteile wie Hände oder durch benutzte Gegenstände. Lust erlebt der Mensch nicht karitativ. Alle geschlechtliche Begierde hat das Ziel der Selbstbefriedigung.

Wenn die Unterdrückung der Frau so weit geführt hat, daß Frauen keine geschlechtliche Befriedigung empfinden können, schlafen sie mit Männern zu deren Befriedigung. Diese Befriedigung ist aus der Perspektive der Frauen eine Fremdbefriedigung. Die geschlechtliche Unempfindlichkeit von Frauen ist ein Leiden. Der erzwungene Zustand kann nicht für die Rechtfertigung eines Begriffes, der etwas Nichtverunstaltetes meinen soll, benutzt werden. Einen Unterschied zwischen der Fremdbefriedigung und dem nicht so wertvollen geschlechtlichen Verhalten der Selbstbefriedigung, der in der Wortschöpfung mitschwingt, gibt es nicht. Es gibt: 1. Selbstbefriedigung mit einhergehender Fremdbefriedigung beim beiderseits lustvoll erlebten Geschlechtsakt, 2. Selbstbefriedigung ohne Fremdbefriedigung beim nur von einem Partner lustvoll empfundenen Geschlechtsakt und 3. Selbstbefriedigung als Alleinbefriedigung, wenn kein Partner bei geschlechtlicher Tätigkeit beteiligt ist.

Die deutsche, französische, englische und italienische Sprache benutzen für die geschlechtliche Alleinbefriedigung zwei Fremdwörter, die nicht nur von irreführenden Interpretationen herrühren, sondern deutlich als Schmähungen gegen die sexuelle Selbstbeschäftigung gemeint waren: «Onanie» und «Masturbation».

«Onanie» wurde abgeleitet von Onan, einer Sohnesfigur aus dem Alten Testament. Im 1. Buch Mose, Kap. 38, Vers 8/9 soll Onan die Frau seines älteren Bruders Ger heiraten, der gestorben war. Die jüngeren Söhne mußten im Todesfall des ältesten die Erstgeborenenlinie erhalten, indem sie mit der Witwe des Bruders ein Kind zeugten, das als des ältesten Kind gelten sollte (Gesetz der Leviratsehe). Onan widersetzte sich: «... ließ er's auf die Erde fallen und verderbte es, auf daß er seinem Bruder nicht Samen gäbe.» – «Da gefiel dem Herrn übel, was er tat, und er tötete ihn auch.» (38, 10)

Den alttestamentarischen Vätern mißfiel der unterbrochene Geschlechtsakt und der nicht für die Erbfolge genutzte Samen. Den Vätern der Neuzeit, die aus dieser Geschichte das Wort «Onanie» erst schufen, mißfiel nicht der aus unterbrochenem Geschlechtsakt, sondern der aus Handanlegen hervorgelockte und auf den Boden geschüttete Samen. Der Begriff «Onanie» ist nicht im Irrtum gewählt worden, wie in neueren Bemerkungen über die Selbstbefriedigung behauptet wird, sondern aus der Absicht, auch in nicht-jüdischen, neuzeitlichen Verhältnissen den zur Lust des Mannes und nicht zu Fortpflanzungszwecken vollführten Samenabgang als schlecht und unwert zu erklären.

Der zweite Fremdbegriff «Masturbation» wird in einschlägigen Schriften aus dem Lateinischen von *manus stupratio* hergeleitet – das bedeutet: «Mit der Hand schänden.» Bis in moderne Wörterbücher hinein wird behauptet, Masturbation käme von Manustupration. «Mit der Hand Unzucht treiben» paßt zur alten «Selbstbefleckung», einem christlichen Sammelbegriff der Verdammung, der die Sünde, die Schande und die absolute Schlechtigkeit der Selbstbefriedigung in die Gehirne der Menschen einbleuen sollte.

Ich habe die Lust an mir und durch mich erst entdeckt, als sie beim Mann mit Fleckenmachen verbunden war. Viele Jungen erinnern sich, sie ungefähr mit fünf bis sechs Jahren kennengelernt zu haben. Die Selbstlusterlebnisse aus der Kleinkindzeit sind im Gedächtnis der Menschen nicht haftengeblieben. Ich war elf. Bei den abendlichen Waschungen im Badezimmer hielt ich mich eines Tages länger auf. Ich wusch mich, indem ich einen Lappen in das von der Mutter mit warmem Wasser aus einem Kochtopf angefüllte Waschbecken tauchte und einseifte. «Obenrum – einseifen, abspülen und trocknen, mit dem Handtuch gut abreiben, damit du dich nicht erkältest», hatte ich gelernt, «und dann untenrum.»

Seit einigen Tagen veränderte sich meine männliche Stelle, wie wenn aus der unbeweglichen Puppe eine schlängelnde Raupe gekrochen käme. Der Pimmel bewegte sich nicht nur von links nach rechts und von oben nach unten, sondern in einem bisher nicht gekannten Maße von innen nach außen, vor allem, er wurde dabei groß. Und morgen wieder! Die Seife mußte «untenrum» in größerer Menge eingesetzt werden als früher, durch die Veränderung war mehr Hautoberfläche zu beschmieren. Und das glitschte schön und war reizend im Gefühl. ‹Das mach ich morgen wieder und übermorgen auch ...›

«Bist du soweit?!» drängelte eine Erziehungsperson von außen, nicht weiter böswillig oder argwöhnisch, doch prinzipientreu zur Einschlafenszeit das Kind aus dem Bad ins Bett. «Ja, ja», ‹schleunigst die Seife von den zugewonnenen Hautteilen abgespült und die schöne Nille abgetrocknet – ›, wie die Berliner den Schwanz in überwältigender Sinnverdreh weiblich nennen. Sie war zu einem unförmigen Gummischlauch geworden und blieb halb stehen, halb hängen. Nachthemd drüber und Bademantel noch darauf, so gelang es, die Bescherung einigermaßen zu verpacken. Im Kinderzimmer den Bademantel wieder aus und vorsichtig die neue Befindlichkeit unter die Bettdecke geschoben. «Gute Nacht, schlaf schön», sagte die Mutter. Licht aus. «Schlaf gleich ein!» ‹Nee! Wie war das? Die rechte Hand hatte den Lappen und seifte ein, die linke Hand, nur mit Seife voll und ohne Lappen, faßte den Pinsel an, rutschte vor und zurück. Ja, so war das, was schön war.› Ich hockte mich auf, schlug das Nachthemd hoch und probierte das alles noch einmal ohne Seife. O Wunder, da kam es von neuem! ‹Ist noch ein Rest Seife dran?› Irgend etwas glitschte wieder. Ich machte das und machte das, torkelte vornüber auf die Knie. ‹So ein komisches Gefühl, au weia, Jesus, ich muß ja pinkeln, nee, doch nicht, aber was war das? Noch mal reiben, will ich nur mal sehen, was da los ist, so rauf und runter, da war eben was! Ich hol lieber den Nachttopf unterm Bett hervor, falls ich plötzlich pinkeln muß. Fein, so ein Reiben! Seltsam, grad da! Na was, nun doch pinkeln, schnell in den Topf. Aber es kommt was Neues raus, langsam und klebrig, keine Pinkulative, noch nie gesehen, riecht auch anders, habe ich eben noch etwas, gut! Morgen mach ich wieder Reibenpinkeln und übermorgen wieder.› Das wurde immer lustiger. Erst beim drittenmal wußte ich: Jetzt kommt's, jetzt ist jetzt, nämlich das, was das Abendland «Orgasmus» nennt.

Lust durch Reiben am Schwanz: So beginnt die Genitalgeschichte des Mannes. Von allen Männern, die ich daraufhin angesprochen habe, hat mir nur einer erzählt, daß er seinen ersten willentlichen Samenerguß durch einen Geschlechtsakt mit einer Frau erlebt hatte. Dafür ersetzten ihm unwillkürliche nächtliche Ergüsse – «Pollutionen» genannt – die Hand an seinem Glied. Im Prinzip ist der erste Rausch beim Manne ansichtbar. Die erste Kurve beschreitet er allein. Auch wenn ein Altersgenosse Hand anlegt – «wechselseitige Onanie» nennt die Fachsprache dieses erste zweihändige Überkreuzberühren –, helfen die Reibungen des Freundes, die neuen Sensationen zu entdecken, wobei die Hand des anderen stellvertretend für die eigene wirkt.

«Erregung des männlichen Genitale» – so muß die richtige Übersetzung von Masturbation heißen, wie sie Karl Landauer[76] und René Spitz[128] (S. 3) aus *masturbatio* herleiten, *mas-* (maskulin = männlich) *tur-*

*batio* (Turbation / Turbiner / Turbulenz = Aufwirbeln, Hochtreiben, In-Unruhe-Versetzen, Kreiseln). Mit diesem Sinn wäre das Wort «Masturbation» ertragbar. Im Englischen dominiert es in der Fachsprache. «Erregung des männlichen Genitale» brandmarkt das Geschehen nicht. Aber mit dieser Bedeutung klammert das Wort die Erregung der weiblichen Genitale aus. «Femturbation» müßten die Frauen sagen, wenn sie die Beschäftigung mit ihrem Geschlecht benennen wollen. Bei der Wortschöpfung «Masturbation» ist die Frauenlust unbeachtet geblieben. Der Begriff steht auf der gleichen Stufe wie die deutschen Wörter «wichsen» und «einen runterholen», die dem männlichen Geschlechtsinstrumentarium abgeschaut worden sind. «Wichsen» meint, einen Gegenstand blankreiben (Schuhe wichsen), und «einen runterholen» zielt auf den Effekt des Samenspritzens. Als «Masturbation» sich durchsetzte, war für das Männerbewußtsein die autonome Lust der Frau offenbar verschollen. Erst seit 1905 hat es sich bei den Denkern wieder herumgesprochen, daß die Frau auch Lust hat. Sigmund Freud brachte seine *‹Drei Abhandlungen zur Sexualtheorie›* [35] heraus, schrieb vom «vaginalen Orgasmus» der Frau. Klitoraler Orgasmus und Frauenselbstbefriedigung blieben weiterhin zensierte Vorkommnisse.

Die Fremdwörter «Onanie» und «Masturbation» sind Gebilde von Männern für und gegen Männer. Die Sinngehalte sollen Männer beschimpfen und Frauen ausklammern. Damit sind die Begriffe für mich unbrauchbar. Ein Wort wird nicht neutral, wenn sein Sinn im Ursprung einen Tatbestand verachten, verketzern, schelten, geißeln und strafwürdig machen soll. Der böse Sinn schwingt mit, rettet sich auch über neutrale Abhandlungen, als sei er nur eingekapselt, drohend, seine üblen Tendenzen erneut zur Wirkung zu bringen, wenn es einem Schreiber oder Sprecher, einem neuen Repressionsanlauf der Gesellschaft paßt. Ich werde die Bezeichnungen nur dann verwenden, wenn der Zusammenhang mit den Arbeiten anderer Autoren diese kastrierenden Begriffe erzwingt.

Trauer erneut! Die Sache hat keinen Namen – eine Katastrophe für ein Buch, das angewiesen ist, ihn unablässig zu gebrauchen. Soweit es sich machen läßt, werde ich deutsche Wörter benutzen, die das Geschehen treffen. Aber die vielen schaffen nicht das eine, das notwendig wäre. Für das Bedürfnis nach einem fremden Wort will ich ein neues anbieten, das weder schmäht noch absondert. Sachverhalt und Begriff lassen sich durchaus in Einklang bringen: Die Sexualität wird allein betrieben: auto = allein. Das selbständige, für sich tätige Geschlecht bezeichne ich als «Autosex». Beim Verb können «Mas-» oder «Femturbation» umgewandelt werden zu auto = allein, turbatio = Erregung, auto-turbatio, autoturbieren, verkürzt autobieren. Als Substantiv wäre «Autobation» denkbar. Autobieren ähnelt probieren. Damit würde die wichtige Funktion der sexuellen Selbstbeschäftigung in der Kindheit und Jugend des Menschen getroffen: ausprobieren, was ich habe, fühlen, wie ich bin, finden, was ich für mich brauche und vorwegnehmen, was ich will, wenn ich zu anderen Menschen strebe. In der Silbe «auto» schwingt kein «Pfui» mehr mit. Autos haben alle gern. Auch wäre Schluß mit der lästigen Doppelbenennung «Onanie» und «Masturbation». Dann brauchten Duden, Meyer, Brockhaus, Herder und sonstige Lexika, Schlag- und Stichwörter in Bibliotheken und Sachregister in wissenschaftlichen Abhandlungen mich nicht mehr im Ping-Pong von «Onanie» zu «Masturbation» und wieder zurückzuhetzen. Es heißt immer bei «Onanie»: Siehe «Masturbation», und bei «Masturbation» heißt es: Siehe «Onanie»! «Onanie» und «Masturbation» gefallen mir auch klanglich nicht. «Ona-nie – ona-oft», scherzen Jugendliche. Wenn ich mit dem Finger die Bibliotheksregister entlangfahre und bei «Masturbation» ankommen will, stolpere ich regelmäßig über «Mastdarmkrebs» und «Mastschweinhaltung» und denke jedesmal: ‹Ih!›

Es gibt keinen Menschen meiner Generation – den ich danach gefragt habe –, der in seiner Jugend nicht von einem Unsinn über die Selbstbefriedigung bedroht worden wäre. Bis weit in die Mitte des 20. Jahrhunderts hinein war es üblich, Kinder und Jugendliche bei der Suche nach ihrem sexuellen Selbst zu stören. Eltern, Erwachsene und ältere Kinder transportierten zum Kind ungeheuerliche Nachrichten, damit es aufhört oder nicht erst anfängt, sich mit seinen Lustregionen zu beschäftigen. Den meisten Menschen verunstaltete ein Schrecken ihre frühe Lieblichkeit.

Claudios Vater hatte gesagt: «Davon wird man blind!» Claudio fand in der Bibliothek seines Vaters überall versteckt «unanständige Bücher», sogenannte «Wichsvorlagen». Der Vater trieb es also allein und war – für den Sohn überraschend – nicht blind geworden. Aber er mußte die Lüge vom Blindwerden weitersagen. Er mußte seinem Sohn die Selbstlust bedrohen, wie die eigene von seinem Vater bedroht worden sein wird.

Axel waren die Eltern zu nahe getreten mit den Worten: «Davon kommt nichts Gutes, wenn du dein Pfeifchen anfaßt, es passiert dann Schlechtes.» Er tat es doch. Als er nachts zum erstenmal durch unbewußte Schauer in den Träumen sein Laken angefeuchtet hatte, tat er es nicht mehr. Da war er zwölf bis dreizehn. Mit dreiundzwanzig schlief er zum erstenmal mit einer Frau. Er verbot sich mit zwölf das weitere Spielen mit dem Hansemann, weil er dachte, er «vergeude» sich oder was sonst! Er blieb zehn Jahre auf sexuellem Trockenboden, die unwillentlichen Nachtergüsse ausgenommen. Erst mit Ende Zwanzig wagte er, zu sich selbst zurückzukehren und neben seinen Beschäftigungen mit Frauen auch manchmal seinen Schwanz anzufassen.

Zu Haus hatten die Erwachsenen gesagt, allgemein dürften die Kinder da unten nicht hinfassen, unter der Decke, abends und morgens, denn aus dem Arsch, da kämen die Krankheiten hervor. Er faßte nun erst recht dahin, mit schlechtem Denken dabei.

Eva wurden die Hände nachts ans Gitter gebunden, angeblich, damit sie nicht lutschen sollte.

Martin strickte Pulswärmer, die er nachts umlegte, damit er nicht heimlich tolldreist gegen sich vorging. Er kam nicht nur mit guter Einsicht, sondern auch mit gutem Tun den Meinungen der Erwachsenen entgegen, die Hand am Geschlecht sei etwas Schlechtes, denn schlecht sei das Geschlecht als Ganzes.

Der Heidi schlug die Mutter jeden Abend die Bettdecke zurück. Wenn die Tochter schon im Bett lag, kam die Mutter immer noch mehrmals herein und ordnete die Wäsche für den nächsten Tag, wie sie ihr Wursteln im Kinderzimmer im Dunkeln begründete. Ruckartig, wie zum Überfall, griff sie nach der Bettdecke und riß sie hoch. Ohne ein Wort. «Gute Nacht» hatte sie schon gesagt. Heidi wunderte sich, bis sie dreizehn Jahre alt wurde. Bis dahin betete sie immer vor dem Einschlafen. Das war es, was ihre Hände bis dreizehn unter der Decke taten. Ein schöner junger Lehrer hatte ihr in der Schule die Bibel eröffnet, den Kindern das Beten beigebracht, Beten als Inbrunst, Vorform bewußter sinnlicher Dichte. Mit dreizehn juckte etwas, kam Heidi mit ihren Fingern an ihre Venusmuschel, entdeckte Unruhe, Freude, Funken von Erregung. Sie ließ das weitere Spüren und Tasten in der ersten Entdeckungsnacht lieber sein, weil ihr Herz zu rasen begann und die Alten zu so etwas meinten, es könnte einen der Schlag treffen. In der nächsten Nacht fühlte sie noch einmal unten hin. Die Süße lockte sie weiter, der Rausch kam, die Mutter kam dazu, Decke zurück, die Hände rutschten nur um ein kleines Stückchen hoch zur Gebetsfaltung auf den Bauch, und nachdem die Mutter draußen war, wieder hinunter zu neuer Inbrunst. Jetzt wußte Heidi, warum allabendlich die Deckenkontrolle stattfand. Die tiefere, ein bißchen tiefer liegende Inbrunst sollte nicht sein, das Gebet ja. So erfindungsreich sind Kinder: die Händchen brauchen geschwind nur Zentimeter zu rutschen, für sich zur Freude nach unten, für die Patrouille nach oben.

Dem Herbert redete die Welt ein: «4000 Schuß und dann ist Schluß!» Welch eine Angst hatte seinen Sinn zerschnitten, als er sich jedesmal vorstellte: ‹Viertausendmal kann ich! Wieviel habe ich noch? Wann ist Schluß?›! Er hatte es wohl schon eintausendachthundertsiebenunddreißigmal getan, als ihn die Kunde eines männlichen Samenkontingents erreichte. Nie hatte er seine Verschüttungen gezählt. Und nun blieb für Frauen vielleicht bald nichts mehr ...

Gerda wurde auch mit einer unheilvollen Zukunftswirkung bedroht: Mädchen, die das machen, können mit keinem Mann mehr glücklich werden. Außerdem verändert sich das Geschlecht. Die Lust im Schatten straft sich selbst mit körperlicher Verunstaltung.

Mein Hand-bei-Schwanz war zu Beginn nicht angefochten. Meine Eltern hatten darüber kein böses Wort zu mir gesagt. Mein Vater brachte mir das Pinkeln im Stehen bei, war wie ein Bauer meinem Stecken als zukünftigem Fortpflanzungswerkzeug wohlgesonnen, machte mit mir, als ich vierzehn war, einen prinzipiellen Waldspaziergang: «Du weißt, wie's ist?» – «Ja!» – «Einstweilen onaniert man noch. Das ist nicht weiter schlimm. Das hab ich auch gemacht. Später läßt man's. Das ist so üblich!» Meine Mutter schnüffelte und stierte nie nach Flecken. Aber andere Personen hatten «Du, du!» gesagt, fragende Blicke mir im Hirn zu Fragezeichen werden lassen. Ich dachte dann, Ringe unter den Augen, schlechten Atem und Konzentrationsschwäche hätte ich mir eingebrockt durch das nächtliche Umgehen mit mir selbst.

Wir, die in den achtziger Jahren Dreißig- bis Vierzigjährigen, sind in unserer Kindheit noch verschreckt worden und werden unsere

Schrecken nicht ganz verflüchtigt haben. Ich war in Scham erstarrt vor Primowitz' Hosenrunter. Und seine Mutter hatte einen Angstanflug, als einmal Gekeuche aus seinem Zimmer an ihr Ohr gedrungen war: «Ist es denn wirklich gesund? Ich dachte, wenn er nun einen Herzinfarkt bekommt! Dann muß ich doch eingreifen!» – «Kriegst *du* einen Herzinfarkt, wenn es am schönsten ist?»

Scham und Angst sind die Ausläufer von Schrecken und Kontrolle. Das kostbare Licht der Entdeckung des ersten Rauschs verfinstert sich noch immer, und die nächste Generation von Eltern treibt ihren Kindern die frühe sinnliche Freude aus. Alle verstört es, wenn jemand vom Selbermachen redet. Ein «Onanist» will keiner sein.

Mich interessiert, wie Menschen dazu kamen, die harmloseste Äußerung geschlechtlicher Lust zu verketzern, seit wann sie es tun und warum. Ich möchte den Kindern die Spielwiese des eigenen Körpers wieder eröffnen und die Erwachsenen in allen Lebensstadien sich auch auf sich selbst besinnen lassen.

Wie mache ich das? Ich will die Männer aus den Zeiten sprechen lassen, die die Selbstbefriedigung bekämpft haben. Ich muß das ausführlich tun, um zu verdeutlichen, wie Männer sich die Hirne verbrennen können, wie sie im Gewande der Wissenschaft – hier der Theologie, Medizin und Pädagogik – Anleitungen zum Menschenquälen gegeben haben. Ich werde die Geschichte eines Tabus verfolgen, von den Anfängen bis in die Gegenwart hinein, und dabei die Ideologie von der Sexualität als Partnersexualität hochgehen lassen.

Die Analyse – Zersetzung des Entsetzens – ist das eine, was mich bewegt, diese Arbeit zu schreiben. Meine Wünsche sind das andere. Es mißhagte mir sehr, wenn ich aus meinen Wünschen einen Diskurs gemacht hätte (Foucault). Ich will sie zeigen, dazu meine Versuche, sie zu erfüllen, den Diskurs allein der Frage widmen, warum mir meine Wünsche geknebelt und mein Tun vereitelt werden sollen. Autor autobiert. Das stelle ich auch dar. Ich will mich in ungewohnter Weise schreibend mit der Wirklichkeit beschäftigen. Ich möchte das Persönliche *als* Persönliches bewahren, es zur Identifikation anbieten, so wie es beim Gespräch geschieht. «Intimität» ist eine Konstruktion kleinbürgerlicher Lebenshaltung, angeblich zum Schutze der Individualität, nein, zum Zwecke der Selbsteinkerkerung des einzelnen, auf daß er sich mit Menschen nicht vergleicht und solidarisiert. Jeder erlebt ähnliches und braucht den Austausch mit den Erlebnissen anderer. In der Wissenschaft wird das Erlebte abgewürgt, in der Kunst bedeutet es nichts mehr. Wissenschaft faßt Erfahrung nur in der Form eines «Falles» an, Literatur demontiert sie, um ihre Bruchstücke auf der künstlerischen Ebene zu verwerten. Beide Arbeitsweisen haben ein gebrochenes Verhältnis zur Realität. Wissenschaft verformt sie, was an der Geschichte des «Onanie»-Wahns beobachtet werden kann, und Kunst ist untauglich für eine Wirkung auf sie.

Schöpfen hieß für den Mann, sein Selbst zu verschleiern: Es geht um Sachen. Das Persönliche trübt. Falsch. Nicht nur die Sache wird geschöpft, auch die Person. Ich will mich in meiner Arbeit verändern, will die Selbstschöpfung. Der selbstbefriedigte Mensch – ein Beitrag zur Philosophie des Persönlichen. Die Aussparung der Person des Wissenschaftlers und des Künstlers birgt kein Mehr an Objektivität. Erst das zurückgehaltene Ich verfälscht, denn «Körper», «Empfindung», «Erfahrung», «Denkschema» – all die persönlichen Anteile einer Produktion – durchsetzen das Werk. Scheinobjektivität ist subjektiver als eingestandene Subjektivität. Ein Besonderes spiegelt die Allgemeinheit desto mehr, je subjektiver es ist.

Kinsey verhöhnte die Männer, die bis in die Mitte des 20. Jahrhunderts die Selbstbefriedigung in den Dreck gezogen haben: «Da sich das Leben von Wissenschaftlern nicht so leicht beobachten ließ, war es nicht so allgemein bekannt, ob die Onanie unter ihnen etwa ebenso häufig vorkam» (wie bei den Menschen ihrer «Fälle»)[72] (S. 461). Und René Spitz schreibt über seine Kollegen: «Die Haltung der Onanie gegenüber ist vornehmlich moralistisch, und sogar die medizinische Literatur – so bemüht um objektive Terminologie – ist geladen mit moralischen Untertönen und Werturteilen.»[128] (S. 3)

Das Thema Selbstbefriedigung gehört in das Gebiet der Moral. Eben dort ist radikale Subjektivität vonnöten, um das Diktieren der Erwachsenen, der Wissenden, der Behauptenden, der Informierenden einzuschränken. Der Satz «Es ist so!» kann besser verkraftet werden, wenn die Person, die ihn ausstößt, sehen läßt, daß es für sie so ist. So ist für mich die Hand da unten eine Zwiesprache mit mir. Lieben, Siegen, Können, Gelingen, Durchsetzen – Welt dringt in mich ein, ich dringe in sie ein. Das Reiben mit ihr wetzt mich ab. Die Abenteuer begannen früh: Budenbauen, Bäumeklettern, Müllgrubestöbern, Sperrholzbasteln, Dachbodenkramen, Gartenbeetanlegen, Kaspertheaterspielen, Walddurchstreifen, auch Mädchenanlocken, Sehnsuchtsschmachten. Viel außen. Und dazu gab es innen, das Bett und mich. Wenn die Welt abends zu Ende ging, war ich noch immer da, hatte Wärme in mir, Feuer inmitten, spürte ein Prickeln im kringelbehaarten, kraushäutigen Fleischfrüchtchen, ein Brausen in der Hand, die mich abhob, mit mir losflog und mich sanft landen ließ im Tal der Freundlichkeit.

# Materialien zur Scham

Die Männergesellschaft hat den Menschen daran gewöhnt, sein Geschlecht mit Regeln zu verfolgen, wenn es zum Austausch drängt. Formen der kommunikativen Sexualität waren und sind mannigfachen Einschränkungen ausgesetzt. Für die Wollust vor und neben der Ehe, während der Ehe ohne Fortpflanzungsabsicht betrieben, für den Kontakt mit Angehörigen des gleichen Geschlechts, mit Verwandten, mit Personen unter achtzehn Jahren, für den sexuellen Umgang zwischen mehr als zwei Personen, zwischen einem Menschen und einem Tier, für die Verwendung anderer Organe als der Fortpflanzungswerkzeuge, für das gewerbsmäßige Nutzen des eigenen Körpers zur Lust anderer, für das Zurschaustellen oder Betrachten der Geschlechtsorgane und -geschehnisse haben sich leitende Männer interessiert und ihr Interesse in Gesetzen und Bestimmungen niederschlagen. Die zwischenmenschlichen Ausdrucksweisen der Sexualität können wie Taten von Verbrechern erfaßt werden, weil sie als Aktionen ertappbar sind. An die Selbstbefriedigung kam das Patriarchat nicht leicht heran, weil sie kein Sozialverhalten ist. Als es sich auch für sie interessierte, mußte es ihr mit anderen Mitteln als Verordnungen nahetreten. Das Mittel war der Griff nach der Seele, gestartet als Übergriff auf die Person.

Theologen, Mediziner, Psychoanalytiker, Pädagogen und Soziologen haben sich zum Büttel der Gesellschaft machen lassen und mit Hilfe ihres Fachinstrumentariums die Fähigkeit des Menschen zur geschlechtlichen Eigenliebe bedroht. Die in diesem Buch gesammelten Zitate sind Materialien zur Scham. Eines der beklemmendsten Gefühle – die Scham – ist Kindern und Erwachsenen jahrhundertelang geschürt worden, bis allen Menschen die Selbstbefriedigung zum Tabu erstarrte. «Materialien zur Scham» nenne ich die Zeugnisse auch deswegen, weil sie eines der beschämendsten Kapitel der Männerherrschaft aufschlagen. Die Geschichte der «Onanie»-Verketzerung ist eine Geschichte der Beschämung des abendländischen Geistes, ein Beweis für die immer wieder statthabende Entgeistung des Patriarchats, die hier in so zeit- und raumüberschreitendem Ausmaß geschah, daß sie nur wenig ihresgleichen finden kann.

# Die Sünde
# Pastoren und Ärzte saugen sich die «Onanie» aus den Fingern

Das alte jüdisch-biblische Patriarchat, von dem sich die industrialisierten Gesellschaften herleiten, kannte für die Selbstbefriedigung keine Regeln als Unterlassungsgebote. Der biblische Onan, auf den die Erfinder des Wortes «Onanie» sich beziehen, verschüttete Samen neben die Scheide Thamars (1. Buch Mose 38,9), nicht durch Handreiben des Gliedes. Die Bibel erwähnt die Selbstbefriedigung als Fleischesvergehen nicht.[73] Samenabgang ohne Scheidenberührung wird nur unter den Sauberkeitsregeln des 3. Buch Mose 15 aufgeführt: «Wenn einem Mann im Schlaf der Samen entgeht, der soll sein ganzes Fleisch mit Wasser baden ...» (Kap. 15, Vers 16). Kleid und Fell, «das mit solchem Samen befleckt ist» (Vers 17), soll auch gewaschen werden. Die Frau, die bei einem Mann liegt, dem das passiert, soll sich ebenfalls waschen. Dieser Samenfall wurde eingeordnet in die Vorkommnisse des Ausflusses oder Eiterns an kranken Körperstellen des Mannes und der Monatsblutungen der Frau.

Die Bibel behandelt die nächtliche Pollution aus Gründen der Hygiene. Und Onan wird nicht mit dem Tode bestraft, weil er «onaniert», sondern weil er sich Fruchtbarkeitsgesetzen und Erbfolgezwängen entziehen will.

Erst die nachbiblische jüdische Gesetzessammlung des Talmud enthält indirekte Äußerungen zur Selbstbefriedigung. Der unverheiratete Mann sollte sein Glied nicht anfassen, und der verheiratete durfte es nur beim Wasserlassen berühren. Unwillentliche Samenergüsse mußten vermieden werden. Die Rabbis durften ihre Hände nicht tiefer als bis zur Taille stecken, die eigenen Genitalien und die anderer Männer nicht betrachten, ausgeschlossen, sie zu berühren; sie sollten besser auf der Seite als auf dem Rücken schlafen, nicht auf ungesattelten Tieren reiten und nicht zu enge Hosen tragen.[52] Diese Regeln sind einerseits eine Präzisierung der Reinlichkeitsvorschriften der Bibel und andererseits Anweisungen zur Schonung des Samens. Die vertriebenen Juden mußten sich Gesetze auferlegen, die Fruchtbarkeit und Überleben unter den schwierigsten Bedingungen zu den wichtigsten Maximen machten. Zu vergleichen mit den Samenvorschriften ist die Bestimmung, daß alle von jüdischen Frauen geborenen Kinder jüdisch sind, auch die durch Vergewaltigungen in Pogromen hervorgegangenen. Die talmudischen Äußerungen gegen die Samenabgabe außerhalb des Geschlechtsaktes sind Überlebensregeln für die Gruppe.

Die katholische Kirche sagt zu allen Formen der Sexualität «Nein», auch zur Selbstbefriedigung, so in den Erklärungen der Päpste Leo IX. 1054, Alexander VII. 1665, Innozenz XI. 1679[29] (S. 15)[47], (S. 119). Augustinus äußerte sich gegen sexuelle Betätigungen jeder Art. Thomas von Aquin läßt sich über das Problem der Selbstbefriedigung in seinen ‹*Summa theologica*› aus.[43] (S. 50) Aber das Hauptinteresse der Kirche galt jahrhundertelang der sozialen Seite der Geschlechtlichkeit. Die Selbstbefriedigung stand in katholischer Tradition nie im Zentrum der Triebverfolgung. Das wird aus den Pönitenz- (Buß- und Bußübungs-) Büchern deutlich, christlichen Straf- und Maßnahmenkatalogen für die Angehörigen der Kirche. Im Pönitenzbuch von Cummean wird kommunikativer Sex gebrandmarkt (Homosexualität mit sieben Jahren, Hurerei mit drei Jahren und Tierkontakte mit einem Jahr Kerker), Auto-Sex aber nur gescholten und – wie sich aus den Strafen ergibt – wohlwollend behandelt («willentliche Pollution: Psalmensingen und einen Tag Fasten; erotische Phantasien: zwei bis drei Tage Buße tun»)[128] (S. 3). Ignatius von Loyola erwähnte in seinen ‹*Geistigen Exerzitien*›, die die Unterscheidung von läßlichen und Todsünden präzisieren, eine Sünde der Selbstbefleckung nicht.

Um 1400 wetterte der französische Prediger Jean de Gerson dagegen, daß Kinder ihre Genitalien rieben, wie sie es mit ihren anderen Organen ungeniert täten, besonders in der Kirche, wenn sie sich langweilten.[143] (S. 135)

Die Bemerkungen zu dieser Ausdrucksweise menschlicher Lust blieben von katholischer Seite her Randerscheinungen, betrafen mehr Anschauungen der Kirchlichen und ungefähre Richtlinien fürs Volk, das sich um diese spärlichen Äußerungen noch nicht weiter scherte.

Großes gesellschaftliches Thema wurde die Selbstbefriedigung erst ab 1700. Die «Onanie» ist eine Konstruktion des bürgerlichen Zeitalters. Mit dem Spuk begannen die englischen nachreformatorischen Puritaner. Ihre Ideen wuchsen aus der Menschenverachtung des Schweizer

Reformators Calvin: «Der ganze Mensch ist von Kopf bis Fuß wie von einer Sintflut (mit Sünde) bedeckt, daß kein Teil unberührt ist, und deshalb wird alles, was von ihm kommt, als Sünde gerechnet» (*‹Institutio Religionis Christianae›*, 1536).

Der erste Autor dieser Zeit, der die Lust des Menschen an und für sich selbst geißelte, war der dem Magdalen-College in Oxford angehörende Prediger Richard Capel, der zwischen 1640 und 1658 in London seine *‹Tentations, their Nature, Danger, Cure›* in fünf Auflagen veröffentlichte. Capel unterschied natürliche Unzucht wie Hurerei und Ehebruch von widernatürlicher: der *self-pollution* (Selbstbesudelung), der *bestiality* (Unzucht mit Tieren) und der *sodomy* (homosexuelle Unzucht unter Frauen und Männern).

Die Wörter weisen darauf hin: widernatürliche Unzucht war schlimmer als natürliche. Die Unzucht des Menschen mit sich selbst sollte die ärgste sein. Sie stand an erster Stelle im Katalog: «So wie Selbstmord schlimmer ist als der Mord an jemand anderem, so ist diese Sünde in und aus sich selbst schlimmer als die Befleckung eines anderen. Denn es gilt die Regel, daß die Sünde die größte ist, welche die Ordnung der Liebe am schwersten durchbricht, denn Liebe bedeutet die Einhaltung der Gebote ...» Unkeuschheit mit sich selbst «... ist eine zutiefst gegen die Natur gehende, gemeine Sünde, und deshalb die größte: denn je widernatürlicher eine Sünde ist, desto größer ist die Schuld»[66] (S. 15, 16).

Um den erhobenen Finger nicht ins Leere zeigen zu lassen, wurden auch die Folgen der neuen Sünde angekündigt: «... so verderben und schwächen diese Selbstbefleckungen durch den Fluch Gottes den Leib außerordentlich.»[66] (S. 15)

Da Capel offenbar wußte, daß es Gottvater in Wirklichkeit gleichgültig war, wenn die Hand des Mannes zum Geschlechte langte, mußte er eine Beleidigung Gottes konstruieren, die dem Leser einleuchtete: «Daneben liegt darin (wie in allen solchen gegen die Ordnung gehenden Handlungen) eine versteckte Art des Mordes, wenn auch nicht in der Absicht des Täters, so doch im Wesen der begangenen Tat, weshalb Gott durch diese Art Sünde aufs tiefste verletzt wird.»[66] (S. 16)

Der Samen kann Kinder zeugen. Geht er von allein weg, zieht er keine Kinder nach. Unterlassenes, unmöglich gemachtes Kind sollte Mord bedeuten. Mord verfluchte der Herr des öfteren ausdrücklich.

Damit war der Fluch Gottes herangezwungen worden, nun war es nicht mehr schwer, die Beweiskette zu schließen. Zwischen Fluch und bösen Folgen – das wußte damals jedermann – gab es direkte Beziehungen.

Die Mittel des Predigers waren Verfluchen und Drohen, Beschwören und Verdammen. Beweisen können nur die Naturwissenschaftler. Selbstbefleckung wäre immer willentliches und alleiniges Fleckenmachen geblieben, wenn nicht der englische Doktor Bekkers gekommen wäre und 1710 in London und 1736 in Leipzig auf deutsch sein Buch *‹Onania, oder die erschröckliche Sünde der Selbstbefleckung mit allen ihren entsetzlichen Folgen, so dieselbe bei beiderlei Geschlecht nach sich zu ziehen pfleget, nebst geist- und leiblichem Rat›*[11] veröffentlicht hätte. Der Autor bleibt auf dem Buchtitel ungenannt und ist in keinem Gelehrtenlexikon der Zeit zu finden.

Während der Theologe die Heilung der körperlichen Schäden durch einfache Reue annimmt, setzt der Arzt den «Selbstbeflecker» auf Kur. Er bietet psychische Beratung und selbstgebraute Medikamente an. Der Briefverkehr findet über den Verleger statt, «der auch die Medikamente verkauft», wie Jacobs in seiner Arbeit über *‹Die Entstehung der Onanieliteratur im 17., 18. Jahrhundert›* berichtet: «Der Autor läßt sich nicht nur seine briefliche Beratung honorieren, sondern empfiehlt auch dringend seine eigenen Medikamente, deren Wirkungsweise er ausführlich darstellt und ihren Erfolg durch Leserzuschriften bestätigen läßt.»[66] (S. 31)

Bekkers hat das Wort «Onanie» erfunden. Er begründet die Herleitung mit verblüffender Willkür. Er zitiert den Bibeltext des 1. Buches Mose 38,8/9 und fügt ihm seine Erklärung an: «Des Onans Sünde und Gottes deswegen plötzlich ausgeübte Rache sind so merkwürdig, daß jedermann leicht erkennen wird, welchergestalt ich den Haupttitul dieses kleinen Buches von seinem Namen hergeleitet habe. Und ob ich schon dieses Laster sowohl in Ansehung des weiblichen Geschlechts als des männlichen abhandle ... so habe ich mich doch auf kein anderes Wort besinnen können, welches dem Leser beides, die Sünde und zugleich deren Strafe, besser zu Gemüte führen könnte, als eben dieses.»[66] (S. 32)

Der Voraberklärung des Titels läßt er im Text noch einmal eine Deutung folgen: «Man muß nicht meinen, als ob seine (Onans) Sünde einzig und allein nur darinnen bestanden, daß er seinem verstorbenen Bruder Ger keinen Samen erwecket, ob wir schon gerne zugestehen, daß solches dieselbe vergrößert habe; sondern die Art und Weise, deren er sich bediente, solches zu verhindern, würde auch zu einer jeglichen anderen Zeit höchst strafbar gewesen sein. Ja, die Worte der Heiligen Schrift, welche uns die besonderen Umstände dieser Tat erzählen, lassen ganz vernünftig zu, daß der vornehmste Grad der Sünde mehr in ... der Selbstbefleckung als in mutwilliger Vermeidung seiner Pflicht und Schuldigkeit bestanden.»[66] (S. 32) Bekkers argumentiert gegen die umgekehrt eindeutige Heilige Schrift, benutzt die allgemein strafende Autorität Gottes, von der er weiß, daß sie noch immer die Gemüter in die Erschütterung zwingt, und verdreht den Sachverhalt im Sinn seiner und der theologisch-puritanischen Zeitgenossen Ziele. Der Arzt ist zugleich Moraltheologe, sein Krankheitsbegriff ist mit dem Tatbestand der Sünde identisch. «Selbstbefleckung» ist für Bekkers eine «himmelschreiende Sünde». Er gibt zum erstenmal eine festumrissene Definition, die verblüfft, weil sie mit ihren von übertriebenen Emotionen gereinigten Grundbegriffen alle Verächtlichmachungen der Selbstbefriedigung bis heute durchzieht: «Die Selbstbefleckung ist diejenige unnatürliche Gewohnheit, da Personen, sowohl von männlichem als weiblichem Geschlecht, ihre eigenen Leiber ohne Beistand anderer beflecken können, indem sie sich der unreinen Einbildung überlassen, und sich in ihren Gedanken bemühen, der Natur nachzuäffen und sich diejenige Empfindung selbst zu verschaffen, welche Gott verordnet hat, die fleischliche Vermischung eines Mannes und Weibes zur beständigen Fortpflanzung des menschlichen Geschlechts desto angenehmer zu machen.»[66] (S. 32)

Der Bericht von den Folgen wird schon mit dem Instrumentarium des Arztes bestritten, aber noch im Stil der Drohungen eines Pastors mitgeteilt. Bekkers beschwört körperliche, seelische und soziale Folgen. Das Befinden der Seele schreibt er von seinem theologischen Vorläufer Capel ab: «... wenn dieselbe mit unordentlichen und sündhaften Begierden eingenommen ist, so bleibet der unkeuschen Personen ihr Gemüt selten von geilen und schändlichen Einbildungen befreiet. Eines solchen Menschen Herz ist ein rechter Springbrunnen böser Gedanken, aus dem sie alle Augenblicke hervorquellen, daß es weiter nichts brauchet als die Gegenwart eines angenehmen Gegenstandes, seine Lust zu entzünden ... Ja, nicht nur dieses, sondern es wird auch sein Gedächtnis ihm zu anderen Zeiten, wenn sich kein solcher Gegenstand vorstellig machet, solche Dinge eingeben, die seinen Sinnen angenehm fallen.»

Einen so liebenswürdigen Zustand, den der Ideologe erst durch sein Schimpfen übel werden läßt, soll die Seele mit «Beängstigungen und empfindlichen Stichen eines verwundeten Gewissens» bezahlen.[66] (S. 34, 35)

Dem Körper keine Gnade, der Mediziner kann in seinen Werkzeugkasten greifen: «Wachstumsstillstand bei Knaben und Mädchen, Phimosen (zu enge Vorhäute), Ulzera (Geschwüre), Strangurien (Harnzwänge), Priapismus (Dauerversteifung) und andere Unordnung des Penis und der Testium (Hoden), in Besonderheit aber Gonorrhoas, die viel schwerer zu kurieren sind als diejenigen, die sich einer durch wirklich mit unreinen und garstigen Krankheiten behaftete Weibspersonen zugezogen hat.»

Die Geschlechtskrankheit Gonorrhöe (Tripper), eine Kommunikations-Sex-Krankheit, wird der Selbstbefriedigung untergeschoben, entstünde dabei allerdings auf andere Weise, nämlich so: «Wann die Samengefäße erstlich angestrenget und hernach wieder relaxieret und schlaff gemacht werden, so wird das Ferment in den Testibus zerstöret, und wann der Samen dünn und wäßrig worden, so geht er ohne einige Provokation und Reizung unausgearbeitet hinweg.»

Die Selbstbefriedigung verschulde noch mehr leibliche Leiden: Ohnmachten, hinfallende Sucht, Schwindsucht, nächtliche Pollutionen, Schwachheit des Penis, Verlust der Erektion, Ejaculatio praecox (zu schneller Samenerguß) und Unfruchtbarkeit.[66] (S. 33)

Ein an all dem leidender Mann sieht nach Bekkers' Beschreibung unterweltgezeichnet aus: «Da wir hingegen, wenn wir unser Auge auf ungezügelte Masturbators oder Weichlinge werfen, befinden werden, daß solche mit ganz eingefallenen und bleichen Angesichtern, matten Augen, schwachen Schenkeln und dürren Beinen ohne Waden einherziehen, weil sie ihre Facultatem generativam (Fortpflanzungsfähigkeit) in ihren ersten Jahren alsbald geschwächet und fast gänzlich zerstöret haben, so daß sie anderen ein Scherz und Gelächter, und sich selbst ein rechte Marter zu sein pflegen.»[66] (S. 34)

So die Männer im Pfuhl. Den Frauen geht es im «Gefolge hemmungsloser Onanie» auch nicht besser: «Bei Frauen verderbet die Selbstbefleckung die Facultatem generativam und machet solche ganz schlaff und locker, verursachet Fluorem album (weißen Ausfluß); und sowohl schädliche als heftige Zufälle, da ihnen öfters übel wird, ereignen sich bei diesem Geschlecht, welche an ihrem Leibe eine ganze Legion Krankheiten nach sich ziehen können. Unter anderen Unordnungen machet es, daß sie bleich, und diejenigen unter ihnen, die ohnedem keine gar lebhafte Farbe haben, ganz schwarz-gelb und bleifarb aussehen. Es verursacht öfters Hysterische Paroxysmos (Anfälle) und Mutter-Beschwerung, und durch Austrocknung alles Humidi radicalis (Lebenssäfte) oder natürlicher Feuchtigkeit bisweilen eine gänzliche Auszehrung des Leibes. Was es aber noch öfter als dieses hervorbringet, ist die Unfruchtbarkeit.»[66] (S. 34)

Über die sozialen Folgen sagt Bekkers: «Wenn die Unzüchtigkeit einmal über die Onanie Eingang in den Menschen gefunden hat, so treten in ihrem Gefolge Hurerei und Ehebruch, Lügen, Schwören, Mord und Totschlag auf.»[66] (S. 35)

Das was für sich ist, soll nun verantwortlich für die Taten der Menschen untereinander sein. Wenn Mann und Frau doch einige kümmerliche Restsäfte behalten haben und die in der Ehe noch fruchtbar machen können, hilft ihnen das nichts. Die frühen geheimen Lüste strafen sich von selbst an den Kindern ab, die nicht gedeihen: «Wenige von denen, die sich in ihrer Jugend an dieses Laster gewöhnt, haben große Ursache gehabt, sich vieler Früchte ihres Ehebettes zu rühmen. Denn wenn sie auch durch außerordentliche Hülfe der Natur, welches doch selten geschieht, Kinder bekommen, so pflegen doch solche gemeiniglich ganz schwach und klein zu sein, daß sie entweder bald wieder dahinsterben, oder arme, zarte, gebrechliche Kränklinge werden, denen stets etwas fehlet, und die sich immerzu über etwas zu beklagen haben. Daher sie sich denn selber zu einer unerträglichen Last, dem menschlichen Geschlecht zur Unehre und ihren Eltern zur Schande gereichen.»[66] (S. 33, 34)

Bekkers weiß wohl aus eigener Erfahrung, daß zu allen Zeiten die Leute sich zur Lust am Selbermachen in die Kammern schließen. Seine Horrorbilder reichen ihm nicht aus. Die Lust ist ein «Springbrunnen», sagt er. Will er die Quelle stinkig, unbrauchbar sickernd machen, muß er Öle und Säuren, Salze und Peche darüberschütten. «Abschrecken», bedeutet das für den Pastoralmediziner praktisch: «So erkläre ich hiermit feierlich, daß mein einziger Wunsch dahin gehet, alle Personen beiderlei Geschlechts von allen Arten und Gattungen der Unreinigkeit ohne Ausnahme abzuschrecken.» [66] (S. 39)

Was die katholische Kirche übriggelassen hatte, sollte zu bekämpfen der protestantischen vorbehalten bleiben. Die Menschen hatten noch keine Ahnung, welch ein Wüten gegen sie eingeleitet wurde, als Bekkers schrieb: «So sind die Hochmütigen und Schamhaften in Gefahr, daß ihnen der Teufel eingibt, in der Selbstbefleckung keine Gefahr für ihre Ehre zu sehen, daß der Geizige dabei kein Geld verliere und der Vorsichtige und Furchtsame straflos bleibe.» [66] (S. 34)

Mit der Selbstbefriedigung kommt der Mensch in Wirklichkeit in keinen der ihr angelasteten sozialen Konflikte. Er verwickelt sich in keine Händel, bekommt keine Krankheiten, spart das Geld für den Puff und erleidet nicht die Strapazen eines Verhältnisses. Also sagt Bekkers: «Allein, was kann die Jugend und andere, sowohl männlichen als weiblichen Geschlechts, von der Selbstbefleckung abhalten, wenn sie sich einbildete, daß es ihnen weder an Leib noch Seele schädlich sein könnte?» [66] (S. 39) «Es übertrifft demnach diese Sünde alle anderen wegen der Gefahr der Versuchung.» [66] (S. 39)

Obwohl die *‹Onanie›* gegen Mann und Frau geschrieben worden ist, wird die Abschreckung hauptsächlich gegen den Mann geführt. Die Mordhypothese betrifft nur ihn, denn für in die Luft gespritzten Samen kann die Frau nichts: «... daß ich die Selbstbefleckung bei unserem Geschlecht einen Mord nennen mag. Eine jegliche Verschüttung des Samens, wenn sie gehörig angewandt worden, hätte die Ursache der Befruchtung und folglich eines Kindes werden können.» [66] (S. 39)

Eine neue Säftetheorie sollte die Sinne stocken lassen, nämlich die Behauptung vom geheimnisvollen Verhältnis zwischen Blut und Samen (vom Gang des Samens aus dem Blut und – so nicht im Geschlechtsakt verbraucht – wieder zurück ins Blut), die Vorstellung von einer begrenzten Samenmenge, ähnlich der festen Literzahl Blut im Körper. Daß auch das Blut bei Verlust nachgebildet wird, ja, daß sich die meisten Zellen in Abständen erneuern, Knochen- und Hautsubstanzen reproduziert werden, wußten die Menschen noch nicht. Die «4000 Schuß», mit denen die Männer meiner Generation in ihrer Jugend geängstigt wurden, haben in Medicus Bekkers' Drohungen ihren Ursprung. Er beschreibt einen Fall seines Kollegen Raynard, der sich um eine kinderlose Ehe bemüht hatte: «Lag doch die Schuld an dem untüchtigen, gottlosen, abgehurten Ehemann, der mit seinem Patrimonio (Zeugungskraft) vorzeitig bankrott gemacht und seine Bölzgen alle in seiner Jugend verschossen hatte.»[66] (S. 40)

Die Säftetheorie bestimmt noch immer die Meinungen über die autonome Sexualität, das Wort «vergeuden» verrät sie: Substanzen verbrauchten sich, Geist werde verzehrt, wenn er sich auf Wollust richtet und nicht zum Lernen eingesetzt wird. Das Rückenmark entwässere sich. Mit dem Samen gingen wichtige Reserven weg. Der Jugendliche könne vielleicht nicht mehr richtig wachsen, leide an Konzentrationsschwäche, schlechte Leistungen seien die Folge, auch Körperuntüchtigkeit und das Gespött der Altersgenossen ...

Die «Entsaftung», die über Generationen die Jungenhirne beschäftigt hat, ist ein Produkt des 18. Jahrhunderts. Vorher glaubten die Menschen an die Säftelehre des römischen Arztes Claudius Galenus. Er hatte den Körper in einer Säftezirkulation wahrgenommen, die er mit dem Wasserumlauf in der Natur gleichsetzte und Ähnlichkeiten mit dem Atmen wie mit der Ernährung und Ausscheidung feststellte. Auch der Mensch hielte sich wie alle Natur zwischen Ein und Aus. Und der Samen gehörte nach seiner Ansicht zu den Flüssigkeiten, die von Zeit zu Zeit ausgeschieden werden müßten. Er zersetzte sich und vergiftete das Blut, wenn er zu lange gestaut würde. Einbehaltener Samen könnte demnach Krankheiten verursachen.[78] (S. 9) So wäre seine Abgabe etwas Notwendiges; wie sie geschehe, sei gleichgültig. Bis ins 18. Jahrhundert waren Ärzte von der hygienischen und therapeutischen Funktion der eigenhändigen Verschüttung überzeugt.[143] (S. 136)

Wenn auch die Behauptung des im Blut faulenden Samens falsch ist, so hat Galen mit der Vorstellung vom Rhythmus, vom Kreislauf, vom Einnehmen und Abgeben von Flüssigkeiten die Wirklichkeit erfühlt und ungefähr getroffen. Die protestantische Theologie und eingehakt unter ihrem Arm die Pastoralmedizin handelten aus einem anderen Motiv als der Wirklichkeit nahe zu kommen, wollten vielmehr das

Gegenteil: natürliche Wirklichkeit überwältigen und menschliches Verhalten beeinträchtigen.

Daß die Samenabgabe durch Selbstauslösung eine «himmelschreiende Sünde», die schwerste Unzucht von allen sei, wollte der Arzt Bekkers mit einem stichhaltigen medizinischen Beweis unterlegen. Er bemühte dafür Quacksalber seiner Zeit, die die Vorstellungen Galens vom faulen, nicht ausgeschiedenen Samen ins Gegenteil verkehrten. Der Samen kreise im Blut und habe dort große Bedeutung für die Körperkraft. Wenn er nicht durch geschlechtliche Aktivität verbraucht werde, gehe er zurück ins Blut und werde dem ganzen Organismus gütlich, gleichsam missionarisch tätig. Denn die Begierde wird nach Meinung der christlichen Herren nicht durch willentliche Befriedigung gestillt, sondern durch den ins Blut zurückwandernden Samen von allein gedämpft. Wie das geschieht, gehört zu den Raritäten naturwissenschaftlicher Verirrungen. Bekkers schreibt: «... Tauvry ist der Meinung, daß der Same durch die Schweißlöcher der Adern zurück in die Masse des Geblüts geht, welcher Zugang seiner Einbildung nach auf folgende Weise geschieht: Wenn der Same in seine Gefäße eingeschlossen ist, so fermentiert (gärt) er, und wenn er lange darinnen verharret, so überkömmt er eine Eigenschaft, mit welcher er vorher nicht begabet war, nehmlich er erlanget stärkere Bewegung und wird mehr verdünnet, so daß, wenn er in die Masse des Geblüts zurückkehret, er daselbst solche Veränderungen hervorbringet, welche er nicht hätte hervorbringen können, wenn er nicht in den Samengefäßen rectifizieret und erhöhet worden. Wenn diese Gefäße einmal angefüllet sind und noch mehr Samenmaterie hinzukömmt, so wird sie nach und nach gezwungen, in die Schweißlöcher der Adern hineinzutreten, und wenn sie mit dem Geblüte umlauft, so vereinigt sie sich durch ihre klebrichte Eigenschaft gewissermaßen mit den Lebensgeistern, hält solche zurück und verhindert deren Ausbreitung.»[66] (S. 44)

Für die Menschen, «die sich über allzu viele Stärke und Munterkeit beschweren», wie sich Bekkers ausdrückt, und die sich mit den zwischenmenschlichen Akten in der Ehe nicht genügend befriedigt fühlen, sondern auch mit ihrer Hand an ihrem Geschlecht sein wollen, hat er den zupackenden Rat: «Starke Leibesübung und sparsame Diät, fein viel Arbeit und fein wenig zu essen und zu trinken.» Und die, die damit nicht auskommen, sollen seine im Buch von ihm selbst empfohlenen Medikamente einnehmen.[66] (S. 45).

Schon vierzehn Jahre nach dem Ersterscheinen von Bekkers' ‹*Onania*› wird in einer Veröffentlichung über das gleiche Thema die «Onanie» zum Verbrechen gemacht: ‹*Onan, the Crime of Onan, or the Hainous Sin of Self-Defilement, with all its Dismal Consequences*›, London, 1724. Der Autor bleibt wiederum anonym.

Dieses Buch wiederholt die Bekkersschen Meinungen an vielen Stellen seitenlang wörtlich, unterscheidet sich sonst nur durch etwas zugespitzte, volkstümlichere Formulierung. Jacobs schreibt darüber: «Auch ‹*The Crime of Onan*› steht völlig in der puritanischen Tradition und behandelt die Frage der Selbstbefleckung vom Gesichtspunkt der Sünde aus. Die medizinischen Hinweise sind vergleichsweise knapp gehalten. Dagegen wird das Laster der Onanie mit allen wissenschaftlichen und unwissenschaftlichen Mitteln als unbedingt verwerflich dargestellt. Neben den theologischen und medizinischen Erörterungen bringt der Autor Gebete, Gedichte und Erlebnisschilderungen, zitiert heidnische Autoren und lehrreiche Briefe und verzichtet nicht darauf, eigene Medikamente für solche und andere Krankheiten gebührend anzupreisen.»[66] (S. 46)

Der anonyme Schreiber hat sich in der neuen Säftelehre festgebissen. Er überschwemmt die Leser mit einer maßlos gewordenen Phantasie. Was da alles ausfließt, austrocknet, sich auszehrt, ganze Meere von Samen sieht der Autor aus den Körpern entweichen.

Damit sich jeder etwas unter Ausfluß vorstellen kann, zwingt er die Vorstellung der Leser präzise ins Grauen: «Unter einem Ausfluß oder einer anderen derartigen austrocknenden Krankheit, welche sich Onaniten durch ihr verderbliches Tun zuziehen, ist hier ein unwillkürlicher und nahezu konstanter Ausfluß eines Stoffes aus dem menschlichen Körper zu verstehen, immer in gleicher Menge, ob die Person nun schläft oder wacht.»[66] (S. 47) «Wenn dann der Körper solchermaßen von den ernährenden Säften, die der Unterhalt gesunder, heiler und tüchtiger Menschen sind, ausgeleert und ausgetrocknet ist, folgen mit der Zeit maßlose Schmerzen und Schwächegefühle, insbesondere in den Lenden, Kraftlosigkeit des Rückens zusammen mit Taubheit und Schlaffheit der Nerven und der Gelenke, mattes livides Aussehen, besonders um die Augen, Verfall der Lebensgeister und der Kräfte, bemerkenswerte Müdigkeit des ganzen Körpers, Wassersucht in den Beinen und ein universaler Kräfteschwund.»[66] (S. 49) Selbstverständlich muß nun alldem der Tod auf dem Fuße folgen: «Denn auf Grund des Raubbaus und der gewaltsamen Überanstrengung der eigenen Kräfte, der Schwächung der Lebensgeister und der Entleerung der Leiber von ihren balsamischen Lebenssäften durch dieses abscheuliche Laster werden sie so trocken und ausgedörrt, daß sie viele Jahre früher als sonst zu Grabe getragen werden.»[66] (S. 47)

Die Autoren der «Onanie»-Bücher tun so, als sei das Zeitalter dem Medizinischen gegenüber noch vollkommen verblödet. Sie nehmen alle krankhaften Zustände, in die die Menschen geraten können, und leiten sie von der Selbstbefriedigung her. Für die, die sich wundern sollten, schieben sie eine Erklärung nach, mit der sie sich die Unüberprüfbarkeit ihrer Behauptungen sichern. Sie betonen, daß die von ihnen geschilderten Zustände auch von anderen Leiden herrühren können, daß aber «die durch Selbstbefleckung zugezogenen Leiden ... in ihrer Heilbarkeit wesentlich weniger aussichtsreich sind als die auf andere Ursachen zurückgehenden (Krankheiten)»[66] (S. 49).

Die dreiste Behauptung, auch die Geschlechtskrankheiten kämen von der «Onanie», wird noch dadurch überspitzt, daß «Strangurien (Harndrang), Ausfluß und Gonorrhoe (Tripper) viel schwerer zu heilen (sind) als ganz dieselben Krankheiten, wenn sie von irgend welchen anderen Leiden oder deren Behandlung herrühren»[66] (S. 47).

Mit der Erfindung der «Onanie» als Krankheitsursache entschuldigen sich die Mediziner dafür – ohne daß sie es aussprechen –, wenn sie die Krankheiten, an denen die Zeitgenossen leiden, nicht heilen können.

Das theologisch-medizinische Einverständnis über die «Onanie» war schon vorangeschritten, so daß der Autor von «the crime of Onan» zugeben konnte, warum die Medizin der Theologie bei diesem Glaubenskapitel unter die Arme griff. Die Theologie allein hätte nichts ausrichten können. Sie hätte die Menschen mit dem Merkmal «schwere Sünde» umsonst zu traktieren versucht. Die Medizin mußte dazu, um die beiden anderen Merkmale der «Onanie» – «Unnatürlichkeit» und «Gefährlichkeit» – einigermaßen stichhaltig beweisen zu können: «Obwohl für ein zivilisiertes Volk nichts so überzeugend und zwingend sein sollte, wie die Argumente gegen Mißbrauch und Befleckung unserer Leiber, die die Offenbarung liefert, so müssen wir doch, wenn ein Volk von solchen Menschen überflutet wird, die gegen alle Argumente verhärtet und verschlossen sind, wie es unglücklicherweise oft der Fall ist, unsere Waffen in eine andere Richtung wenden und die Abschreckungen zeigen, die sogar die Natur selbst und die Gründe der Vernunft gegen solche Taten bieten.» Und in einer Fußnote wird der Autor noch deutlicher: «Beachte: Das Naturgesetz zum Verbot solcher Taten ist hier nur gezeigt der vielen wegen, auf die andere Gesetze wenig Eindruck machen.»[66] (S. 52)

In der zweiten Hälfte des 18. Jahrhunderts macht Simon-André Tissot das Thema «Onanie» weltberühmt. Seine Schrift: *‹Vom Onanismus – oder Erörterung über die durch die Masturbation hervorgerufenen Krankheiten›* erscheint 1760 lateinisch, französisch[137] und deutsch[138] und wird in weitere Sprachen übersetzt. Durch diese Schrift wurde das Thema epochal aufbereitet und zur Jahrhundertüberdauerung fähig gemacht. Sie sollte dem 19. Jahrhundert ein grausames Wüten eröffnen. Tissot leitete sich von Bekkers' *‹Onanie›* ab, übernahm den Krankheitsbegriff und schrieb der «Onanie» alle bekannten Krankheiten zu. Er spaltete das Thema von der Theologie ab. Die ersten Bearbeiter hatten trotz medizinischer Kategorien das Unglaubwürdige mit Glauben glaubwürdig machen wollen. Die Drohungen waren provinziell. Der Schrecken, den sie hervorriefen, wird nicht anders als vor dem Rasseln eines Jahrmarktpopanzes gewesen sein. Nun wurde die «Onanie» verweltlicht und zu einer Wissenschaftskategorie erhoben.

Nach den Tissotschen Vorstellungen hätten die Erkrankungen durch die «Onanie» acht Ursachen:

1. Wollust, durch Phantasie und nicht durch natürlichen Anstoß hervorgerufen, sei gefährlich.[139] (S. 10)

2. Verminderung der Geisteskräfte durch Beanspruchung nur eines einzigen, nämlich des «Onanie»-Gedankens, Entstehung von Zerstreutheit und Unfähigkeit zum Sichentscheiden.[139] (S. 12)

3. Die dritte Ursache ergebe sich aus den beiden ersten: Schwächung des Körpers durch zu häufige Vollzugsakte.[139] (S. 12)

4. Erschöpfung durch ständige Erektionen. Jeder Teil des Körpers,

der beansprucht wird, verbrauche Kräfte. Die durch die Erektionen verbrauchten fehlten den anderen Organen.[139] (S. 14)

5. Kräfteschwund durch das Stehen, in dem «Onanieren» ausgeübt werde. Wer steht, «muß eine große Zahl von Muskeln in Tätigkeit treten lassen, um sich in dieser besonderen Stellung halten zu können, und damit werden die körperlichen Kräfte zersplittert».[139] (S. 15)

6. Jeder lebende Körper schwitze nicht nur, sondern gebe mit seiner Feuchtigkeit auch eigene Kräfte ab. Beim Geschlechtsakt nehme der Mensch die Kräfte, die er selbst abgebe, von dem Partner, der sie auch abgebe, wieder auf. «Im Falle der Masturbation aber verliert der Masturbant und erhält nichts zurück.»[139] (S. 16)

7. Die Freude, die aus einem Geschlechtsakt mit einer Frau herrühre, «unterstützt die Verdauung, regt den Kreislauf an, begünstigt alle Funktionen, erneuert die Kräfte und erhält sie». Masturbation erreiche das Gegenteil.[139] (S. 17)

8. Schuldgefühle: «Das ist die Angst vor den Klagen, die folgen müssen, wenn die Schmerzen die Augen über das Vergehen und seine Gefahren geöffnet haben.»[139] (S. 17) In ihrer Folge: Verstopfung, Verlangsamung des Kreislaufes, Erschlaffung der Nervenfasern und sonstige Auswirkungen der Trauer.[139] (S. 18)

Tissots Arbeit wird von der nachfolgenden «Onanie»-Literatur wie Grundlagenforschung behandelt. An ihr ist zunächst bemerkenswert, daß sie das Kommunikativ-Geschlechtliche nicht mehr als prinzipiell böse geißelt, wie sich aus den Ziffern 6 und 7 ergibt.

Der einzige Grund, der körperliche Beschwerden hervorruft und der noch heute allgemein anerkannt wird, sind die von Tissot in Punkt 8 erwähnten Schuldgefühle, eingeflößt durch Bangemachen. Ansonsten befindet sich Tissot im Bann des Glaubens, obwohl ein wissenschaftliches Vokabularium sein Gerede durchzieht, so daß seine Willkürlichkeit und die unschlüssige Beweisführung nicht so leicht wie bei den alten Engländern bemerkt werden können. Tissot ist bahnbrechend geworden für das Reden und Schreiben über «Onanie». Tränkten die Engländer ihre Erfindungen mit Religion, so ölt Tissot seine Ursachen-Folgen-Behauptungen mit Moral. Seine Wertungen sind ähnlich energiegeladen wie die Verdammungen der den Anti-Fleisch-Parolen hörigen Kirchlichen:

«Die Masturbation ist verderblicher als Exzesse mit Frauen», Kinder, die vor der Pubertät «onanieren», seien «Monster», «Onanie» als «abscheuliche Handlung», «Masturbanten» als «unangenehme Müßiggänger, die Gegenstand der Verachtung» werden, «schmutzige Gedanken», «laszive Bewegungen», «Sumpf», «Fehltritt», «Abscheulichkeiten», «er brauchte nicht lange auf seine Strafe zu warten», «scheußlichste Seite», «Verbrechen schuldig» (und als theologische Erinnerung:), «dessen Bestrafung die göttliche Gerechtigkeit nicht aussetzen wollte, und das sie auf der Stelle mit dem Tode bestraft», «Schande», «Schuldigste», «sündigt, indem er alle Gesetze bricht, alle Gefühle, alle Blickpunkte der Natur umkehrt», «Krimineller».[139] «Mann kann buchstäblich voraussagen, daß jener Körperteil, der gesündigt hat, auch derjenige ist, der sterben wird.»[143] (S. 140)

Mit Tissot beginnen die medizinischen «Fallberichte». Den englischen «Onanisten» ist noch nicht zu trauen, daß ihre Patientenbriefe echt sind, das heißt, daß die Zeitgenossen ein Sünden- und gar ein Krankheitsbewußtsein gehabt hätten. Die «lebenden» Krankheitsgeschichten sehen so aus, als ob die Autoren sie als Hilfsmittel konstruiert hätten, um eine größtmögliche Volkstümlichkeit ihrer Schriften zu erreichen. Sie ähneln den *‹Letters of Advice›*, die im Jahre 1687 erschienen waren. Das sind in der Form des Gesprächs geschriebene Traktate zur «Selbstbefleckung»: vier Geistliche antworten einem jungen Mann, der angeblich wegen fortgesetzter Selbstbefriedigung impotent und deshalb eheunfähig geworden ist. Der Schüler ist gläubig, willig, folgsam und schnell wieder auf die richtige Bahn zu bringen.[66] (S. 52) In den Fällen Tissots erschüttern die Zermürbung und Verzweiflung, in die Menschen durch die grausame Ideologie von der «Onanie» gejagt worden sind und die auch bei allen späteren «Fallberichten» deutlich erkennbar werden. Ein «Patient» schreibt an ihn:

«Es bedarf wohl großer Anstrengungen, um der Gewohnheit Herr zu werden ... Ich gestehe Ihnen unter Erröten: der Anblick eines weiblichen Wesens, wer immer es auch sei, weckt in mir die Begierde. Ich brauche nicht einmal dieses Hilfsmittel; mein schmutziger Geist wird nur zu sehr davon bewegt und führt mir unablässig lüsterne Objekte vor Augen ... Ich kämpfe, aber der Kampf selbst erschöpft mich. Wenn Sie ein Mittel finden könnten, um meine Gedanken von dieser Sache abzulenken, glaube ich, wäre meine Heilung dann sehr nahe.»[139] (S. 14)

Die Engländer rangen noch mit einem schwer beizukommenden Volkssinn. Tissot war sich seiner Sache sicher. Er hatte einen Kommilitonen, der «in eine solche schreckliche Verfassung hineingeraten ... nicht mehr imstande (war), sich dieser Abscheulichkeiten zu enthalten, selbst während der Zeit der Vorlesung nicht. Er brauchte nicht lange auf seine Strafe zu warten und ging elendiglich, innerhalb von zwei Jahren, an Auszehrung zugrunde.»[139] (S. 13)

«Während der Vorlesung!» Das ist zuviel! Das muß Tissot gründlich beobachtet und sich so viel bei solch einem elementaren Anblick gedacht und zu fühlen sich verkniffen haben, daß er es später nötig hatte, eine lange Erörterung darüber zu schreiben, eine Schmähung gegen diese beiden Fleische, die da beieinander sind: Glied und Hand. Sein Buch betrifft nur die männliche «Onanie», obwohl er, wie das alle Männer machen, von «Menschen» spricht.

Die Tat des Kommilitonen von Tissot erinnert an Primowitz, der übrigens groß und prall, schön, stark und klug ist.

Tissot hat noch zwei Fälle eines anderen Autoren aufgeführt, die an Primos Stuhlkippeln und an seinen Ellenbogen erinnern: «... Beobachtung, daß sich ein ganzes Gymnasium mit Hilfe solcher Manipulationen die Langeweile vertrieb und der einschläfernden Wirkung des Unterrichts in der scholastischen Metaphysik, den ein sehr alter Professor halb im Schlaf gab, zu entgehen suchte.» – «... man habe vor einigen Jahren in einer Stadt eine ganze Clique von vierzehn- und fünfzehnjährigen Taugenichtsen entdeckt, die sich zur Ausübung dieses Lasters zusammengetan hatte; eine ganze Schule sei davon noch infiziert.»[139] (S. 13)

Die Späße der Kurzweil ähneln sich über die Jahrhunderte. Und doch versuchen die Henker der Lust ihre Hinrichtung mit immer neuen Mitteln.

Nach Tissot bricht gegen Ende des 18. Jahrhunderts eine Schwemme von «Onanie»-Titeln über die Menschen herein. Es sollen 35 Autoren sich zu dem Thema geäußert haben, siebzehn Ärzte, dreizehn Pädagogen, vier Geistliche und ein Offizier.[143] (S. 140) Die Druckerzeugnisse erscheinen oftmals ohne Angaben eines Verfassernamens. Die Urheber werden erst in späterer Zeit ermittelt. Die Schriften sind

Bestseller. Bekkers' Startzeichen der Bewegung erreicht innerhalb von 30 Jahren siebzehn Auflagen, wird in mehrere fremde Sprachen übersetzt und soll 80 Ausgaben gehabt haben.[143] (S. 138) Die «Onanie» ist plötzlich zu einer Jahrhundertkrankheit geworden. Hysterisch wird über sie geschrieben und das Gedruckte mit massenhaftem Interesse verschlungen. Es entsteht eine Bekämpfungsbewegung, deren schlimmste Folge die «Antimasturbationspädagogik» werden sollte.[143] (S. 139) Das Thema muß den Erwachsenen eingepaukt, ja in sie hineingelogen werden, damit sie den Kindern zusetzen können. Niemand kennt bisher die angeblich neue Krankheit. Die Autoren wollen ihre Zeitgenossen «wachrütteln». Sie tun es mit reißerischen Titeln, wie «Affengräuel», «Laster der Unreinlichkeit», «Beschädigung der Geschlechtsorgane»[143] (S. 138), «... Leib und Seele verwüstenden Laster der Unzucht ...», «Die Geschichte eines Selbsttäuschers, gestorben in Wien den letzten November 1791»[143] (S. 235). Und sie tun es mit Greuelgeschichten und pornographisch zurechtgemachten «Fallberichten». «Onanie» wird in den Rang der Pest des 18. Jahrhunderts befördert.

«Die Bücher schilderten die Zustände so schwarz wie nur möglich. Die Situation sei ‹viel schlimmer als man denke›. Die Zahl der Masturbanten sei ‹fast unglaublich› hoch, und zwar bei den Jugendlichen und den Älteren; die Masturbation sei weit verbreitet. Auf hundert Kinder kämen zwei, die stehlen, aber neunzig, die sich masturbierten. Oft sei eine ganze Schule angesteckt, zuweilen ein ganzes Dorf oder eine ganze Gruppe Jugendlicher von vierzehn bis fünfzehn Jahren. Man masturbierte allein oder zu zweit halbnackt im Bett. Oft ließe man sich die Genitalien von Hunden lecken. Man befriedigte sich in der Kirche oder zu Hause, beim Lesen der Bibel oder bei französischer Schundlektüre, aber auch, wenn man Tissot las. (!) Die Masturbationen würden mit der Hand oder unter Verwendung von Gegenständen oder sogar beim Reiten betrieben. Zu diesen Handlungen würde man von Kameraden, Brüdern oder Schwestern, dem eigenen Vater, einer Lehrkraft oder dem Religionslehrer verführt. Die Behauptung, die Masturbation verbreite sich schnell, hört man zwei Jahrhunderte hindurch.»[143] (S. 143)

# Die Krankheit
# Das 19. Jahrhundert fällt über die Kinder her

Über die Medizinalklamotte «Onanie» brauchte sich niemand zu erregen, wenn es bei den Schriften des 17. und frühen 18. Jahrhunderts geblieben wäre. Die Mittel zur Bekämpfung waren nur drastische Beschwörungen. Krankheit und Tod mußte sich jeder selbst zuschreiben. Praktisch versuchten Ärzte und Pastoren dem behaupteten Ungemach mit Ratschlägen und angepriesenen Arzneien abzuhelfen. In den alten ‹*Letters of Advice*› werden harmlose Gegenmaßnahmen vorgeschlagen: 1. Meditation über traurige Dinge, 2. sparsame Diät, 3. Sorgfalt in der Auswahl des Fleisches, 4. Abstinenz in der Zeit des Vollmondes, 5. viel körperliche Tätigkeit, 6. flüssigkeitsarmes Abendessen, 7. nicht mehr daran denken.[66] (S. 52)

Diese Ratschläge veränderten sich im Prinzip ein Jahrhundert lang nicht. Die englischen Ärzte fügten ihnen ihre eigenen unterstützenden Medikamente hinzu. Tissot empfahl maßvolle Diät, Chinarinde und Bäder. Trotz heftiger Schmähungen versuchten die Ärzte des 18. Jahrhnderts noch «Onanie» zu heilen. Das 19. Jahrhundert ging daran, sie zu unterdrücken.[128] (S. 6)

Die Entwicklung kündigte sich in den letzten drei Jahrzehnten des 18. Jahrhunderts an. Jos van Ussel führt über vierzig Schriften auf, die sich in dieser Zeit mit der «Onanie» beschäftigten.[143] (S. 234) Die Selbstverständlichkeit des sexuellen Umgangs mit dem eigenen Körper – seit Jahrtausenden als Praxis im Bewußtsein der Menschen – konnten Ideologen nicht innerhalb eines Jahrhunderts zum Verbrechen ersten Grades machen, zu Krankheit und Mord, individueller Katastrophe und sozialer Gefahr werden lassen. Sollte «Onanie» das neue Thema der sexuellen Unterdrückung sein, mußten sie tief in den Menschen eingreifen. «Onanie» wurde zur Kampagne.

Das 19. Jahrhundert arbeitete wie bei allen Kampagnen zweigleisig. Es nahm das Bewußtsein der Menschen in die Klemme, und es verfolgte praktisch. Des Themas bemächtigten sich neben den Theologen Pädagogen, «Allgemeinmedizinern», Chirurgen besonders die Psychiater. «Onanie» wurde zur Ursache von Geisteskrankheiten erklärt. Das Jahrhundert beließ alle Krankheitsbilder, die Tissot sich ausgedacht hatte, fügte nur entsprechend dem Stand der Erkenntnisse über Krankheitseinzelheiten neue schauerliche Zustände als angebliche Folgen der «Onanie» hinzu: «Es gibt keine Krankheit des Leibes oder des Geistes, deren Ursache nicht in der Masturbation zu suchen wäre», schrieb der deutsche Arzt Leitner[77] (S. 15). In Deutschland, Frankreich, England und vor allem in Amerika wucherte die «Onanie»-Literatur.

In 120 Auflagen verbreitete in Amerika der Doktor F. Hollick sein Buch *‹The Male Generative Organs›*. Er zitiert eine von ihm als eindringlich und vernünftig kommentierte Rede seines Kollegen S. G. Howe, gehalten 1848 vor dem Senat von Massachusetts. Dabei handelte es sich um einen Report zu dem Thema «Idiotie», der den Gesetzgeber wachrütteln sollte, die Bestrafungslücke für «Onanie» im Gesetz zu schließen. (In einigen Staaten der USA steht die Selbstbefriedigung noch heute unter Strafe)[143] (S. 162):

«Es gibt da aber ein Laster, ein Monster, so gräßlich anzusehen, so widerwärtig, so viehisch und ekelhaft, daß es aus Scham und Feigheit sein Haupt vor dem Tageslicht verbirgt, um des Nachts seinen Opfern nach Art der Vampire das Lebensblut abzusaugen; es kann noch viel verheerendere Schäden an Kraft und Verstand seiner Opfer anrichten als selbst Trunksucht und Völlerei; dieses Laster heißt Selbst-Mißbrauch. Mancher unter Ihnen wird geneigt sein, sich vor einem solch abscheulichen Gegenstand abzuwenden; aber wer das Untier töten will, das seine Felder verwüstet, darf sich nicht scheuen, in die verpestete Düsternis seiner Höhle einzudringen und es ans Tageslicht zu zerren; wer die Menschheit von dieser Pest befreien will, darf nicht davor zurückschrecken, sie aus ihrem Versteck hervorzuzerren ... Was ist ein verwüsteter Acker, eine hingemetzelte Herde, ja selbst das Gift der Schlange im Vergleich zu jener Besudelung von Leib und Seele, jener Verfinsterung der Vernunft, jener Herabwürdigung des Wesens, das als Gottes Ebenbild geschaffen war, auf einen Zustand, den viehisch zu nennen eine Beleidigung für die Tiere sein muß und doch so oft das Schicksal derer ist, welche diesem Laster verfielen? Es kann nicht angehen, daß solch ekelerregende menschliche Wracks wie Männer und Frauen, die durch das Laster zu sabbernden Idioten verkümmerten, ohne irgendeine nützliche Bestimmung am Leben bleiben; sie können uns einzig und allein als gräßliche Warnung dienen, andere davor zu bewahren, den Weg zu solchem Ruin zu gehen, moralische Auflösung und Tod im Gefolge. – Diese Sprache mag in Ihren Ohren übertrieben klingen, aber hier kann es keine Übertreibung geben, weil Worte nicht ausreichen, um die schauerliche Tiefe der Zerrüttung auszuloten, in die Männer und Frauen durch solche Gewohnheiten hinabsinken.»[77] (S. 16)

Im Coplandschen ‹*Dictionary of Practical Medicine*›, einem Standardwerk der Zeit um die Mitte des Jahrhunderts, werden die Folgen der Selbstbefriedigung auch auf Frauen bezogen, die bisher zwar generell mitgemeint, aber nie persönlich angegangen und sachlich in der Beweisführung betroffen wurden: «Bei Frauen ist sie noch verbreiteter als bei Männern, entsprechend häufig treten Erkrankungen der Geschlechtsorgane wie Leukorrhöe (Eiter) Verlagerung des Uterus usw. auf; erschwerte, unregelmäßige, mangelnde oder übermäßige Menstruation; reguläre oder irreguläre Hysterie; Starrkrampf, Ekstase, verschiedene Arten von Gefühlsverwirrung usw., bis endlich Geistesstörung eintritt.»[77] (S. 16, 17)

Auch die «Fallberichte» empfanden die Ärzte des 19. Jahrhunderts ihrem Vorgänger Tissot aus dem 18. Jahrhundert nach, der bei einem «Onanisten» das Gehirn so «ungeheuer austrocknen» wähnte, «daß man es in der Hirnschale rasseln hörte»[128]. (S. 11) «Daß Masturbation das Gehirn ausdörre, so daß es im Kopf des ‹Onanisten› rasselt wie in einer trockenen Erbsenschote, wurde wiederholt berichtet. Deslandes erwähnt den Fall eines achtjährigen Jungen, dessen hintere Schädeldecke höchst seltsame Veränderungen gezeigt habe. Der Junge onanierte seit mehreren Jahren und hatte fast pausenlos Erektionen. ‹Diese Gewohnheit verlängerte den anteroposterioren Durchmesser (der von vorn nach hinten) des Kopfes derart, daß es der Mutter schwerfiel, noch einen passenden Hut für den Jungen zu finden.› Gall berichtet von einem Dreizehnjährigen, einem ‹leidenschaftlichen Onanisten›, dessen Gehirn zu zwei Dritteln mit Eiter bedeckt gewesen sei. Etwa zur gleichen Zeit sei in Paris ein neunzehnjähriger Jüngling gestorben, der fast vollständig verkümmert war. In seinem Kopf habe man einen Gehirntumor von Nußgröße gefunden, der bereits anfing zu erweichen.»[77] (S. 18)

Den Geist der Zeit faßte ein Franzose zusammen, Pouillet – damals unbestrittene Autorität auf dem Gebiet des Geschlechts – in seinem Buch ‹*De l'onanisme*›. Mit ihm trieb das 19. Jahrhundert die Kampagne gegen die «Onanie» in den Pogrom. Die Engländer sprachen noch von Sünden und Krankheiten, von Tätigkeiten, die die Menschen unterlassen, und von Zuständen, gegen die sie vorgehen sollten. Bei Pouillet zeigte sich die Entwicklung deutlich, die im 19. Jahrhundert rasend voranschritt. «Onanie» wurde auf eine Minderheit projiziert, die es zu verachten und zu bekämpfen galt. «Onanie» wurde personalisiert. Wie bei schwarzen Amerikanern, die eine dunkle Haut umgibt, wie bei Männern, die Angehörige des gleichen Geschlechts zu Liebesobjekten wählen, wie bei jüdischen Menschen, durch die angeblich ein anderes Blut fließt, so sollten für «Onanisten» Merkmale konstruiert werden, die sie zu angreifbaren Außenseitern stempelten. Krankheit und Sünde sind allgemein. Erst in der Projektion von allgemeinen Bedingungen und Zuständen, gegen die die Gesellschaft tätig werden will, auf faßbare Minderheiten kann das für alle Menschen geächtete Sein oder Verhalten in ihnen allen verfolgt werden. Gegen das Allgemeine können Ideologen nicht vorgehen. Sie müssen speziell werden. Pouillet bemühte sich darum: Mit primär geschlechtlichen, allgemein körperlichen, mit geistigen und seelischen Abweichungen entwarf er Charakteristika einer aus dem Boden gestampften, in Wirklichkeit nicht existierenden Minderheit.

### Behauptete geschlechtliche Abweichungen

«Die Masturbation führt die Pubertät beschleunigt herbei, genau wie stickstoffangereicherter Boden und die Schwüle eines Treibhauses Pflanzen früher zum Erblühen bringen. Beim Knaben wie beim jungen Mann, aber auch beim Erwachsenen hängen die Hoden schwer in einem weichen, schlaffen, nachgiebigen Skrotum. Der Penis ist oft langgezogen und von überraschender Größe, jedoch in Ruhestellung faltig und schlapp; er zeigt vor allem jene Birnenform, die Kundige veranlaßte, ihn als Keulenpenis zu bezeichnen, weil seine abgerundete und sichtlich hypertrophe Eichel einem Keulenkopf gleicht, dessen Griff von dem übrigen männlichen Organ gebildet wird. Die Geschlechtsteile wie auch die benachbarten Gegenden, Schamberg, obere Schenkelpartie und Damm, weisen eine, wenn nicht ständige, so doch sehr häufige Schweißabsonderung auf.»[77] (S. 19, 20)

Behauptete körperliche Abweichungen

«Der gesamte Organismus des Manualisten zeigt in unterschiedlichem Grad Schwäche, Erschöpfung und Verbrauchtheit. Um diese speziellen Symptome zu beschreiben, zitiert man mit Recht eine gelungene Definition von Professor Bouchardt, nach der dieser Organismus ‹in physiologische Armut› geraten ist. Mehr oder weniger über die normalen Maße entwickelt und von einer Magerkeit, die um so bemerkenswerter ist, als sie oft mit unstillbarem Appetit einhergeht, hält sich der Betroffene vornübergebeugt und läßt den Kopf rechts- oder linksseitig hängen, als sei er ihm zu schwer. Seine Beine sind schwach und zittern beim Gehen, so daß er gern nach einem sicheren Halt greift; Reiten, Fechten, Tanzen und Laufen fallen ihm schwer, ebenso wie jede körperliche Arbeit ihn zutiefst erschöpft ... Sein ganzer Körper befindet sich, ebenso wie sein Verstand, in einem Stadium von Mattheit, Schwäche und Indolenz, das sich bis zu völliger Abstumpfung verschlimmern kann. Das Fleisch ist welk, die Haut schlaff, die Stimme rauh und heiser, der Atem ist meist schlecht und kommt in kurzen Stößen. Sein Gesicht kennzeichnet ein eigentümlicher Ausdruck, der sich im einzelnen zwar schwer beschreiben, jedoch leicht genug ablesen läßt und eine Kombination folgender Charakteristika darstellt: Die Gesichtszüge sind stumpf und von geringem Ausdruck, auf der Stirn siedeln sich häufig Pickel oder Pusteln einer fortschreitenden Akne, die Narben hinterlassen; die Augenlider, rotgerändert, sind verdickt, blutunterlaufen und kleben nachts zusammen. Beim Erwachen sind sie von Schatten oder Rändern in lila-bläulich-roten Schattierungen umgeben; die Augen, deren matter und teilnahmsloser Blick ausweicht, sind niedergeschlagen, umwölkt, liegen tief in ihren Höhlen und sind feucht von Tränen; die Pupillen sind unnatürlich erweitert und weichen etwas nach außen oder innen ab; die Lippen sind farblos, die Haut ist blaß, fahl, zuweilen von ungesunder Leichenfarbe oder bleifarben.»[77] (S. 20)

Behauptete geistige Abweichungen

«Das Niveau des Verstandes bleibt beim Kind und beim jungen Mann konstant, beim Erwachsenen entwickelt er sich zurück. Die intellektuellen Fähigkeiten scheinen erlahmt. Das Gedächtnis ist schwankend, unzuverlässig, schwach, mehr oder weniger reduziert. Die Assoziationsfähigkeit ist vermindert oder läßt zu wünschen übrig. Der Geist ist unstet und arbeitet träge; die Konzentration ist erschwert oder gar unmöglich. Das Resultat ist eine deutlich erkennbare Untauglichkeit und Unlust, zu arbeiten und den eigenen Verstand zu schulen; Trägheit, die durch nichts aufzurütteln ist, sowie vollständige Teilnahmslosigkeit, die man bei oberflächlicher Betrachtung mit Meditation zu verwechseln imstande sein könnte.»[77] (S. 18, 19)

Behauptete seelische Abweichungen
«Die Wesensart erscheint stets unausgeglichen, sehr oft düster, zuweilen trotzig. Der Kranke ist reizbar, verdrießlich und verschlossen. Er weicht den Blicken des anderen aus; der ständige Argwohn, daß man ihn beobachtet, macht ihn in Gesellschaft unsicher; er benimmt sich linkisch, der Blick ist zu Boden gerichtet. Aus übertriebener Schüchternheit, verwandt mit der Ungeselligkeit, erscheint er unzugänglich und hinterhältig, unehrlich und gewandt im Verstellen, verdrießlich und obstinat, seiner Rastlosigkeit und Düsternis hält seine Ungeselligkeit die Waage. Voller Mißtrauen stellt er übertriebene Sittsamkeit in allen sexuellen Dingen zur Schau, von denen er so gut wie gar nichts zu wissen vorgibt. Ohne Sinn für die natürlichen Freuden und Ablenkungen seines Alters, sucht er die über alle Maßen geliebte Einsamkeit und ist nur glücklich in Gesellschaft eines Busenfreundes, mit anderen Worten: eines Komplicen. Sein Liebesvermögen ist schwach entwikkelt; im Lauf der Zeit wird es noch schwächer und schwindet schließlich dahin. In diesem Stadium ist der Onanist dann eine Kreatur ohne Affekte, mit der Welt zerfallen, voller Abneigung gegen seine Mitmenschen und Verachtung für die Frauen, voller Gleichgültigkeit gegen seine Familie, mit einem Wort, ein perfekter Egozentriker.»[77] (S. 19)

Die Bilder zeigen, woher ihre Vorlagen entnommen worden sind, von den Patienten der Nervenheilanstalten. Das 19. Jahrhundert schloß «Onanie» und Geisteskrankheit kurz. Es vertauschte den Ursachen-Folgen-Zusammenhang und behauptete, Selbstbefriedigung führe zu geistiger Krankheit, es fegte die Tatsache beiseite, daß die Wahrheit im Gegenteil liegt: die psychische Katastrophe, die soziale Abschirmung und Reglementierung eines Geisteskranken sind Bedrohungen und Unterdrückungen eines Menschen, die ihn in die zwanghafte Selbstbefriedigung treiben.

Der «Onanie»-Schwachsinn-Kurzschluß war der Ausgangspunkt dafür, die Kampagne gegen die Allgemeinheit zu richten. Wer Hand an sich legte, machte sich mutwillig krank. Gegen das Verbrechen wider die eigene Person konnte nun vorgegangen, ja seine Entstehung mußte bekämpft werden. Um die sogenannt normalen Menschen zu erreichen, wollte das Jahrhundert die Kinder treffen. Dem Erwachsenen war mit der «Onanie»-Verketzerung bisher nicht anders beizukommen, als ihm Angst einzujagen. Die ersten 150 Jahre «Onanie»-Geschichte zeigen, wie schwer es war, den Erwachsenen zu fangen. Strafbestimmungen waren letztlich Vogelscheuchenvorschriften, auf die die Menschen mit der Hand am Geschlecht nur spotteten. Der Griff nach dem Kind hat andere Wirkungen. Es sitzt in den Zangen des umschlossenen Raums und der regulierten Beaufsichtigung eingeklemmt. Die Eltern können es beobachten, ihm nachstellen und zugreifen, wenn es sich mit seinem Geschlecht beschäftigen will. Wie das Beispiel «Heidi» zeigt, verfolgen Eltern ihre Kinder bis in die letzten Momente ihres Bewußtseins vor dem Einschlafen. Üblich ist auch heute noch, Kindern das Abschließen auf dem Klosett zu verbieten, angeblich, weil «sie sich etwas antun könnten». Der Doppelsinn der Begründung enthüllt die elterlichen Befürchtungen.

Die Zurichtungen der Kinder hatten einen erheblichen Einfluß auf die Erwachsenen: Aus den verfolgten und geängstigten Kindern *werden* Erwachsene. Sollten die Menschen nach den ihnen angetanen Maßnahmen nicht verrückt geworden sein, behalten sie Narben in ihrer Sinnlichkeit, die sie als erotische Krüppel überleben lassen. Die Minderheit, an der sich die Bekämpfung der «Onanie» austobt, sind die Kinder. Diese Minderheit von heute wird immer die Mehrheit von morgen sein.

Das Jahrhundert beschränkte sich dem Kind gegenüber nicht auf seelische Grausamkeiten, sondern tat, was es ihm verbot: es legte Hand an. Es kastrierte, beschnitt, legte verschließbare Keuschheitsgürtel an, züchtigte mit körperlichen Strafen, elektrisierte das Rückgrat und die Genitalien, fesselte oder band die Hände in Säcke vor dem Schlafengehen, befestigte kleine Säckchen mit Kieseln auf dem Rücken, um das ausgestreckte Liegen zu verhindern. Unterschieden wurden Methoden für Jungen und für Mädchen: «Man bandagierte den Penis; man zog Metallspangen oder Drähte durch die Vorhaut, um ihr Zurückziehen unter die Eichel zu verhindern (Infibulation); man trennte die Dorsalnerven (Nerven auf der Haut) des Penis durch, um Sensationen und Erektionen zu verhindern; man erzeugte künstlich Blasen auf der Vorhaut und legte zur Nacht Metallringe mit Zähnen oder Stacheln um den Penis, die diesen, wenn er erigierte, stachen. Man trennte den Eierstock durch (Ovariotomie); man beseitigte operativ die Klitoris (Clitoridectomie); man zog Drähte oder Spangen durch Präputium (Vorhaut) und Labia majora (große Schamlippen) (Infibulation); man trennte das Präputium chirurgisch von der Klitoris; man erzeugte am Präputium, an der Vulva und an der Innenseite der Schenkel Blasen; und vor dem Schlafengehen wurden die Beine in Schienen gelegt oder an den Seiten des Bettes angebunden.» [114] (S. 152, 153) «Nicht nur Außenseiter befürworteten diese bizarren Behandlungsmethoden. Wenn es um 1880 jemandem aus unbewußten Gründen gefiel, sexuell aktive Kinder ... zu fesseln, in Ketten zu schlagen, zu infibulieren, sie mit grotesken Apparaten zu schmücken, sie in Leder oder Gummi zu bandagieren, sie zu ängstigen oder sogar zu kastrieren, ihnen die Genitalien zu verätzen und abzutöten, konnte er humane und anerkannte medizinische Rechtfertigungsgründe finden, um dies guten Gewissens zu tun. Der Schwachsinn der Onanie ... hatte den ganzen Ärztestand erfaßt.» [114] (S. 152)

René Spitz wies nach, daß «zwischen 1850 und 1879 die chirurgische Behandlung häufiger als irgendein anderes Mittel empfohlen» wurde. «In der zweiten Hälfte des 19. Jahrhunderts kennzeichnet vor allem der Sadismus den Kampf gegen die Masturbation. Diese Erscheinung beschränkt sich nicht auf irgendein Land, wenn auch die Form verschieden ist, entsprechend der Kultur, in welcher jeweils die Onanierangst ausbrach und sich zum Haß gegen ihre Betätigung entwickelte.» [128] (S. 7) «Bis 1904 bestehen in allen Ländern mindestens 50 Prozent der empfohlenen Maßnahmen in drastischen Mitteln wie Chirurgie, Zwangsmaßnahmen, harten Strafen und Angst.» [128] (S. 8)

Um «Fälle» zur Untermalung dieser Methoden anzufügen, will ich anstatt «Krankengeschichten» «Behandlungsgeschichten» zitieren. Die Verwirrung lag nicht bei den «Patienten», sondern bei den Ärzten: «Zwei Jahre lang war der Patient bei Dr. Bistroff in Behandlung, der ihn mit Diät, Spaziergängen, Gymnastik und kalten Rückengüssen behandelte. Außerdem ließ er eine Spezialbandage fertigen, welche die Geschlechtsteile des Jungen vor seinen Blicken verbarg und nur eine kleine Öffnung zum Urinieren freiließ, zusätzlich kam er noch in eine Art Zwangsjacke, die es ihm absolut unmöglich machte, an sich herumzuspielen. Der Vater war so klug, diese Behandlungsmethode zwei Jahre durchzuhalten, und ergänzte sie von sich aus noch durch die Peitsche ...»[131] (S. 33)

«Zugpflaster auf den Penis, Aufschlitzen der Vorhaut und ähnliche Kompromißlösungen sind dann nur noch von geringem Nutzen. Höchstwahrscheinlich werden sie nach einiger Zeit sogar das Bedürfnis zum Masturbieren steigern, anstatt es zu verhüten. Es gibt eine Methode – (Infibulation) –, bei der die Vorhaut verankert wird, etwa nach der Wirkungsweise des Bergamasco-Schlosses (Rabelais, Pantagruel, III. Buch) ...: Die Vorhaut wird so weit wie möglich vorgezogen, der linke Zeigefinger bis zur Wurzel der Eichel eingeführt, dann von außen eine vernickelte Sicherheitsnadel etwa einen halben Zoll horizontal durch Haut und Schleimhaut hinter der Spitze des linken Fingers eingestochen und durch Schleimhaut und Haut wieder herausgebracht, um sie von außen zu schließen. Dasselbe geschieht auf der anderen Seite der Vorhaut mit einer zweiten Nadel. Mit der so geschürzten Vorhaut muß jeder Versuch, eine Erektion herbeizuführen, ein schmerzhaftes Ziehen an den Nadeln verursachen, was das Masturbieren wirksam verhindert. Nach etwa einer Woche wird eine leichte Eiterbildung an den Schleimhäuten größere Bewegungsfreiheit bei geringeren Schmerzen erlauben; dann können die Nadeln, falls notwendig, an zwei anderen Stellen befestigt werden. Der Patient ist jedoch zu diesem Zeitpunkt schon überzeugt, daß Masturbieren nicht lebensnotwendig ist, womit der moralische ebenso wie der praktische Erfolg gesichert ist.»[131] (S. 25)

«Lallemand-Methode: Man appliziert (verabreicht) durch das Endoskop (Spiegelinstrument) eine Silbernitratlösung und ist erstaunt zu sehen, was die Harnröhre aushalten kann! Ich persönlich neige zu der Überzeugung, daß die Anwendung mäßig starker Lösungen von größerem Nutzen ist als die schwacher. Als Folge der mäßig starken Lösungen treten zuweilen eine leichte Reizung und Schwierigkeiten beim Wasserlassen auf, mehr oder weniger starke Dysurie (Störungen bei der Harnentleerung), in Ausnahmefällen auch leichte Blutungen nach der Operation ...»[131] (S. 26, 27)

«In Fällen, wo eine reizbare oder spastische Kondition der Schleimhäute der Harnwege temporär Kontraktionen verursacht, sind oft außer der Anwendung des Endoskops auch Stahlsonden, kalt oder angewärmt, von Nutzen. Sie können in Intervallen zwischen zwei- bis dreimal wöchentlich bis einmal im Monat eingeführt werden, je nach der Dringlichkeit des Falles, und oft hängt eine Heilung von der Gewohnheit der Masturbation größtenteils von der Behandlung eines kleinen Abschnitts reizbarer Schleimhaut in der Harnröhre ab.»[131] (S. 27)

«In der Überzeugung, daß die konstitutionelle Schwäche ihre fortgesetzte Ursache in den schweren, ständig wiederkehrenden Schocks für Gehirn und Nervensystem durch die Emissionen (nächtliche unwillkürliche Samenabgänge) hatte und daß die Entfernung der Testikel die Quelle des Übels beseitigte, schlug ich eine Kastration vor, in der ehrlichen Zuversicht, damit Erfolg zu haben. In der Nacht nach der Operation erfolgte eine schwere Blutung aus der rechten Hälfte des Skrotums, die ihm sehr zusetzte ... Inzwischen wirkt er gesund, vergnügt und zufrieden, kann meilenweit mit der Mühelosigkeit und Elastizität seiner Altersgenossen laufen und plant, im sicheren Gefühl seiner wiedergewonnenen Gesundheit und Nützlichkeit im Leben, seinen Eintritt ins Geschäftsleben ... Alles in allem ist diese Operation selbst dann nur in einem Viertel aller Fälle ihrer Anwendung erfolgreich, wenn diese unter den günstigen Voraussetzungen erfolgt ... Die Eltern dieses jungen Mannes waren arm, hatten ihm trotzdem eine Menge kostspieliger, aber erfolgloser Heilversuche ermöglicht und resignierten schließlich. Diese Voraussetzungen zwangen mich zur Operation, und die glückliche Genesung des Patienten zusammen mit der großen Erleichterung seiner Familie sind für mich der Beweis, daß ich richtig gehandelt habe.»[131] (S. 29)

Dieser Fall erfährt noch einen Kommentar eines Kollegen, einige Jahrzehnte danach: «Der Patient war, glaube ich, hochgradig pervers, mehr oder weniger bösartig und offensichtlich eine Gefahr für seine Umwelt; ein Mann, den still aus dem Wege zu schaffen im Interesse aller Beteiligten gewesen wäre (vorausgesetzt, daß sein Leiden unheilbar war). Die Operation hat ihn jedoch geheilt und gesundheitlich soweit wiederhergestellt, daß aus dem gefährlichen, zeitweise delirierenden Monomanen ein anständiges, nüchternes, ruhiges Glied der Gesellschaft wurde.»[131] (S. 29)

«In einem Fall kastrierte Dr. ... einen eindeutigen Onanisten, der sich alsbald erholte, ein rühriger Mann wurde und, wie der Arzt mir erzählt, jede Gelegenheit wahrnahm, um ihm für den großen Dienst zu danken, den er ihm erwiesen hatte ... Andererseits weiß ich, daß die entsprechende Operation in fast allen Hospitälern für Geisteskranke erfolglos verlief. Vor einigen Jahren machte das Ohio Hospital eine ganze Serie von Versuchen dieser Art. Es ist kein Fall von durchgreifendem Erfolg bekanntgeworden. Im Gegenteil, Dr. Awl erzählte mir von einem ruhigen, beherrschten Patienten, den der Eingriff in einen gefährlichen, anhaltenden Zustand der Gereiztheit versetzt hatte. Er beschwerte sich, man habe ihn verpfuscht und seine Organe funktionierten seitdem nicht mehr richtig ... Wir kastrieren wertlose Exemplare in der Tierwelt; weshalb nicht auch das höchstentwickelte Tier, den Menschen? Selbstverständlich darf man erst dann zu diesem äußersten Mittel greifen, wenn alle übrigen Möglichkeiten erschöpft wurden und versagt haben.»[131] (S. 30, 31)

«Ein anderer Eingriff beeinflußt die Dorsalnerven des Penis ... Bei dieser Operation wurde ein transversaler (quer verlaufender) Schnitt über die rückwärtige Oberfläche des Penis geführt, etwa einen halben Zoll von der Wurzel des Organs. Die Nervenstränge, zwei an der Zahl, wurden aus den umgebenden Geweben gelöst, ‹mittels eines stumpfen Hakens hochgezogen und um je einen halben Zoll gekürzt›. Die Wunde wurde mit einer fortlaufenden Naht aus sorgfältig mit Äther sterilisiertem Catgut (Nähmaterial) verschlossen, nachdem man sie mit einer dünnen Schicht aus kollodiumgetränkter Gaze bedeckt hatte. ‹Der Heilprozeß dauerte zehn Tage, der Patient erholte sich zufriedenstellend.› Nach der Operation ‹war der Mann einige Zeit tief deprimiert. Aber er gab das Masturbieren auf, und sein Geisteszustand bessert sich seit einem Jahr merklich.› Er behauptete, nicht mehr so viel Energie zu besitzen wie vor der Operation und nur beim Wasserlassen eine ausgeprägte Empfindung zu haben.»[131] (S. 32)

Bei den Materialien der Engländer hatte ich mir überlegt, ob ich die Ideen – anstatt sie zu zitieren – nicht nacherzählen sollte. Schon in meinen Zwischensätzen bäumte ich mich auf und wollte mit eigener Berichterstattung losgaloppieren. Es hilft nichts, die Materialien müssen selber sprechen. Ich hätte nie die Inhumanität der oben zitierten Zeugnisse wiedergeben können. Sie hätten sich in meinen Sätzen zu Berichten aus Frankensteins oder Dr. Mabuses Kabinetten verflüchtigt, wären aus eben dem Entsetzen gerissen, das einzig Realität auslösen kann. Und mit der Nacherzählung riskierte ich alle Glaubwürdigkeit. Zwischen die Zitate Empörungsausrufe zu streuen, ging nicht mehr, denn Entrüstung ist eine Lust, und die ist mir im Angesicht eines wissenschaftlich verbrämten Terrors vergangen.

Die Strapaze der Materialien ist noch nicht zu Ende. Das Jahrhundert hat auch den Frauen das Geschlecht zerpflückt. «Ein vierjähriges Mädchen masturbierte ganz instinktiv. Als man diese Gewohnheit nach einem Jahr entdeckte, versagten alle aufgewendeten Mittel der Vernunft, sie ihm abzugewöhnen. Fesselte man ihm die Hände, rieb es seine Schenkel gegeneinander und setzte sich auf ein Möbelstück, das seinen Zwecken entsprach. Das Mädchen war zum Sklaven seiner Organe geworden, ohne deren wahre Bestimmung zu kennen, obwohl sie bereits wie die einer Zwölfjährigen entwickelt waren. Es gab in seinen kindlichen Jahren einer Schwäche nach, die zu den Charakteristika der Pubertät gehört, und zeigte entsprechend frühe Verfallserscheinungen. Die Hand des Mädchens lag ständig auf seinen Geschlechtsteilen, und es starb, während es sich befriedigte.» [134] (S. 37)

«In meine Praxis kam eines Tages eine junge Frau von 28 oder 29 Jahren und vertraute mir an, daß sie an einem geistigen Defekt leide, der ihre Gesundheit zu zerstören drohe: Sie sei von einer wahren uterinen Raserei besessen. Wir probierten sämtliche Anaphrodisiaka aus, Lupulin, Brom, Kalium, Digitalis – vergebens. Die Unglückliche litt schließlich so unter ihrem Defekt, daß sie mich bat, den Herd ihrer sexuellen Erregbarkeit zu zerstören. Ich erklärte mich einverstanden. Ich ätzte sie mit einem rotglühenden Eisen, und etwa vierzehn Tage lang lebte sie in der Hoffnung, kuriert zu sein. Sobald die Stelle vernarbt war, erwies es sich jedoch, daß auch dieses Mittel wie alle vorhergehenden versagt hatte.» [134] (S. 43)

«Eine Untersuchung der Genitalien ergab eine solch beachtliche Dehnung der Vagina, daß ich die unmittelbare Ursache dafür nicht übersehen konnte; das Dienstmädchen erzählte mir, das Kind manipuliere seit kurzem mit automatischen Bewegungen an sich herum, um sich zu befriedigen. Wir legten eine Behandlungsmethode fest, um die Fehlreaktionen des Gehirns zu bekämpfen, und wandten äußerlich Gewalt an, indem wir dem Kind Metallhandschuhe anpaßten. Die Krankheit war jedoch nicht mehr aufzuhalten, und die kleine Patientin erlag ihr wenige Tage später. Bis zum letzten Augenblick nutzte sie jede Gelegenheit, die ihre Hände freigab, um den Akt zu wiederholen, der sie ins Grab brachte.»[134] (S. 45)

«Ein siebenjähriges Mädchen, dessen Gesundheit sich ohne ersichtlichen Grund verschlechterte, wurde auf frischer Tat beim Masturbieren ertappt. Die Mutter ließ ihr sofort einen genau sitzenden, fest verankerten ‹Keuschheitsgürtel› anfertigen. Das Kind erholte sich rasch, und die Mutter beglückwünschte sich bereits zu ihrem Erfolg, als die Symptome von neuem auftraten, ohne daß sich am Keuschheitsgürtel etwas verändert oder verschoben hätte. Man rief Reveillé-Pariser, und der Arzt fand heraus, daß das Kind eine Kriegslist anwandte, um seinen Genuß nicht entbehren zu müssen. Es führte mit teuflischer Geschicklichkeit eine lange Stricknadel unter dem Stahlgürtel ein. Die Mutter wich daraufhin Tag und Nacht nicht mehr vom Bett ihrer Tochter und besiegte das Leiden (*Revue Médicale*, 1828).»[134] (S. 46)

Das ärgste Rezept des Jahrhunderts für die Frauen hieß Klitorisabschneidung (Clitoridectomie). Der Wiener Arzt Gustav Braun empfahl sie in seinem *‹Compendium der Frauenkrankheiten›*, Wien 1863. 1858 führte sie in England Isaac Baker Brown ein, «prominenter Londoner Chirurg, später der sehr geachtete Präsident der Medical Society von London. Er hielt diese Operation für angezeigt, weil nach seiner Meinung Masturbation ... zu Hysterie, Epilepsie und Krampfkrankheiten führe. Er suchte die Masturbation durch die Entfernung des Organs, an dem sie ausgeführt wurde, zu heilen. Er führte diese Operation in zahlreichen Fällen an Kindern und Erwachsenen durch und richtete ein besonderes Heim für Frauen ein, das ‹Londoner Surgical Home›. 1866 publizierte er 48 dieser Operarionen.»[128] (S. 9)

«Wohlwollende Hinweise auf das Baker-Brown-Verfahren sind mehr als einmal auch in angesehenen medizinischen Zeitschriften zu finden. Die Behandlung, die einem unglücklichen siebenjährigen Mädchen durch den zu Rate gezogenen Chirurgen des St. Johns Hospital in Cleveland, Ohio, zuteil wurde, ist ein Fall von vielen. Die Beschwerde war: sie masturbierte und sei angeblich nervös und widerstrebend im Antworten. Nachdem man die Patientin einer Reihe medizinischer Behandlungen, einschließlich dem Auflegen von Zugpflastern und stark wirksamer Kauterisation, erfolglos unterworfen hatte, beschloß der Chirurg, ihre Clitoris zu operieren. Sein erster Versuch war, die Clitoris mit Hilfe von vier Silberklammern unter den Labien zu verbergen. Der Erfolg war, daß das Kind die Klammern zerbrach und die Masturbation fortsetzte. Daraufhin wurde ein Konsiliarius zugezogen, und man nahm Zuflucht zur Clitoridectomie. Mit Hilfe dreier weiterer Ärzte wurde die Operation ausgeführt und das gesamte Organ mit einem beträchtlichen Teil der beiden Crurae entfernt. Die Operation wurde als erfolgreich bezeichnet, da das Kind keinen Rückfall in seine frühere Gewohnheit zeigte, außer einmal, als es, sechs Wochen nach der Operation, zu masturbieren versuchte und dann gestand: ‹Wissen Sie, es ist jetzt nichts mehr da, so konnte ich natürlich nichts machen.›» [128] (S. 3)

Das beklemmendste Ergebnis von René Spitz' Untersuchungen: die Wege der Folterungen führen in unsere Tage hinein. Es handelt sich um keine Einzelfälle. «Die Liste der Ärzte, nach deren Meinung Masturbation seelische, geistige oder körperliche Schäden verursache, nimmt sich wie ein Who is Who der Psychiatrie des 19. Jahrhunderts aus.» [114] (S. 150) Die Vorstellungen von der «Onanie» waren universell geworden, die Ärzte hielten das Kreuz «Heilung» vor sich und wüteten wie mit Auftrag versehene Würgeengel jahrzehntelang. Spitz schreibt dazu: «Bis vor kurzem wurde Beschneidung bei Knaben häufig praktiziert. Ein führendes Lehrbuch für Kinderheilkunde, Holts *‹Diseases of Infancy and Childhood›*, rät (bis in die Auflage von 1936) den Gebrauch doppelseitiger Schienen, wie sie bei Brüchen des Oberschenkels verwendet werden. Wie die meisten anderen kinderärztlichen Lehrbücher empfiehlt es auch Beschneidung bei Knaben und ist nicht gegen die Beschneidung bei Mädchen oder Kauterisation (Verbrennung/Verätzung) der Clitoris. Nach 1925 bestanden tatsächlich zehn Prozent der empfohlenen therapeutischen Maßnahmen in den Vereinigten Staaten noch immer in chirurgischen Eingriffen. Von 1890 bis 1925 zumindest bestand in den Vereinigten Staaten eine besondere Organisation unter dem Namen Orificial Surgery Society. Sie bot Ausbildungsmöglichkeiten an in dem, was sie ‹orificial surgery› (Öffnungschirurgie) nannte, nämlich in der Chirurgie der Vorhaut, der Clitoris und des Rectums ... Sie hatte sogar eine eigene Zeitschrift ... Ich zitiere aus ihrem Lehrbuch: ‹Die Beschneidung bei Mädchen oder Frauen jeden Alters ist ebenso nötig wie bei Knaben und Männern.› ‹Ich war erstaunt über die Menge der Sünden, die im Rectum verborgen sind.› ‹Die Vorhaut der Knaben hat zumindest seit den Tagen Moses die Aufmerksamkeit mehr oder weniger auf sich gezogen. Aber die Mädchen wurden vernachlässigt ... Ich fühle einen unwiderstehlichen Drang, gegen die beschämende Vernachlässigung der Clitoris und ihres Häutchens zu protestieren wegen der vielen Leiden und Krankheiten, die für das schwache Geschlecht vermieden werden könnten, wenn diesem wichtigen Gegenstand die angemessene Aufmerksamkeit und Würdigung in den Händen der Medizin zukommen würde.›» [128] (S. 10)

Spitz stellte fest: «... auch ist nicht allgemein bekannt, daß diese sadistischen Verfahren bei maßgebenden Ärzten Unterstützung fanden und bis vor kaum einem Jahrzehnt in offiziellen Lehrbüchern empfohlen wurden.» [128] (S. 11)

Er schrieb seinen Aufsatz Anfang der fünfziger Jahre. Das von ihm zitierte Lehrbuch von Holt, «das in der Präsenzbibliothek der Columbia Medical Library zum ständigen Gebrauch für die Studenten ausliegt», veränderte erst in seiner Auflage von 1940 den Teil über Masturbation. Bis dahin hieß es noch: «mechanische Zwangsmaßnahmen, körperliche Züchtigung bei den Jüngsten, Circumcision (Beschneidung) bei den Knaben, selbst wenn keine Phimose besteht, ‹wegen der moralischen Wirkung› der Operation, bei Mädchen: die Trennung der Vorhaut von der Clitoris oder totale Beschneidung, Kauterisation der Clitoris, Auflegen von Zugpflastern auf die Innenseite der Schenkel, der Vulva oder des Präputiums ... Die Beschneidung der Knaben wird noch immer empfohlen, selbst wenn keine physische Notwendigkeit dafür besteht, denn ‹es hat sich als Suggestivmaßnahme bewährt›. Für kleine Kinder werden mechanische Zwangsmaßnahmen immer noch sehr empfohlen. Aber es wird bereits gesagt, daß körperliche Strafen wenig oder nichts nützen, und es wird geraten, mehr mit ästhetischen als moralischen Gründen an das Kind zu appellieren.» [128] (S. 12)

Zum Ende dieser Trauer-Fälle möchte ich Zitate aus der subjektiven Perspektive festhalten. Die bisherigen Berichte zeugten von Gewaltanwendung stärkerer Menschen gegen schwächere. Bei den folgenden Beispielen geht es darum, daß die «Fälle» sich weder in der Anstalt, in der Arztpraxis, im Operationssaal noch im Kinderzimmer abspielten. Die «Patienten» kamen auf die Folterungen selbst:

«Seine geistige Kondition zeigte außer einer natürlichen Veranlagung zu Hast und Nervosität keine Anzeichen des Verfalls durch den Selbstmißbrauch, aber der Patient war selbst so angewidert von seiner Verirrung, daß er alles tun wollte, um sich von dem Dämon zu befreien, der ihn jagte und nicht aus den Klauen ließ. Er ließ sich einen engmaschigen Drahtkäfig bauen, der von der Taille bis zum mittleren Drittel seiner Oberschenkel reichte, ähnlich wie ein Paar Badehosen, vorn erweitert, so daß er auch mit aller Gewalt nicht an seine Geschlechtsteile herankommen konnte. Der Käfig hatte einen Einstieg, der wie eine Tür an Scharnieren hing und sich mit einem kleinen Vorhängeschloß absichern ließ. Bevor mein Patient zu Bett ging, legte er diesen Käfig an, direkt auf der Haut, und zog sein Nachtzeug darüber. Zur doppelten Absicherung warf er den Schlüssel, mit dem er sich selbst gefangengelegt hatte, nachdem er das Licht ausgelöscht hatte, weit von sich auf den Boden, so daß er sich unmöglich aus eigener Kraft befreien konnte. Das hielt er mehrere Monate lang durch, obwohl die Selbstüberwindung sehr groß war, denn, so versicherte er mir zu wiederholten Malen, wäre der Schlüssel für ihn erreichbar gewesen, er hätte sich aufgeschlossen, um zu masturbieren. So aber sei er am Ende durch Ausdauer und Entschlossenheit mit der gefährlichen Versuchung fertig geworden. Die gleiche Methode hat sich auch ein anonymer Autor im *British Medical Journal* vom 7. 12. 1889 ausgedacht, der dort die Einsperrung in einen Käfig als geeignete Behandlung für Fälle dieser Art empfahl.» [131] (S. 24)

«Als ich in meinem fünfzehnten Lebensjahr das Erwachen der sexuellen Instinkte in mir spürte, hatte ich wie alle Jungen meine Freude daran. Sie fand jedoch ein rasches Ende durch ein Buch aus der Bibliothek meines Vaters, das mir in die Hände fiel. Das Werk stammte aus der Feder eines damals sehr bekannten Theologen und hieß: *‹Warnung von einem Freund der Jugend vor geheimen Sünden›*. In diesem Buch wurde in den gräßlichsten Bildern geschildert, wie jugendliche Abirrungen sich auf Geist und Körper auswirken können. Natürlich konnte ich seit dieser Entdeckung nicht mehr mit unbeschwerter Freude an sexuelle Dinge denken, sondern nur noch mit Furcht. Aus Angst vor den schrecklichen Konsequenzen, die eine Abirrung vom Pfad der Tugend haben konnte, wurde ich sehr keusch ... Seit der Lektüre jenes Buches hatte ich meine sexuellen Instinkte aufs schärfste überwacht, um jeden Grund zur Erregung auszuschalten, als ich einen nächtlichen Samenerguß hatte, der mich so sehr in Schrecken versetzte, daß ich meine Geisteskräfte bereits schwinden zu fühlen glaubte. Darüber hinaus beurteilte ich mich selbst als höchst unmoralischen Menschen. Um Rückfälle zu vermeiden, nahm ich Zuflucht zu religiösen Schriften und übte Askese, die mich zeitweise wie ein Mönch leben ließ. Mein Dämon trieb mich schließlich dazu, wahrzunehmen, was mich, wie ich wähnte, unvermeidlich heimtückisch überfallen hätte, wäre mir nicht jenes Buch in die Hände geraten. Ich stürzte mich in sexuelle Exzesse (Masturbation), aber nicht, um mich daran zu ergötzen, was in meinem Fall unmöglich war, sondern um mein betrübliches Schicksal zu erfüllen. Der Entschluß ging mit meiner Hoffnung einher, daß mich die schonungslose Erkenntnis der Auswirkungen meiner Exzesse zu echter Reue und Umkehr lenken könnte, zu der ich im Augenblick noch nicht die Kraft besaß. Aber ich fühlte mich dem Dämon, dem ich mich einmal ergeben hatte, immer mehr ausgeliefert. Mehrere Jahre hindurch gehorchte ich ihm, nicht etwa mit Freuden, sondern mit äußerstem Widerwillen und unter den ständigen Peitschenhieben der quälenden Vorstellung, daß mich doch noch das Schicksal erreichen könnte, dem ich dank des Buches bislang entgangen war ... Man stelle sich die Ängste und Qualen vor, die mein verwirrtes Gehirn durchstehen mußte, um mit solchen Gedankengängen fertig zu werden ... Verzweifelt fuhr ich fort, der Sucht meines armen kranken Hirns zu frönen, ohne jegliche Widerstandskraft dagegen aufbringen zu können ... Meine wahnsinnige Sucht ... breitete sich von dem Punkt, an dem sie begann, nach allen Richtungen hin aus.»[77] (S. 21, 22)

Die folgende Schilderung stammt aus den ersten Jahrzehnten des 20. Jahrhunderts, Schauplatz Deutschland:

«Mein Unglück begann an dem Tage, an dem mir ein Buch in die Hände fiel, in dem die Schädlichkeit der Onanie in besonders krassen Farben dargestellt war. Ich nahm mir nach der Lektüre dieses Buches vor, das Laster aufzugeben und eine hygienische Lebensweise zu führen. Zum erstenmal in meinem Leben mußte ich jedoch feststellen, daß mir die dazu nötige Energie fehlte. Ich wurde auch sonst zerfahren, so daß ich meinen ursprünglichen Beruf aufgeben mußte; litt an allerlei körperlichen Beschwerden und hatte den Glauben an meine Potenz verloren. Es gibt keine Methode, die ich gegen meinen Onaniezwang nicht angewendet hätte. Hartes Lager, ermüdende Spaziergänge, Gymnastik, vegetarische Kost, kalte Waschungen – alles blieb erfolglos, und ich fiel immer wieder in die alte Leidenschaft zurück. Nur das Bewußtsein, die Hauptlast der Familienerhaltung tragen zu müssen, hielt mich von einem Selbstmord zurück. Ich beschloß daher, gegen den Trieb mit anderen Mitteln vorzugehen. In Erkenntnis des Umstandes, daß der vermehrte Blutzufluß zum Gliede die Erektion verursache, unterband ich den Hals des Hodensackes an der Peniswurzel mit einem Sacktuch und konnte bald feststellen, daß der Drang zu onanieren, der mich bis dahin drei- bis viermal täglich überkam, nunmehr völlig nachließ. Doch stellte sich in vier Tagen eine starke Schwellung der Hoden ein, und ich war gezwungen, die Binde aus Angst vor einer Entzündung abzulegen. Eines Tages kam ich auf die Idee, einen Apparat zu konstruieren, der die Erektionen, von denen ich hauptsächlich geplagt und zur Onanie verleitet wurde, automatisch beseitigen würde. Ich ließ einen Drechsler nach meinen Weisungen, und ohne ihm den Zweck zu verraten, ein hölzernes Futteral für das Glied anfertigen, in dessen Höhlung eine Stahldrahtschlinge derart angebracht war, daß die geringste Volumzunahme des Gliedes infolge der Verengung der Schlinge einen Schmerz und damit auch ein Nachlassen der Lust bewirken sollte. Der ganze Apparat war mit einer Kette, die um die Hüfte herumführte, an das Glied angebracht. Die Kette besaß auch ein Schloß, welches ich stets abgesperrt hielt, das heißt, halten wollte, denn schon am nächsten Tag war ich wegen der, durch die Morgenerektionen verursachten Schmerzen und wegen der Wunden, die mir die Stahlschlinge in die Haut eingeschnitten hatte, gezwungen, den

Apparat schleunigst abzulegen. Nun begann das Martyrium von neuem. Um vor mir selbst davonzulaufen, meldete ich mich freiwillig zum Militärdienst, obwohl ich bei der Musterung für untauglich befunden wurde. Ich hoffte, im Felde die Onanie bewältigen zu können. Doch sosehr ich mich freute, es in den ersten Monaten verwirklicht zu haben, gelang mir die Abstinenz auf die Dauer nicht. Ich befand mich in einer dauernden Depression und wartete, daß mich der Tod von den Qualen erlöse, bevor mich der Wahnsinn umnachten würde. In einem Augenblicke höchster Verzweiflung und Selbstverachtung ersann ich folgendes radikale Verfahren zur Beseitigung dieser Leidenschaft: Ich entschloß mich, durch eine operative Entfernung der Schwellkörper dem Gliede die Fähigkeit zur Erektion zu nehmen. Aus medizinischen Büchern verschaffte ich mir die nötigen anatomischen Kenntnisse. Vor den Schmerzen hatte ich ursprünglich keine Angst. Ich dachte an die Soldaten der früheren Zeiten, die ohne Narkose operiert wurden, und nahm mir vor, die große Aufgabe im Interesse meines Körper- und Seelenheils mit heroischer Standhaftigkeit durchzuführen. Endlich kam der entscheidende Tag. Ich traf alle Vorbereitungen zur Operation, wie ich sie bei der an mir einst vollzogenen Operation beobachtet habe. Mit raschen Bewegungen führte ich zwei Schnitte, einen Längsschnitt in der Mitte und einen Querschnitt an der Wurzel des Gliedes. Ich muß gestehen, daß mich dabei jegliche Ruhe verlassen hatte. Ich handelte nervös, wie geistesabwesend (einem Selbstmörder muß so zu Mute sein). Der rasende Schmerz und das hervorspritzende Blut brachten mir die Besinnung wieder, und ich griff in höchster Angst um mein Leben zu blutstillenden Mitteln, um dem Blutverluste Einhalt zu tun. Nachher fiel ich für einige Minuten in Ohnmacht. Das alles spielte sich innerhalb einer Viertelstunde ab. Es gelang mir, die ganze Begebenheit zu verheimlichen. Die Einschnitte erwiesen sich als ziemlich oberflächlich und heilten nach einiger Zeit vollkommen. Meine unglückselige Meinung, daß ich mit meinem Laster allein dastehe und deswegen ein von Grund aus verworfenes Subjekt sei, hatte mich verhindert, mich einem Arzte anzuvertrauen. Und was hätte er mir geraten? Kaltwasserbehandlung? Hartes Lager? Fleischlose Kost? ...»[116] (S. 29–31)

Die Leistung des 19. Jahrhunderts war perfekt. Es tilgte nicht nur aus, ätzte, erstickte im Keim, sondern pflanzte Gewalt auch in das Innere der Menschen. Dieses Mittel ist für die Unterdrückung das günstigste, weil es weitere Mühen erspart: Menschen so lange mit Wort und Tat zu foltern, bis sie sich selbst foltern. Kinder und Geisteskranke haben noch etwas Heroisches an sich, wenn ihre Hand nach eingeflößten Mitteln und beigebrachten Schnitten doch wieder an das Geschlecht gleitet. Der Mensch, der den Zwang verinnerlicht hat und Gewalt sich selbst zufügt, zieht Gelächter auf sich wie der Trottel. Und doch ist sein Elend das ärgste. Niemand ist mehr da, der ihm etwas verbietet. Anstatt sich mit dem Intimsten in Ruhe zurückzuziehen, tobt in seiner Seele die Öffentlichkeit eines Schlachtfeldes. Allmählich glaubten die Menschen an die Lüge von der «Onanie». «Onanist», «Masturbant», «Manualist» wollte niemand sein. Die Geschichten der Selbstfolterung sind die traurigsten. Der Frieden für und von sich selbst ist zerschnitten worden vom *Krieg* der Person gegen sich selbst. Die Fälle sind veraltet. Aber die Generation meiner Großeltern wurde noch geschnitten und geätzt, die meiner Eltern noch mit Scheren und mit Schrecken bedroht. Ich übersehe nicht, wieviel davon in meiner Generation nicht mehr geschah. Ich bin 1942 – zwei Jahre nach der Veränderung des populären amerikanischen Lehrbuches für Kinderkrankheiten von Luther Emmet Holt[128] (S. 10) – geboren. Allen Menschen meines Alters, die ich gefragt habe, klingt ein «du sollst nicht!» in den Ohren. Mit welchen Mitteln die gegenwärtig über die Ideologien Machthabenden das «du sollst nicht» den Nachgeborenen beibringen, habe ich in dem 5. Teil dieser Materialien – den Kapiteln der Trauer und des Schmerzes – festgehalten.

«Ein so weitverbreitetes Verfahren, das so nahe an unsere eigene Zeit heranreicht, mag einen wohl veranlassen, über seine Ursprünge und seine Folgen auf die Gemüter der Menschen nachzudenken.»[128] (S. 11) René Spitz mußte sich 1950 «diese Spekulation für den Augenblick versagen». «Es ist erstaunlich», leitet Jos van Ussel seine Erörterungen über dieses Verfahren ein, «daß die Masturbationsbekämpfung, die mehr als zwei Jahrhunderte lang einen gewaltigen Einfluß ausgeübt hat, in der Kultur- und Sittengeschichte bisher kaum die gebührende Beachtung gefunden hat.»[142] (S. 133) Ehe ich mich mit den gesellschaftlichen Ursachen der Anti-«Onanie»-Bewegung beschäftige, interessiert mich etwas Näherliegendes. Theologen und Ärzte hatten sich verschworen, um erst den Seelen und dann den Leibern Gewalt anzutun mit der Begründung: für das Seelenheil und für die Gesundheit. Es ging angeblich um den Schutz des Lebens, aber durch Schriften, Maßnahmen und Operationen wurde Leben in Tausenden von Fällen beschädigt.

Es könnten die Materialien als Irrtümer der Vergangenheit abgetan werden. Jedoch, die «Onanie»-Kampagne ist nicht aus Irrtum, sondern aus Fanatismus unternommen worden. Ein Blick in die Medizingeschichte hätte dem 19. Jahrhundert die Realität wieder zurechtgerückt. Nirgendwo finden sich Protokolle, daß Menschen früher an Selbstbefriedigung erkrankt oder gestorben wären. Es gibt keine Zeugnisse aus dem Altertum und dem Mittelalter. Die Bibel enthält nichts, weder etwas über einen Krankheits- noch über einen Sündenzusammenhang. Die Selbstbefriedigung wie Syphilis oder Schizophrenie zu handhaben, ließ Wissenschaft als Scharlatanerie verkommen. Das Kapitel der ärztlichen Folterungen auf den von den Theologen eingesegneten Operationstischen verweist darauf, daß Wissenschaft nicht wertfrei ist, sondern sich so mit Meinungen vollsaugen kann, bis sie zum Umgekehrten fähig wird, zu dem sie angetreten ist. Das ist das allgemeine Schicksal, von dem patriarchalische Wissenschaft immer wieder bedroht wird. Sachklärung, Personförderung, Zustandsverbesserung und Gemeinschaftsregelung waren die Ziele, für die sich die Wissenschaft verwenden wollte. Patriarchalisch durchkonstruiert, forschen und lehren uns Wissenschaftler nun aber in den Abgrund. Alles, was sich zur Katastrophe im Inneren des Menschen, in seiner Gesellschaft und in seiner natürlichen Umgebung zuspitzt, geschieht mit Hilfe von Formeln und Theorien. Das wird nur selten deutlich. Es gibt kaum ein so gutes Beispiel für die Ideologisierung einer Wissenschaft wie die Umnebelung der Medizin des 19. Jahrhunderts mit dem «Onanie»-Ungeist. Wenn nicht das Ergebnis, für das Wissenschaft sich betätigt, gut ist, ist sie selbst nicht gut. Die Medizin des 19. bis in den Beginn des 20. Jahrhunderts hinein hat am Thema «Onanie» den Geist, dem sie verpflichtet ist, verloren.

Auch am Ende des 20. Jahrhunderts steht die Medizin in der Gefahr, einem Wahn ausgesetzt zu werden. Eine neue Krankheit ist aufgetreten, der gegenüber die Berichterstattung schon nach ein paar Jahren so hysterisch geworden ist, daß wieder Kampagnen zu erwarten sind. Die Menschen des 18. und 19. Jahrhunderts haben an die krankmachenden und tödlichen Folgen der Selbstbefriedigung nicht nur geglaubt, aus den Quellen spricht, die Fachmänner wähnten sich im Stand des unzweifelhaften Wissens. Bei allen Forschungsgegenständen liegt zwischen Vermuten und Wissen nur ein dünner Spalt. Wenn jedoch der Ausgangspunkt der Wissenschaft nicht eine Fragestellung ist, sondern wie bei der «Onanie»-Verfolgung ein Glaube und eine Absicht sind, zerfällt Wissenschaft zu Ideologie.

## Das Verbrechen
## Der Kapitalismus raubt die Person

Das Unwahrscheinliche hat sich mir beim Immer-wieder-Hinschauen und -Durchdenken schließlich aufgezwungen: das epochale «Onanie»-Tabu ist eine Frucht des Kapitalismus.

Das Fundament meiner Erkenntnisse sind zwei unbestrittene Tatsachen: die Ideenfabrik des Kapitalismus ist die protestantische Religion, und der Protestantismus ist lustfeindlicher als der Katholizismus.

Die Geschichte der «Onanie» ist die Geschichte eines Wahns. Sie entsteht zur selben Zeit, als der Kapitalismus daranging, den Feudalismus allmählich abzulösen. 1658 beginnt in England mit Capels Buch, dem ersten markanten Niederschlag, die «Selbstbefleckungs»-Hetze. Die Revolution von 1648 machte England für Jahrhunderte zum stärksten bürgerlich-kapitalistischen Staat.

Der Wechsel zwischen Feudalismus und Kapitalismus wurde vorangetrieben durch die Veränderung der wirtschaftlichen Bedingungen der Gesellschaft. Der Feudalismus reicht bis in die Urzeiten kulturellen Bewußtseins zurück. Obwohl der Mensch in viel längeren Zeiträumen seiner Existenz jagte und nomadisierte, ist Landwirtschaft als Grundprinzip seines Lebens in seinem Bewußtsein tief verwurzelt. Landwirtschaft und Kulturentwicklung waren einander bedingende Prozesse. Der Wechsel von feudalistischer zu kapitalistischer Wirtschaftsordnung vollzog sich im Vergleich zu anderen geschichtlichen Umwälzungen sprunghaft in der kurzen Zeit von ein paar Jahrhunderten. Der Beginn des Kapitalismus wird mit der Entstehung der Manufakturproduktion datiert. Das schöpferische Prinzip der Herstellung von einzelnen Gegenständen weicht damit dem der kopierenden Vervielfältigung von Massenwaren.

Mit dem Wechsel der Systeme gehen drei Veränderungen einher:

1. Die Stellung der Menschen in der neuen Wirtschaftsform unterscheidet sich von der alten durch zwei Merkmale: Unabreißbarkeit der Arbeit und Entfremdung des Menschen vom Produkt. Ackerbauen und Viehzüchten verlangte gegenüber Jagen und Sammeln schon einen Verzicht auf Spontaneität. Der kapitalistische Arbeitsprozeß – bis ins einzelne durchkonstruiert – schaffte Spontaneität ab. Das Land hat Sommer und Winter, Morgen und Abend, den sonnenglühenden Nachmittag. Das Land erfordert *im* Prinzip der Arbeit die Pause. Der Kapitalismus zwang allmählich jegliche Arbeit in das Verfahren des Fließbandes. Der Rhythmus von Beginn und Ende, von Tat und Ruhe wurde zerstört. Die Unternehmer hätten unaufhörlich durcharbeiten lassen, wenn ihnen damit ihre Arbeitskräfte nicht andauernd verlorengegangen wären. Aber auch der Sechzehnstunden-Tag kam einer unabreißbar fließenden Beschäftigung gleich, ließ er doch nur wenig Zeit für den Schlaf übrig. Ruhe als Teil der Arbeit, zwischen ihr und mit ihr verbunden, war aufgehoben. Die Endlosigkeit von Arbeit, die die kapitalistische Wirtschaft erfunden hat, zwang den Proletarier etwa zwei Jahrhunderte lang in quälende personelle Arbeitsdurchläufe, ehe sie in der Schicht, dem sachlichen Durchlauf, als allgemeines Prinzip sich niederschlug.

Noch der unterjochteste Leibeigene hatte ein Schöpfungsbewußtsein. Arbeitete er auch nicht für sich, sondern für seinen Fronherren, so arbeitete er *von* sich aus, hatte das Land unter sich, war im Einklang mit dem, was Natur ihm gebot, das heißt, was zwischen ihm und Natur sich abspielen mußte. Der Proletarier übersah nicht mehr die sachlichen Zusammenhänge seiner Arbeit. Was er aus den Bergwerken herausholte und an den Werkbänken fertigte, war nicht mehr «seine Sache».

2. Der Kapitalismus unterscheidet sich darüber hinaus vom Feudalismus durch das neue Verhältnis der unterdrückenden Klasse zur Wirtschaft. Der Fürst war oben. Mit der Wirtschaft seines Systems

hatte er nicht viel zu tun. Seiner patriarchalischen Mentalität entsprechend führte er entweder Kriege mit seinen Bruderfürsten, trieb Wollust, gab sich Intrigen hin oder betätigte sich im Geist des Abendlandes. Auf dem Acker zu erscheinen oder auch nur die Zu- und Abgänge der Güter zu überprüfen, stand ihm nicht an. Die Rede aristokratischer Kleingrundbesitzer, auch der Graf habe seinen Arbeitstag, nicht nur der Knecht, ist bereits Zeugnis seiner Verbürgerlichung und Durchfilterung mit kapitalistischen Ideen, die im 19. Jahrhundert das feudalistische Prinzip unerbittlich von innen her aushöhlten. Der Fürst kam von oben, blieb oben und fuhr mit Kirchensegen wieder nach oben. Weil der Fürst «gottgewollt» war, hatte er per Geburtsverfahren seinen Platz schon oben. Dazu brauchte er nichts mehr zu tun.

Der protestantische Bürger Calvin gibt für den Kapitalisten andere Maximen aus: «Wir sind in allen Stücken unserer Natur dermaßen verderbt und verkehrt.» Alle Menschen stehen «wegen dieser Verderbnis vor Gott und mit Recht als Verdammte und Verworfene».[66] (S. 57) Ausgenommen sind nur die Auserwählten. «Gott tilgt in seinen Auserwählten in dauerndem ... Fortschreiten die Verderbnis des Fleisches ... damit sie sich in ihrem ganzen Leben in der Buße üben: Sie sollen wissen, daß dieser Kriegsdienst erst mit dem Tode sein Ende findet.»[66] (S. 57)

Das Auserwähltenprinzip des Kapitalismus kam von unten. Der Fürst mußte sein Auserwähltsein nicht beweisen. Dem Kapitalisten war nichts sicher. Gottesgnadentum kannte er nicht. Der Bürger mußte alles selber machen. Fürst – wie es bis heute der gerettete Nimbus adligen «blauen Blutes» immer noch beweist – konnte im Prinzip niemand werden. Das *war* der Mensch, Kapitalist mußte er werden.

Selbstverständlich war es in der Regel einem Proletarier nicht leicht möglich, den «Beruf» eines Kapitalisten zu ergreifen. Das verhinderten besonders im 19. Jahrhundert wirtschaftliche und heiratspolitische Vermischungen der alten und neuen herrschenden Klassen Adel und Bourgeoisie. Und doch konnte ein sogenannt einfacher Bauer, Handwerker oder Arbeiter zum Unternehmer aufsteigen. Das beweisen bis heute Unternehmensgründungen und Aufstiegsmöglichkeiten von Angestellten in die Manager-Direktoren-Etagen. Kapitalist kann aber nur werden, wer Kapital besitzt oder nutzt, emsig agiert, dabei von patriarchalischer Gesinnung durchdrungen ist und die Fähigkeit beherrscht, Sachen zu kombinieren und Personen zu dirigieren. Auserwählt ist der Mann nach kapitalistischem Prinzip, wenn er Erfolg hat. Erfolg hat er, wenn er bis zum Lebensende im «Kriegsdienst» (Calvin) des Tätigseins steht.

Der Kapitalist nimmt am Fließband und an der Entfremdung teil. Konnte er im Frühkapitalismus und kann er in einigen Ausnahmen auch noch heute sagen: «Das ist *mein* Betrieb», so produziert er die dort hergestellten Sachen doch nicht selbst direkt. Darin ähnelt er noch dem Fürsten. Aber bald sollte sich Kapital so verselbständigen, daß kaum mehr ein Unternehmer einen Betrieb mit «mein» umgreifen konnte wie ein Fürst «sein» Land oder ein Kleinadliger «sein» Gut, wie ein Handwerker seinen Betrieb, ein Kaufmann sein Geschäft, ein Bauer seinen Acker. Da Kapital selbst entfremdet ist, entrückt der Kapitalist schon aus sachlichen Gründen der neuen Produktionsweise seiner Wirtschaft. Das Kapital entpersönlicht nicht nur dem Arbeiter die Arbeit, sondern auch dem Kapitalisten den Einsatz seiner Person. Übrig bleibt das Interesse, ein heute kaum noch wegdenkbares Wort bei allen Klassen- und Gruppenauseinandersetzungen.

Unabreißbar ist für den Kapitalisten die Wirtschaft durch seine der fließenden Arbeit des Arbeiters spiegelbildliche Kalkulation. «Kriegsdienst» bedeutet nicht wie für die Fürsten, Kriege vom Zaune zu brechen, sondern immer auf der wirtschaftlichen Hut zu sein. Profit erfordert Wachsamkeit. Rechnen, gewinnen, horten, Verluste vermeiden zwingt zum Dabeibleiben. Die Bagage der Aktionäre, Couponschneider und Rentiers im sichtbaren Müßiggang des Jet-sets glitzert nur als Fettauge auf der Brühe aktiver, unabreißbarer Geschäftswelt. Sie sagt nichts über das System aus. Play Society ist sein Abfallprodukt, Erinnerung an den alten Adel. Das Fürstenschwelgen gehörte wesentlich zum System der Feudalherrschaft selbst.

3. Noch in einem dritten unterscheidet sich die neue Wirtschaftsform von der feudalistischen. Sie wird total. «Feudalismus» ist kein alles Leben stempelndes Wirtschaftsprinzip. Es gab die Landesherren, die Grundbesitzer, es gab freie Ritter, selbständige Bauern, ehe ein Heer von Leibeigenen den verschiedenen Herren untertan war, daneben Söldner und als große selbständige Organisation die Städte mit ihren Ständeordnungen, mit Zünften von Handwerkern und Geschäftsleuten. Es gab die katholische Kirche mit ihren wirtschaftlich

halbfreien, in Selbstverwaltung lebenden Klöstern. Und es gab die freien, Handel treibenden Kaufleute. Wie es sich für patriarchalische Erscheinungsformen gehört, waren alle diese Gruppen hierarchisch organisiert, von oben nach unten und von Mann über Frau. Aber die Gesellschaft war nicht zu einem einzigen Lebens- und Arbeitsprinzip verschmolzen, das nur noch Rand- und Ausnahmeerscheinungen duldet. Ein solch totales Prinzip zu entwickeln, schickte sich erst der Kapitalismus zwischen 1600 und 1800 an. Im 19. Jahrhundert gelang es ihm, es einzurichten und im 20. Jahrhundert als unabschaffbar tödlich festzusetzen.

Für die Merkmale der kapitalistischen Wirtschaft: Entfremdung zwischen Person und Arbeit, Unabreißbarkeit der Arbeit und Totalität des Prinzips, gab es anfangs noch keine passenden Menschen, und sie konnten auch nicht schnell aus ein paar Generationen hervorgestampft werden. Jagen und Sammeln betrieb der Mensch Hunderttausende von Jahren, an Ackerbau und Viehzucht gewöhnte er sich über Jahrzehntausende hindurch. So zu sein und zu arbeiten, wie es die neue Wirtschaftsform verlangte, hätte Veränderungen bedeutet, die über entwicklungsgeschichtliche Anpassungen nicht mehr möglich waren. Das erforderliche Verhalten mußte daher den Menschen über die Ideologiekanäle Kirche, Familie, Schule eindressiert werden.

Der «Onanie»-Wahn ist ein Anzeichen für die Jahrhunderte dauernden Schwankungen des kapitalistischen Systems, das mit ihm eine Möglichkeit gefunden hatte, die Lust der Menschen so zu knebeln, bis sie fähig wurden, die neuen wirtschaftlichen Bedingungen zu ertragen.

Massenwahne zu schüren, ist dem Patriarchat geläufig. Solange wir uns dieser Daseinsform unterwerfen, müssen wir mit immer neuen Wahnen rechnen. Sie sind Legierungen zwischen ökonomischen Prozessen und kollektiven Eruptionen unterdrückter Menschen. Einen Wahn produziert das Patriarchat, wenn es Krisen überwinden will und dazu die Massen in Bann schlagen muß, um sie von seinen Brüchen und Rissen abzulenken und für die Phase neuer stabiler Herrschaft geduldig zu halten.

Der «Onanie»-Wahn mußte die Strapazen des Übergangs vom Feudalismus zum Kapitalismus verdecken helfen. Nach den bürgerlichen Revolutionen war der neue gesellschaftliche Zustand noch nicht durchgesetzt. Das Patriarchat ächzte unter den Umwälzungen. Mit der Beseitigung des Feudalismus sollte es nicht selbst abgeschafft werden. Nur die Produktionsformen und die Verteilung der Herrschaft sollten sich ändern.

Das Patriarchat ist ein Monster, das sich über eine Vielzahl ineinandergreifender Prozesse am Leben hält, es braucht dazu nicht nur den Unterdrückungswillen von Fürst Friedrich und Fürst Heinrich oder die Ausbeutungstaten von Kapitalist Alfred und Kapitalist Adolf, auch nicht nur den Komplott von Superfirmenchefs und Monopolen, wie uns in Büchern und Zeitschriften angeblich aufklärerisch das Fürchten gelehrt werden soll. Patriarchat ist in uns und erneuert sich dadurch. Der «Onanie»-Wahn zeigt, daß Pfarrer, Pädagogen und Ärzte genauso den Kapitalismus stabilisierten wie die Unternehmer, die im Schutze ihrer Ideologen bauten, horteten und neue Formen der Unterdrückung entwickelten.

Die subjektive Seite des Wahns äußert sich in der Verbarrikadierung des Bewußtseins. Die Wähnenden behaupten, ein abstrakt Gutes zu wollen, tun für das System etwas ihnen selbst unerkannt Notwendiges. Abstrakt Gutes und unerkannt Notwendiges werden für andere Menschen konkret böse. Das Merkmal des Wahns zeigt sich daran, daß den von ihm Erfaßten die Einsicht nicht kommt, konkret Böses zu tun oder zu fördern. Vom Wahn Umnachtete zur Verantwortung ihres Tuns später heranzuziehen, ist unmöglich. Ein Schuldgefühl stellt sich bei ihnen nicht ein.

Wahne sind Störungen des Selbstbewußtseins eines Kollektivs. Ein Volk meint, von Teilen seiner Gemeinschaft, von fremden Völkern oder Gemeinschaften bedroht zu werden. Das abstrakt Gute liegt darin, das Kollektiv vor einem angeblich Bösen zu schützen. Untrügerisches Zeichen für einen Wahn ist es, daß eine Bedrohung nicht existiert. Es gibt nur das Gefühl des Bedrohtwerdens, eine innere Unsicherheit der Wahnbefangenen und die Projektion ihres Gefühls auf die Menschen, von denen die Bedrohung ausgehen soll. Der Wahn ist nun der Anstoß, Teile der Gemeinschaft oder andere Völker zu bedrohen und zu vernichten (konkret Böses). Die reale Bedrohung läuft entgegengesetzt der vermeintlichen. Die Gemeinschaft oder der Volksteil, die sich bedroht fühlen, sind selbst die Bedrohlichen. Ihre inneren Konflikte oder Unbewältigtheiten führen dazu, andere Menschen bedrohen zu müssen. Die Teilnehmer des «Hexen»-Wahns konstruierten eine Bedrohung durch Frauen und töteten Frauen. Die vom «Juden»-Wahn Erfaßten konstruierten eine Bedrohung durch Juden und töteten sie. (Hitler behauptete, wenn es «die Juden» nicht geben würde, hätte er sie erfinden müssen. Die Judenvernichtung unter seiner Herrschaft stand ebenfalls in Verbindung zu einem Umbruch des Patriarchats, der nur nicht im neuen «tausendjährigen Reich» mündete, sondern im Zusammenbruch der vorgeblichen Erneuerer.)

Auch die «Onanie»-Kampagne unterliegt den Eigenheiten eines Wahns. Die mehr und mehr verbürgerlichten Gemüter fühlten sich von Kindern und Geisteskranken bedroht, von den Gruppierungen, die kapitalistisch nicht oder zu wenig brauchbar waren. Kinder und Geisteskranke konnten den Verwertungsprozessen nicht so reibungslos zugeführt werden wie Erwachsene und Gesunde. Das Kind ist feudal, zeichnet sich durch Eigenschaften aus, die der Klasse ähneln, von der sich der Bürger mühsam befreien mußte und innerlich emanzipieren wollte: Spiel, Autonomie, Wollust, Anarchismus, Faulheit, Widersprüchlichkeit, Nutz- und Ziellosigkeit ...

Der «Onanie»-Wahn ist ähnlich überregional gewesen wie der «Juden»- und der «Hexen»-Wahn. Er gehörte zu dem Heimtückischsten und Umfassendsten, was eine patriarchalische Erscheinungsform für ihre Stützung sich ausdenken und verwirklichen konnte. Die angebliche Problematik der Selbstbefriedigung wurde als zutiefst im Christentum verankert vorgegaukelt und von ärztlicher Seite her wissenschaftlich einzigartig abgesichert, daß jeder Mann wie ein Retter der Menschheit sich vorkam, wenn er über «Onanie»-Bekämpfung grübelte, redete, schrieb und für sie handelte. Jugendliche haben sich umgebracht, weil sie im Hin und Her zwischen ihrem Streben nach Befriedigung und den ihnen eingefleischten Siechtumsschrecken keinen Ausweg wußten. Und Lebengebliebenen, Erwachsengewordenen verkrüppelte der Wahn zwei Jahrhunderte lang die Fähigkeit zur Lust.

Diese Verkrüppelung lag in der Absicht des Kapitalismus. Lust und Arbeit sind für ihn Unvereinbarkeiten. Sogar der menschliche Körper selbst mußte «von einem Lustorgan zu einem Leistungsorgan»[143] (S. 39) umgedrillt werden. Lust will Spontaneität, Nähe und Pause, sonst kann sie nicht anlaufen und abklingen. Die vorkapitalistischen Tätigkeiten beherbergten noch Lust. Jegliches Tun für die Ernährung, aus dem die Arbeit erwuchs, geht zunächst mit Mühe, Schmerz und Entbehrungen einher. Doch die körperlichen Betätigungen des Jagens, Sammelns, Anbauens, Erntens, Züchtens und Handwerkens haben auch lustfreundliche Effekte. Selbst die schwere Landarbeit ist nicht nur ein Fluch, wie Gott sie bei der Vertreibung der Menschen aus dem Paradies definierte (1. Buch Mose, Kap. 3). Der Umgang mit Böden, Pflanzen, Tieren und die Auseinandersetzung mit den Elementen und Jahreszeiten setzen Lust frei. Der Kreislauf des vorkapitalistischen Arbeitens – die Verausgabung der Kraft, die Spontaneität des Tuns, die Nähe zwischen Mensch und Arbeitsvorgang, die Pause der Kraftschöpfung – ist noch nicht lustfeindlich.

Manufaktur- und Fließbandarbeit können wegen ihrer Unaufhörlichkeit und der Endfremdung zwischen Person und Gegenstand Lust nicht mehr gebrauchen. Im Feudalismus gab es für die Beherrschten Pausen, und die Herrschenden betrieben alle ihre Tätigkeiten aus Lust, ob sie hurten oder wüteten. Die Unterdrückung lief so ab, daß die Herrschenden gegen die Lust der Beherrschten ankämpften. Um ihre eigene Lust unumschränkt ausüben zu können, beschränkten sie die der Beherrschten. Sie knebelten sie in das Joch der Zulieferanten für ihre ununterbrochene Lustausübung. Die Beherrschten litten an Lustverminderung, die ihnen dadurch wettgemacht wurde, daß sie zur Anteilnahme an der Lust der Herren gezwungen waren.

Das kapitalistische Prinzip ist anders. Es tendiert zur Ausmerzung der Lust der Unterworfenen und muß für die Funktionierung der Wirtschaft den Herrschenden die Lust einschränken. Eben dieses versuchte die Ideologie von der «Onanie» zu leisten. Das feudalistische Patriarchat christlicher Prägung hatte die katholische Kirche mit der Lustregelung beauftragt. Die Kirche war selbst eine feudalistische Organisation. Gegen Lust an sich hatte sie nichts. Viel Beten, Singen, Predigen, Unterrichten, Feiern, Menschen kontrollieren und wenig Arbeiten. Das Leben der Katholenkader war lustvoll, kein Zweifel. Die Kirche konzentrierte sich darauf, aus der Lust die Wollust abzuspalten, allein Geschlechtslust zu verdammen. Notgedrungen wurde sie vom Teuflischen gereinigt, wenn durch sie in einer Ehe ein Kind entstand. Katholischerseits gab es wenigstens die Entschuldigungslust. Nicht nur durch ein Kind wurde das Geschlechtsverhalten im nachhinein gesegnet, sondern auch durch das Prinzip der Buße und des

Ablasses war diese Sünde nachträglich abgeltbar. Nur Homosexualität mußte die katholische Kirche aus elementaren eigenen Interessen verfolgen, weil das patriarchalische Männerkollegium zusammengebrochen wäre, wenn die Lust am Mann in seinen Reihen um sich gegriffen hätte. Und bei allen Äußerungen eines freien Geschlechts gab es für Frauen nichts zu lachen. Sie wurden als Hexen verbrannt, weil sie die Zusammenhänge ihres und anderer Menschen Körper erkannten.

Außer der Verfolgungen der Homosexualität des Mannes und der Emanzipation der Frau hatte die Geschlechtsverdammung der katholischen Kirche für die Menschen meist Pause. Wollust total zu geißeln, bedeutete, sie wieder zuzulassen. Wie die Landwirtschaft ihre Pausen erzwingt, so hatte auch die Moral dem Geschlecht durch Beichte und Buße einen Freiraum gelassen. Das uneheliche Kind der Magd war auf dem Lande nicht weiter schlimm. Gretchens Tragödie ist erst ein Ergebnis bürgerlich-kapitalistischer Gesinnung. Zu Boccaccios Zeiten wurde noch munter kreuz und quer geliebt.

Der Kapitalismus brauchte ein neues Sexualitätskonzept. Das alte feudal-katholische war für ihn unbrauchbar geworden. Die protestantische Religion konnte ihm dienen. Das Geschlechtsleben kam nicht mehr als Ganzes vom Teufel, sondern als Ehegattenverkehr – mäßig – vom lieben Gott. Das Verlangen wurde kastriert. Der in der Raffinerie einer Ehe gefilterte Sex war positiv, alles andere verkam zum Abfall. Im Gegensatz zur katholisch-feudalistischen Gesellschaft wollte die protestantisch-kapitalistische die Verfolgung aller anderen Äußerungen der menschlichen Sexualität wirklich durchsetzen. Was hieß «alle anderen»? Voreheliches, nebeneheliches, gleichgeschlechtliches und Gruppenvergnügen! «Alles andere» war viel, unübersichtlich und schwer zu erfassen. Daraus konnte kein zündendes neues Generalthema gemacht werden. Dem Protestantismus war durch seine Eheglorie die Gleichung «Sexualität = Sünde», mit der der Katholizismus die Gläubigen in Spannung zog, aufgeflogen. Er sackte in ein ideologisches Loch. Dieses Loch füllte er allmählich mit dem Wahn von der «Onanie» wieder auf. Er hatte ein neues Generalthema, mit dem er abermals alle Menschen in Schach halten konnte. Ihre Anpassung an das Patriarchat war schon so weit gediehen, daß sie sich auf die Ehesexualität eingerichtet hatten und alle anderen Formen geschlechtlicher Äußerung als Ausnahmen ein kümmerliches Dasein fristeten. Die

Selbstbefriedigung hatte noch keinen Anlaß zu Verfolgungen gegeben, war Kurzweil über den Weg, um die kein Aufsehen gemacht wurde. Da plötzlich überfielen die Ideologen die Zeitgenossen mit der «Onanie», bestückten sie mit alttestamentarischem Hintergrund, der die Bürger erzittern lassen sollte. Wer konnte schon die Heilige Schrift überprüfen?! Und Ärzten wagt kein Volk Paroli zu bieten. Die katholische Kirche hatte noch keinen Grund, Herrn Onan zu bemühen. Ihr Männerklan war auf Selbstbefriedigung aufgebaut. Was denn sonst?! Männer nicht, Frauen nicht! Die Babyfriedhöfe auf den Misthaufen der Klöster konnten nicht in den Himmel wachsen. Da war der alten Kirche die Hand am Geschlecht billige Unterleibsbekreuzigung.

Ich habe niemanden aus dem sogenannten Volke gesprochen, der wußte, daß «Onanie» eine Konstruktion der protestantischen Kirche war und der alte Onan gar nicht «onaniert» hatte. Freundinnen und Freunde wußten es nicht. Und die wenigen Fachgelehrten, die es wußten, sind an den Fingern abzuzählen. Ich wußte es vor der Beschäftigung mit diesem Thema auch nicht. Das Patriarchat unterstellt allen seinen Ideologien Ewigkeit und biedert sich bei den Menschen mit seiner Natürlichkeit an.

Die «Onanie»-Ideologie ist eine für den Kapitalisten maßgeschneiderte Lustzwangsjacke, die nur dem Kapitalisten passen sollte. «Onanie»-Tabu war zu Anfang Moralität für die eigene Klasse. Arbeiter und Bauern konnten die verkrümmten Sätze der Pfarrer nicht lesen, von ihrer mangelnden Zeit dafür nicht zu sprechen. Und die Adeligen setzten im 18. Jahrhundert zu ihrem ausschweifendsten Wollustfeldzug an und kümmerten sich einen Furz um Pfaffenworte. Mit der «Onanie» galt es, die Bürgersinne zu verschrecken und sie beschwörend in die Mangel zu nehmen, um die lästige, nichtstuende Aristokratie vom Thron zu stoßen.

Daraus, wie die «Onanie»-Ideologie dem Geschlecht am Zeuge flickt, kann die kapitalistische Ideologie selbst rekonstruiert werden. Calvin führt Buch, indem «alles, was von ihm (vom Menschen) kommt, als Sünde gerechnet (wird)».[66] (S. 57) Bekkers charakterisiert einen Ehemann, der nicht zeugen kann, als bankrott wie einen ruinierten Kaufmann. Die neue Säftelehre entspringt dem Gedankenmaterial für die Geldverwertung. Geld wird durch Umlauf mehr, Kapital darf wie Samen nicht verschwendet, muß in den Betrieb gerafft werden, Samen wird gehortet wie Profit. Alles ist auf Einnehmen, Hereinkommen eingestellt, aber auch auf Zirkulieren im Kreislauf der wirtschaftlichen Einrichtungen von Banken, Geschäften und Unternehmen. Geld braucht der Kapitalist für die Löhne der Arbeiter, die den Mehrwert bringen sollen, ebenso für Anschaffungen, für Maschinen und Produktionsstätten. Samen braucht der Mann, um neue Arbeitende zu produzieren, der Kapitalist braucht Nachfolger. Sein Unternehmen ist am Anfang Familienbetrieb. Es zirkuliert in seinen Berechnungen auch über die Generationen hinweg.

Den Begriff «Selbstbefleckung» gab es schon vor der Konstruktion der «Onanie». Gemeint war damit halb eine Umschreibung des Sachverhaltes, halb eine lasche Beschimpfung: Selbstbefriedigung macht beim Mann Flecken, nicht sehr viel anders als sonstiges Kleckern und In-die-Hose-Machen auch. Der Begriff «Selbstmißbrauch» entsteht erst unter kapitalistischem Zeigefinger. Der Mensch wird gebraucht. Der Kapitalismus braucht den Menschen ganz auf, seine Zeit, seine Phantasie, seine Lust. Selbstbefriedigung heißt auf einmal «Selbstmißbrauch», weil sie bedeutet, den Menschen für Momente aus dem Gebrauch des Kapitalismus herauszustehlen und für wirtschaftsfremde Handlungen zurückzuhalten. Ein entfremdet arbeitender, ein unaufhörlich arbeitender und ein von totaler Arbeitswelt dirigierter Mensch darf keine Person mehr sein. Der Kapitalist, auf den die «Onanie»-Verketzerung zugeschnitten war, mußte rotieren. Die Welt hatte nur noch den einen Sinn, alles unter Zweck und Nutzen zu stellen. Stillstand bedeutete Verfall. «Fein viel Arbeit», sagte der englische Medikus Bekkers, ist der beste Feind der «Onanie».

Die Horrorgemälde entkräfteter, verzehrter, entsafteter und gekrümmter Menschen entsprangen nicht Gruselvorstellungen einbildungsfreudiger Stubengelehrter. Solche Menschen konnten gesehen werden. Ein Sechzehnstunden-Arbeitstag ließ die Säfte entweichen, die Häute blässen, die Augenlider hängen und die Pupillen sich eintrüben. Die große Entsaftung, mit der dem Bürger Schrecken eingejagt wurde, tat die Bourgeoisie den Proletariern längst ununterbrochen an. Die Sprache und die Bilder in den «Onanie»-Büchern heißen: Wenn du Kapitalist faul bist wie ein Fürst, sackst du zurück zu denen, die du aussaugst. Pouillet vermischte Ökonomie mit Physiologie, indem er den Organismus eines «Onanisten» in «physiologischer Armut» beschrieb. Patriarchalische Ideologien sagen nie direkt, was sie wollen. Die Ökonomie spricht immer durch die Blume des Geschlechts. Infam wurden die Autoren, als sie für ihre Beschwörungszwecke die Kinder der Arbeiter abbildeten: «... schwach und klein, daß sie entweder bald wieder dahinsterben oder arme, zarte, gebrechliche Kränklinge werden.» Das sind Kinder, die sich in Bergwerken schinden mußten, billig und wendig wegen ihrer kleinen Körper. Kein Ideologe der Zeit hat sich während der Verbrechen der Kinderausbeutung bequemt, bei *solchen* Vorgängen über Säfte- und Kräfteverzehr nachzudenken. Der Vampir, der seinen Opfern nachts das Blut aussog, wie der Doktor Howe 1848 formulierte, war der Kapitalismus selber.

Das 19. Jahrhundert wurde etwas direkter. Die Stabilisierung des Systems war gelungen. Es galt nun vor allem, den abhängigen Lohnarbeitern die neue Ideologie einzureiben. Die Kapitalisten hatten ihre Pflichten nach zweihundertjährigem Einsatz begriffen. Das 19. Jahrhundert formulierte aus einer Verschiebung der Perspektive strikter die verheerende Wirkung von Nichtarbeiten*können*. Ein Jahrhundert zuvor galt es noch, dem Kapitalisten Angst zu machen vorm Nichtarbeiten*wollen*. Nicht in der Welt der Zwecke verwertet werden zu können, bedeutete für den Arbeiter, ausgestoßen, umgebracht zu werden. Dem nicht verwertbaren Leben in den «Irren»-Anstalten drohten bereits Euthanasiegedanken: «Es kann nicht angehen, daß solche ekelerregenden menschlichen Wracks ... ohne irgendeine nützliche Bestimmung am Leben bleiben», «ein Mann, den still aus dem Wege zu schaffen, im Interesse aller Beteiligten gewesen wäre».

Die frühen Protestanten hatten den Menschen absolut schlechtgemacht. Die englischen Puritaner hatten ihrer Klasse Hinweise gegeben, wer zu den Auserwählten gehören kann, die doch noch in den Himmel kommen. Auf der Erde bedeutete für die Bürger Auserwähltsein anfangs, den Kapitalismus aufzubauen, später, ihn zu verteidigen und aufrechtzuerhalten. Die neuen Beherrschten, die erst nach der Befestigung des Systems von der Ideologie erfaßt wurden, sollten nichts anderes als schuften und alles aushalten. So wie Capel den Teufel in die Enge getrieben sieht: «gezügelt durch Furcht von innen und von außen geführt»[66] (S. 10), wird der Arbeiter in den Kapitalismus befohlen. Der Teufel ist immer der Teil des Menschen oder der Gesellschaft, der dem System des Ganzen widerstrebt.

Der kapitalistische Angriff auf den Menschen ging frontal gegen die Person. Den Arbeitern wie den Kapitalisten mußte für dieses System die Person zerpflückt, wesentliche Teile des Menschen geraubt werden. Der Arbeiter mußte den Raub der Person vollständig und entschädigungslos erleiden. Für den Kapitalisten gibt es eine Entschädigung. Sein Lohn besteht aber immer nur darin, Rentier oder Pensionär sein zu dürfen, was heißt, außerhalb des Systems zu stehen. Für die Fürsten selbst galten die Ideologien, mit denen sie herrschten, nicht oder äußerst abgeschwächt. Der Kapitalist muß an ihnen teilnehmen, wenn er *im* System Herrschender sein will.

Der Kapitalismus raubt dem Menschen drei wesentliche Ausdrucksformen seiner Person: 1. die Selbständigkeit der Sinne, 2. die Schöpfungskraft der Phantasie, 3. die Muße.

1. Der Durchlauf der Wirtschaft verlangt Sach- und Menschenmaterial. Der Mensch muß als Arbeits- und als Fortpflanzungsmaterial zur Verfügung stehen. Sein Arbeitsmaterial muß er in den Fabriken abliefern, sein Fortpflanzungsmaterial in den Ehen auswerten. «Die Ehe ist bestimmt, der Lust der Jugend vorzubeugen und sie abzutöten»[66] (S. 17), sagt Capel.

Das Arbeitsmaterial muß gut erhalten bleiben, und das Fortpflanzungsmaterial muß rationalisiert werden: «Wollust und Sinnlichkeit dagegen verkürzen die Lebenstage und verursachen viel Übel», drohte 1708 der Schweizer Prediger Osterwald.[66] (S. 59) «Sinnlichkeit» ist der neue Ketzerbegriff Nummer eins. Bei der Ablieferung des Materials in den sachlichen und persönlichen Reproduktionsstätten (Fabrik und Ehe) wird der Mensch so auf Trab gehalten, daß er zur Selbstbesinnung nicht kommt. Der Kapitalist darf mit seinen Sinnen nicht selbständig sein, weil er dann den Sinn für seine Kalkulation verliert, ohne die er nicht selbständig ist. Der Arbeiter darf sinnlich auf keinen Fall selbständig sein, weil er dann keinen Sinn darin sieht, sich jeden Tag in unsinnige Reproduktionsprozesse einzuliefern. Der Kapitalismus ist dynamisch, er treibt Herrschende und Beherrschte an. «Turbieren» ist *seine* Sache, darf nicht die der Individuen sein. Die «Mas-turbation», die Selbstaufregung, hat auch die Selbstberuhigung zur Folge, die bei beiden Parteien – Arbeitern und Unternehmern – tödlich für den Kapitalismus wäre: «Und keiner durfte masturbieren, denn bei der Masturbation findet das Kind für sich, in sich und durch sich selbst Vergnügen. Für einen flüchtigen Augenblick fühlt es sich frei vom Bedürfnis nach einer äußeren Autorität. Sie kann daher, wie Sartre sagt, eine gefährliche Handlung sein. Vielleicht ist das der Grund, warum sie im Viktorianischen und Bismarckschen Zeitalter so sehr gefürchtet war.» [114] (S. 160)

Selbstfrieden befreit von Schuld, die selbstregulativ die Menschen an die Rampen der Reproduktion befiehlt. Selbstfrieden macht nicht nur frei vom Bedürfnis nach äußerer Autorität, sondern auch frei vom Bedürfnis, zu herrschen und auszubeuten. Und das ging beides ja gar nicht, wenn der Kapitalismus sich durchsetzen wollte. Selbständigkeit als Ausdruck der Person soll nicht sein. Die Selbstbefriedigung wurde früh als ihr sexuelles Aufleuchten begriffen. Die Protestanten verstanden mehr von der Beziehung zwischen Lustkastration und Personkastration als die Katholiken. Der Titel «Selbständigkeit» ist ein außerordentlich positiv besetztes Reizwort des gesamten Kapitalismus. Ursprünglich gemeint war mit «Selbständigkeit» die Zwischenposition des Kapitalisten: er ist nicht lohnabhängig wie der Arbeiter von ihm, und – das war zuerst eine politische Forderung, die sich später von selbst erledigte – er ist nicht abhängig von einem Fürsten, aber auch nicht von einer Stadtordnung. Heute hat sich der Begriff für die Kleinunternehmer gerettet, die weder angestellt noch mit ihrem Unternehmen in großen Konzernen verflochten sind. «Selbständigkeit» ist ein kapitalistischer Wunschbegriff. Selbständig, das heißt aus sich heraus existierend, konnte nur ein landwirtschaftlicher Betrieb sein. Der Kapitalismus läßt wirtschaftlich überhaupt keine Selbständigkeit zu. Die Totalität seines Wirtschaftssystems zwingt alle Beteiligten in die Abhängigkeit, wie es bei jeder Krise sofort deutlich wird. «Selbständig» ist ein wirtschaftlicher Lockruf mit Entschädigungsvaluta, um die personell-sinnliche Unselbständigkeit, die das System von allen verlangt, ohne Widerstand anerziehen zu können.

2. In den frühen «Onanie»-Schriften überrascht, wie heftig die Zeugen der «Selbstbefleckung» gegen die Phantasie vorgehen. Immer wieder wird exakt unterschieden: der alleinige Samenabgang, wenn er als unwillentliche nächtliche Ausschüttung passiert, sei nicht böse[66]

S. 38, 42, 50), «... daß die größte Sündlichkeit der Selbstbefleckung in den unreinen Gedanken besteht... Ihre Phantasie nicht auf das schöne Geschlecht ausschweifen lassen...»[66] (S. 41) «Jeder Gedanke, der diese Teile angeht, kann nur Lust erregen... Denn in solchen Fällen senden die Gedanken den Spiritus zu jenen Teilen...»[66] (S. 52, 53) «Verminderung der Geisteskräfte durch Beanspruchung nur eines einzigen, nämlich des Onanie-Gedankens...»[139] (S. 12)

Bei der Selbstbefriedigung stöberten die Ideologen drei Phänomene auf, die dem neuen kapitalistischen Zustand des Menschen zutiefst widersprechen: Autonomie der Sinnlichkeit, des sexuellen Willens und der Phantasie. Das Wahrzeichen der Selbstbefriedigung ist die zum Kreis gebogene Schlange, die sich in den Schwanz beißt. Das alte Modell vom menschlichen Selbstbildnis ist die Schöpfungsautonomie. «Auf der mythologischen Uroborosstufe entspricht Onanie dem archetypischen Bild des Aus-sich-selbst-Zeugens und des Selbst-Schöpferischen. Uroboros (heißt) Schwanz essen, Hieroglyphe der Ewigkeit ... Kreisschlange, die Kugel, das Runde, Symbol für das ursprüngliche Enthaltensein des Ichs im Unbewußten, im mütterlichen Urschoß, in der paradiesischen Vollkommenheit und Ganzheit. Jede individuelle Bewußtseinsentwicklung beginnt auf der Uroborosstufe und endet im Individuationsprozeß wiederum mit dem Symbol des Kreisrunden der neu gewonnenen Ganzheit und Vollständigkeit im Leben.»[133] (Erich Neumann)

Aus solch einem Sein kreierte sich Gott-Vater als «Onanist». Er ist Feudalherr, Gärtner und Ackerbauer, nicht Kapitalist, hatte noch keinen Grund, sich zerspalten zu sehen, «Onanie» zu erfinden, diesen Ausdruck des Selbstschöpferischen zu verketzern. Der Abbau des autonomen Menschen, die Sterilisierung seiner Phantasie zu einer Zweckphantasie geschah erst im kapitalistischen Patriarchat. Phantasie mußte funktional und final werden. Die Apparatur eines Unternehmens braucht Phantasie gebunden, zerstört ihr das freie Schweifen, aus dem neues Leben und neue Programme des Zusammenlebens entstehen. Phantasie mußte bei den arbeitenden Massen besinnungslos gehalten, bei den Kapitalisten im Kreisel der Bilanzen schwindelig werden und bei ihren Handlangern, den Erfindern und Naturwissenschaftlern, technokratisch verkümmern. Die Atombombe fällt am Ende der Entwicklung. Die wissenschaftlichen Gehilfen konstruierten zu Anfang unter anderem die Krankheit «Onanie», die genug Schrekken verbreitete, um alle Beteiligten dem System auszuliefern. Verfolgung und äußerer Schrecken hält es zu sehr in Atem, leichter, sicherer, konservierender und auf die Dauer selbst-regulativ ist der in das Innere der Menschen eingesenkte Schrecken. Die leeren Stellen nach dem Raub der sinnlichen Selbständigkeit und der schöpferischen Phantasie schaffen dem Menschen Angst; nicht die alte schöpferische, progressive Lebensangst, sondern die regressive, beklemmende, unschöpferische Unsicherheitsangst. Die entstand aus der realen Angst, als der Mensch sich im Kindesalter vor den Zusetzungen gegen seine Sinnlichkeit fürchtete. Daraus bleibt ein Rest irrealer Angst dem Erwachsenen zurück, weil seine nicht vernichtete, sondern geknebelte, im Unbewußten eingekerkerte Sinnlichkeit aufbegehrt. Die schöpferische Phantasie erwuchs dem Menschen, um seine natürliche, durch die Naturgewalten hervorgerufene Lebensangst zu überwinden. Phantasie instrumentalisiert, kann nicht dazu genutzt werden, die Ängste, besonders die irrealen, abzuschaffen, ihre Künstlichkeit überhaupt erst zu durchschauen.

Schöpferische Phantasie ist übriggeblieben bei ein paar Künstlern. Dort wuchert sie im Gewächshaus kapitalistischer Schongebiete von Künstlerleben, die sich im Kreise ihrer Wirkungslosigkeit drehen dürfen. Der Kapitalismus läßt die Ausnahme der schöpferischen Phantasie in künstlerischen Existenzen zu, weil er sich diesen Restäußerungen gegenüber immun gemacht hat. Kein Film, kein Roman, kein Theaterstück, kein Traktat gegen das Patriarchat hat dem Kapitalismus eine Schramme versetzt, von dadurch bewirkten Veränderungen seiner Produktionsbedingungen zu schweigen. Künstler können vor Phantasien strotzen und müssen sich doch nur in ihrer selbstgerührten Eierpampe suhlen. Aber ein weniges geschieht in dieser Schon-Ecke: die Mobilisierung der alten schöpferischen Phantasie zur Durchdringung der Verhältnisse trägt Angst ab, ebenso, wie die wieder verselbständigte Sinnlichkeit angstfreier macht. Angst ist die wichtigste Stütze des Patriarchats. Die spezifisch kapitalistische Angst des Menschen vor sich selbst läßt ihn sich selbst gegenüber fremd werden. An solchen Menschen hat der Kapitalismus endlich das Seine. Die Ideologen des «Onanie»-Wahns sagen selbst, daß sie Angst einflößen wollen: «... keine bessere Medizin, als Furcht»[66] (S. 14); «... mein einziger Wille geht dahin «abzuschrecken»[66] (S. 39). «Ich werde versuchen, die moralische Seite» (der «Onanie») «aufzuzeigen und ihren ganzen Schrecken sichtbar zu machen.»[66] (S. 69) Angst vor sich selbst saugt die schöpferische Einbildungskraft auf. Diese Angst hetzt die Menschen ans Ziel des gebrauchten kapitalistischen Charakters. Das Ziel verschleierten die Ideologen. Es beweist sich von allein: Ein der Sinnlichkeit und der Phantasie beraubter Mensch ist ein kapitalismusfähiger Mensch.

Der französische Mai von 1968 wußte das, als er die Parole formulierte: *«L'imagination au pouvoir!»* Die Phantasie an die Macht, auf daß sie die Verhältnisse gestaltet und nicht von ihnen mißbraucht wird.

3. Der Raub der Person muß ertragen werden, um die Zustände haltbar zu machen. Den Zuständen des Systems entsprechen die Zustände der Menschen, in die sie geraten, wenn ihnen die drei Eigenschaften geraubt werden: «total» bedeutet für den Menschen, nicht mehr selbständig zu sein, «entfremdet» heißt unschöpferisch zu sein, und «unabreißbar» hat zur Folge, daß die Muße verlorengeht. Muße ist für den Kapitalismus unnütz, alleräußerst als «Regeneration der Reproduktionswerkzeuge» – Wiederherstellung der Arbeitskräfte – zugelassen. Muße ist aber etwas anderes: Versenkung ins Gewesene, wie es war, und Aufbruch zu Neuem, daß es wird. Muße ist ein schöpferischer Zustand, Energieaufladung, leistungslose Besinnlichkeit. Der Faun, der in die Nachmittagssonne blinzelt und an seinem Geschlecht spielt, ist Sinnbild dieser meditativen Schwebezeit einer Person zwischen Tat und Kollektiv, zwischen Vergangenheit und Zukunft. Selbstversenkung! Damit wird die Selbstbefriedigung am deutlichsten gekennzeichnet. Sie ist sexueller Ausdruck für diese Kurzweil.

Ich will mich mit dem alten Jahwe versöhnen, dem ich im «Untergang des Mannes»[100] zugesetzt habe. Vom Schöpferischen an sich verstand er etwas. Er schuf den siebenten Tag. Den hat der Kapitalismus im Prinzip abgeschafft und zur Freizeit erniedrigt, «Freizeit» nicht anders definierbar als: arbeitslose Zeit in der Schicht. Die Menschen können, weil sie vollkommen auf Arbeit eingestellt sind, «mit ihrer freien Zeit nichts anfangen», wie es geläufig heißt. Ein «Onanist» ist ein «unangenehmer Müßiggänger», sagt Tissot.

«Der Patient war überzeugt, daß Masturbieren nicht lebensnotwendig ist ...» diktiert einer der Ärzte des 19. Jahrhunderts[131] (S. 25). Die Muße bringt nichts, da kommt kein Mehrwert raus. Das Fließband kann nur aushalten, wer Besinnungslosigkeit geübt hat. Selbstbefriedigung übt das Umgekehrte, Besinnung des Menschen auf sich selbst. Das geht nur beim Anhalten, Aufhören, Ruhe vergönnen, Pause machen.

«Manu-faktur» hieß die erste kapitalistische Produktionsstätte, das bedeutet: mit der Hand ununterbrochen tätig. Die Kapitalisten hatten geübt, auf die Hände zu achten: «Weiter, weiter!» Die Ideologen nahmen die gleiche Perspektive ein: Hand da unten am Geschlecht?! Die ist ja locker und ihrem eigenen Rhythmus hingegeben! Nichts da, rauf, Schluß, Hände hoch und unentwegt reproduzieren!

Der alte Handwerker hatte seine Hände noch schöpferisch für sich. Am Gegenstand, den er formte, mußte er innehalten, zurückdenken an den Beginn seiner Phantasie, er mußte sie lebendig lassen, um sie über seine Hände zur Vervollkommnung des Gegenstandes zu geleiten; seine Lust, seinen Willen mußte er einsetzen, auf daß das Werk schön und gut wurde. Die Hände am geschöpften Ding und am Geschlecht sind keine Widersprüche. Hände am Fließband – der ärgste Gegensatz zu beiden. So transparent sind Basis und Überbau! Die Ideologien – in diesem Fall der «Onanie»-Wahn – allein betrachtet, geben keinen Eindruck von dem Zusammenhang zwischen ihnen und der Ökonomie. Sehe ich den Pfaffen unter die Röcke und den Ärzten unter die Kittel, schaut da doch tatsächlich auch beim Thema «Onanie» Karl Marx hervor.

Das Ende der Geschichte: Zwischen Kalkulation und Fließband gibt es keine Muße mehr. Das industrielle Zeitalter hat den Nachmittag abgeschafft. *L'après-midi d'un faune?!* Wo? Wann?

## Das Provisorium
## Psychoanalytiker legen fest, wer wann warum «onanieren» darf

Anfang des 20. Jahrhunderts erwuchs aus der Arbeitsweise einer neuen Wissenschaft die Möglichkeit, den 200 Jahre währenden Spuk von der «Onanie» – 1710 wurde das Wort erfunden – sich wieder verflüchtigen zu lassen. Sigmund Freud hatte Ende des 19. Jahrhunderts das Verfahren der Psychoanalyse entwickelt und damit den Einblick in unbewußte seelische Vorgänge geöffnet. Das Allerwichtigste zu diesem Thema: er hatte mit seinen 1905 veröffentlichten *‹Drei Abhandlungen zur Sexualtheorie›*[35] der Kinderverfolgung Einhalt geboten. René Spitz stellte fest, daß nach Freuds Arbeiten die chirurgischen Mittel bei der «Onanie»-Bekämpfung sofort zu einer Ausnahmeerscheinung absanken und allmählich ganz aufgegeben wurden.[128] (S. 8, 12) Freud und die Wissenschaftler der Psychoanalyse entwickelten die Voraussetzungen dafür, den «Onanie»-Wahn zusammenbrechen zu lassen. Jedoch, die Selbstbefriedigung blieb eine Materie der Scham. Sie bekam festumrissene Definitionen und Funktionen im Verhältnis zur weiterhin als normal bestimmten Ehesexualität. Selbstbefriedigung blieb degradiert, schlimmer, sie blieb Krankheit, wenn der Mensch sich nicht nach diesen neuen wissenschaftlichen Richtlinien verhielt.

Die maßgeblichen zeitgenössischen Vertreter der psychoanalytischen Wissenschaft haben einzelne Arbeiten zum Thema «Onanie» veröffentlicht und sich zweimal zu Grundsatzdiskussionen zusammengefunden, um ihren Standpunkt zur «Onanie»-Frage» bekanntzugeben. Ich nehme die Zusammenstellungen von 1912[92] und 1928[93] und die Arbeiten Freuds zu diesem Thema als Grundlage meiner Kritik.

Wenn der Begriff «Tragik» für unsere Zeiten noch verwendbar wäre, könnte er für die dort vorgefundenen Äußerungen benutzt werden: Tragisch in dem Sinne einer Verhaftung des Menschen in alles Herkömmliche, dem auch jede seiner Neuerungen ausgeliefert ist wie einem unabwendbar konservativen Schicksal, dem er sich anpassend, selbstaufopfernd unterwirft.

Freud und seine Schüler, die sich zur «Schule» der Psychoanalyse zusammengeschlossen hatten, schufen eine neue Orthodoxie, die die bürgerlich-kapitalistischen Doktrinen weitertransportierten, sogar mit den Werkzeugen, die einzigartig zu ihrer Durchdringung und Abschaffung geeignet gewesen wären. Obwohl Freud die blamabelsten sexuellen Fesselungen des Menschen in der Ehe mit scharfen Formulierungen angeschnitten hat[34] (S. 157–161), verkleisterte und flickte er seine eigenen Hiebe mit einer neuen Systematisierung der Sexualität in eine richtige, zweckhafte, erwachsene, normale Ausdrucksform und in ihre Abweichungen, die das Gegenteil von alldem sein sollen. Er und die meisten seiner Schüler blieben in der Tradition der protestantischen Ideologie verhaftet: Zerschneidung der Sexualität in Hälften, die nur nicht mehr «gut» und «böse» heißen. «Böse» wird mit einer Vielzahl von neuen Begriffen und Definitionen als «unangepaßt» umschrieben; und «gut» bleibt die alte Ehesexualität, die neue wissenschaftliche Orden gesellschaftlicher Zweckerfüllung verliehen bekommt.

Die Äußerungen von Teilnehmern der «Onanie»-Diskussion, die ideologiezerstörend gewirkt hätten, wären sie von der gesamten psychoanalytischen Schule anerkannt worden, nahmen sich aus wie Ketzereien gegen das Heiligtum eines neuen wissenschaftlichen Unfehlbarkeitsanspruches.

Wilhelm Stekel[92] (1912), Mary Chadwick[18], Eduard Hitschmann[50], Karl Landauer[74–76], Wilhelm Reich[106] und Wera Schmidt[120] (1928) bereiteten einen Boden sachlicher Durchdringung ohne mitgeschleppte Wertungen, der von den Kollegen und Nachfahren im allgemeinen wieder verödet wurde. Die psychoanalytische Schule schaffte den Wahn von der «Onanie» nicht ab, sondern beseitigte nur seine blutigsten Folgen. Sie rettete die Ideologie vom nützlichen und unnützen Sex in der Form des Vorurteils, das sich durch sie bis heute halten konnte. Sie lieferte Argumente, die, vom Blödsinn der theologisch-medizinischen Behauptungen gereinigt, sich im Bewußtsein der Menschen festsetzen und der Abwertung der Selbstbefriedigung gediegene Überlebenschancen bereiten konnten.

Ein Provisorium ist eine behelfsmäßige, vorläufige, probeweise Einrichtung. Unter diesem Begriff wird die Selbstbefriedigung bandagiert. Sie wird gesellschaftsfähig nur in einem Korsett von dogmatischen Bestimmungen: Richtlinien werden ausgegeben, was sie ist;

Aufträge werden verliehen, was sie soll; alte Schäden, die sie angeblich verursacht, werden neu formuliert.

Charakter der Selbstbefriedigung

Freud hat «die Onanie nach den Lebensaltern geschieden in 1. die Säuglingsonanie, unter der alle autoerotischen, der sexuellen Befriedigung dienenden Vornahmen verstanden sind, 2. die Kinderonanie, die aus ersterer unmittelbar hervorgeht und sich bereits an bestimmten erogenen Zonen fixiert hat, und 3. die Pubertätsonanie, welche entweder an die Kinderonanie anschließt oder durch die Latenzzeit von ihr getrennt ist»[92] (S. 134).

Selbstbefriedigung sei am Anfang Funktionsanlehnung und Lustkopie. Die körperlichen Funktionen der Nahrungsaufnahme und -ausscheidung gingen mit Lust einher: Saugen = orale Lust, scheißen = anale Lust und pinkeln = genitale Lust. Die Lust verselbständige sich, die Kinder genössen sie allein. Jedes Kind tue das.[35] (S. 91) Der Mensch erinnere sich später daran nicht mehr. Die Analytiker wissen nicht genau, warum diese ersten selbständigen Lusterlebnisse vergessen werden, wahrscheinlich, weil Eltern sie mit «baba» als ein Schlechtes kommentieren, wodurch das Kind in einen unlösbaren Konflikt gerät. Es will seine Lust haben, und zugleich muß es lieb zu den Eltern sein, um zu überleben. Da kneift es sich die Lust ab, verdrängt diesen Schmerz.

Die erste Phase der Selbstbefriedigung ist noch nicht an den Geschlechtsteilen orientiert, der ganze Körper wird zur Lust berührt, erogene Zonen verlebendigen sich überall, Nasepopeln, Ohrenbohren, Augenwischen – alles wird als «Selbstbefriedigung» betätigt[92] (S. 24).

Die Selbstbefriedigung des Kleinkindes ergebe sich nicht nur zwangsläufig aus den lebenswichtigen Körperfunktionen, sondern sei auch eine Folge der sozialen Beziehung Pflegeperson – Kind: «Um es kurz zu sagen in einem Satz: Die letzten Wurzeln jeder Selbstbefriedigung ruhen in der notwendigen Säuglingspflege!»[92] (S. 13)

Die Definition: Entstehung durch Funktionsanlehnung und Pflegeerfahrung entnimmt der Selbstbefriedigung das Wesen der Autonomie, degradiert sie zur notwendigen Folge und zum Nachäffen von etwas anderem, schon Erlebtem, wie der Mutterzärtlichkeit. Selbstbefriedigung sei in ihrer Herkunft minderwertig: «Eines fremden Objektes bedient sich das Kind zum Saugen nicht, sondern lieber einer eigenen Hautstelle, weil diese ihm bequemer ist, weil es sich so von der Außenwelt unabhängig macht, die es zu beherrschen noch nicht vermag, und weil es sich solcherart gleichsam eine zweite, wenngleich minderwertige erogene Zone schafft. Die Minderwertigkeit dieser zweiten Stelle wird es später mit dazu veranlassen, die gleichartigen Teile, die Lippen, einer anderen Person zu suchen.»[35] (S. 89)

Selbstbefriedigung sei ein Minus, nicht Naturnotwendigkeit und nicht sozialer Kontakt. Die Vorstellung von der Kopie des zärtlichen Kontaktes mit der Mutter führt so weit, zu meinen, «daß der Masturbant bei seinem Tun zwei Personen mimt, sich selbst und die erste Pflegerin» (Sadger[92], S. 24). Die Selbstbefriedigung bekommt daher einen dritten Makel angelastet: Sie sei nicht echte Selbstbeschäftigung, sondern halluzinierte Beschäftigung mit einem Partner.

Die zweite und dritte Phase der Selbstbefriedigung läuft nach der Freudschen Einteilung nur unter der Mitwirkung von Phantasie ab, auch wenn sie im Bewußtsein des Menschen nicht erscheint. Die Phantasie werde zensiert, weil sie die Eltern betreffe. Die Kinderlüste um das vierte Lebensjahr und die Selbstbefriedigungsakte der Jugendlichen seien imitierte, nicht eingestandene, begehrte Geschlechtsakte mit den Eltern oder Geschwistern.

Geschieht die «Onanie» mit Phantasie, sei sie falsch, weil sie sich als Ersatz für den Geschlechtsakt mit den Eltern erweise, der wegen des Inzestverbots nicht sein darf. Geschieht die «Onanie» ohne Phantasie, sei sie falsch, weil die Phantasie in Wirklichkeit da sei und nur verdrängt werde, die Verdrängung böse Folgen habe. Die Psychoanalytiker formulierten auch die Phantasie ohne praktizierte «Onanie» als falsch, weil die nicht ausgelebte Phantasie den Menschen in unauflösbare Fixierungen treibe und er nie den Geschlechtsakt mit außerfamiliären Partnern begehren und ausführen könne. Und die «Onanie» vor dem Spiegel, bei der nachweislich keine Phantasie mitwirkt, sei falsch, weil die Lust an und für sich nicht sein soll, sondern nur als Lust durch und für andere gedacht ist.

## Funktionen der Selbstbefriedigung

Das Kind behelfe sich. Weil es Lust gelernt habe, wolle es sie für sich anwenden, auch wenn es lustvoll «verkehren» noch nicht darf und kann. Dies aus zwei Gründen: Mit Eltern und Geschwistern dürfe es nicht (Inzest), mit anderen Leuten könne es nicht, weil der Junge noch nicht richtig «steht» und das Mädchen ein Schutzhäutchen mitbekommen hat, das nicht vor der Zeit zerrissen werden soll. Nur der Mensch sei von der Natur mit diesen physischen Hemmungen versehen worden; das Kind solle warten, bis es so-(ehe-)weit ist. Somit hätte die «Onanie» «weder diesen noch irgendeinen anderen Zweck, sie stellt eine sinnlose Disharmonie der Entwicklung dar, die dem normalen infantilen Sexualleben absolut fremd ist» (Reitler[92], S. 96). Freud selbst geht nicht so weit. Für ihn ist Selbstbefriedigung Vorbereitung auf den Koitus. «Die Onanie ist ja weder somatisch noch psychologisch etwas Letztes, kein wirkliches Agens (treibende Kraft), sondern nur ein Name für gewisse Tätigkeiten ... die Onanie ist nicht gleichzusetzen für Sexualbetätigung überhaupt, sondern ist solche Betätigung mit gewissen einschränkenden Bedingungen.»[92] (S. 135, 136). Die Säuglingsonanie sei zwar noch nicht genital festgelegt, aber durch die vielen pflegerischen Hinweise an den Unterleib werde das Kind immer wieder verlockt, dorthin selbst zu greifen, so daß «das künftige Primat dieser erogenen Zone für die Geschlechtstätigkeit festgelegt wird»[35] (S. 94). «Onanie» stellt nach Freud «die Exekutive der ganzen infantilen Sexualität dar»[35] (S. 95, Anmerkung 3).

Das Geschlecht, auf dessen Zusammenhänge mit der körperlichen, seelischen und sozialen Entwicklung Freud einzigartige Lichtblicke geworfen hat, definiert er aus den Bedingungen des Patriarchats. Das Spontane, zu aller Herrschaft Antipodische, erfährt seine neuen Begriffe aus den Begriffen der Herrschaft selbst: Das Ziel der infantilen Sexualäußerung «steht unter der Herrschaft einer erogenen Zone»[35] (S. 89).

Erst recht, wenn sich die Teile zum Ganzen fügen, werden dafür Gesetzmäßigkeiten wie die eines Staates fixiert: «Den Ausgang der Entwicklung bildet das sogenannte normale Sexualleben des Erwachsenen, in welchem der Lusterwerb in den Dienst der Fortpflanzungsfunktion getreten ist und die Partialtriebe unter dem Primat einer einzigen erogenen Zone eine feste Organisation zur Erreichung des Sexualzieles an einem fremden Sexualobjekt gebildet haben»[35] (S. 103), «Sexuelles Regime» über die Partialtriebe, «vorherrschende Rolle» der Genitalzone[35] (S. 103), «unbrauchbar gewordene Sexualstrebungen der infantilen Partialtriebe», «Unterordnung unter das Primat der Genitalien»[35] (S. 105).

Die Herrschaftssprache Freuds, die sich auch durch die Reden seiner Kollegen zieht, lockt mir nicht Empörung hervor wie die theologischen Sündendiktate, sondern beschlägt mich mit dem Nebel der Melancholie. Das Geschlecht ist in der psychoanalytischen Begriffsbestimmung nicht mehr unerfaßbares Gegenüber von Herrschaft, zu jeglichem Aufbegehren fähig und bereit. Das Geschlecht ist eingepackt im Zeitungspapier des Liberalismus, warm gehalten und gestopft hinter das Sofa aufgeklärter Bürgerräume.

Die Selbstbefriedigung weiß wenigstens, was sie für normale Leute zu tun hat. Sie ist Magd, die 20 Jahre lang erst die erogenen Zonen und dann die Genitalien herrichten muß zur großen Hochzeit der Objektliebe im richtig vollzogenen Geschlechtsakt eines Ehepaares.

«Onanie» erhält noch einige Zusatzaufgaben: Sie ist bei *äußeren* Hemmungen Notventil, der Begriff «Notonanie» wird eingeführt. Sie ist Trost-, Hilfs- und Beruhigungsmittel. Vorsichtig wird ihr ein Türchen zum normalen Erwachsenenleben geöffnet. Zwar bekommt sie die Sonderfunktionen nur übertragen, wenn das normale Erwachsenenleben vorübergehend unnormal verläuft: Krieg, Gefangenschaft, Krankheit der Ehefrau usw.

Die Definition der «Notonanie» ist an Ausnahmen und Zeitbegrenzungen geknüpft.

Eine weitere Funktion wird ihr für *innere* Hemmungen zugesprochen. Bei Menschen, die von der Ehesexualität abweichende Wünsche haben, wird die Selbstbefriedigung in den Rang der ausübenden Hauptgeschlechtlichkeit erhoben. Homosexualität soll nicht sein. «Da gerade die Onanisten heimliche Homosexuelle sind» (Stekel[92], S. 43), haben die Homosexuellen die «Onanie», und die Gesellschaft hat keinen Ärger mehr mit den Homosexuellen, denn dieser «Kompromiß macht ... schwere Perversionen unschädlich» (Freud[92], S. 138). Wenn bei der «Onanie» Mord- und Totschlagsphantasien vorkommen, soll auch lieber «onaniert» als totgeschlagen werden[116] (S. 18), [59] (S. 120).

Die Selbstbefriedigung macht mit dieser Zuweisung einen zweiten Vorstoß ins Erwachsenenleben, ist hierbei erlöst sogar vom Aushilfe-Sex, denn der «Abartige» soll statt seiner sozial unerwünschten oder gefährlichen Ziele die «Onanie» gekoppelt mit seinen Phantasien als

Ausdruck seiner erwachsenen Sexualität für endgültig nehmen. Ihre Festlegung aufs Abnorme bleibt, weil sie nur bei den Außenseitern lebensbestimmend sein darf.

## Schäden durch die Selbstbefriedigung

«Kinder- und Jugendonanie», «Ausnahmeonanie» und «Abartigenonanie» sind die fest umgrenzten Gebiete. Das klingt neu. Und doch ist die einst vollkommen Geschmähte nicht mit der Zuweisung von Funktionen davongekommen. Ihr altes Thema: Schadenstiftung wurde ihr auch von den Analytikern mit neuen Begriffen bestätigt. Zur «Onanie»-Diskussion von 1928, in der einige Autoren sich schon generell zur allgemeinen Schadlosigkeit bekennen, schreibt Sigmund Freud vier Zeilen: «Ich habe meinen Beitrag zur damaligen Onaniediskussion durchgesehen und mit Erstaunen gemerkt, daß meine Kenntnisse seither keine Fortschritte gemacht, daß ich also nichts hinzuzufügen habe.»[93] (S. 105) Wichtigster theoretischer Teil seiner Ausführungen von 1912, die er fortgelten lassen will, sind die Schadensfeststellungen. Angeblich aus «klinischer Beobachtung» wurde Freud gemahnt, «die Rubrik: Schädliche Wirkungen der Onanie nicht zu streichen».[92] (S. 138) Er sah diesen Schaden sich «auf drei verschiedenen Wegen durchsetzen»: «1. als organische Schädigung nach unbekanntem Mechanismus», wobei «die Gesichtspunkte der Maßlosigkeit und der inadäquaten (unpassenden) Befriedigung in Betracht kommen; 2. auf dem Wege der psychischen Vorbildlichkeit, insofern zur Befriedigung eines großen Bedürfnisses nicht die Veränderung der Außenwelt angestrebt werden muß».[92] (S. 138) Diesen zweiten Punkt beschreibt er in einer Arbeit von 1909 noch schärfer. «Onanie» «verdirbt ferner den Charakter durch Verwöhnung auf mehr als eine Weise, erstens, indem sie bedeutsame Ziele mühelos, auf bequemen Wegen, anstatt durch energische Kraftanspannung erreichen lehrt ...»[34] (S. 163) Der dritte Schaden in Verbindung mit der Selbstbefriedigung geschehe «durch die Ermöglichung der Fixierung infantiler Sexualziele und des Verbleibens im psychischen Infantilismus. Damit ist dann die Disposition für den Verfall in Neurose gegeben. Als Psychoanalytiker müssen wir für diesen Erfolg der Onanie – gemeint ist hier natürlich die Pubertätsonanie und die über diese Zeit hinaus fortgesetzte – das größte Interesse aufbringen. Halten wir uns vor Augen, welche Bedeutung die Onanie als Exekution der Phantasie gewinnt, dieses Zwischenreiches, welches sich zwischen dem Leben nach dem Lust- und dem nach dem Realitätsprinzip eingeschaltet hat, wie die Onanie es ermöglicht, in der Phantasie sexuelle Entwicklungen und Sublimierungen zu vollziehen, die doch keine Fortschritte, sondern nur schädliche Kompromißbildungen sind.»[92] (S. 138) «... sind diese Ersatzmittel zur sexuellen Befriedigung keineswegs harmlos ... Die Masturbation entspricht auch keineswegs den idealen Anforderungen der kulturellen Sexualmoral.»[34] (S. 162)

Wie die Sätze es von selbst beweisen, schrieb Freud nicht nach klinischer Beobachtung, sondern ging mit wissenschaftlich verpackten moralischen Wertungen um.

Daß ein Dutzend Wissenschaftler, die sich um die Jahrhundertwende mit ihren Forschungen und Ansichten gegen die Zeit stellten, nicht allen Schutt beiseite räumen konnten, muß in der Achtung ihrer jahrhundert-erschütternden neuen Erkenntnisse hervorgehoben werden. Die Psychoanalyse hat die These aufgestellt, daß Selbstbefriedigung gut sein kann. Einige Ärzte haben mit ihr experimentiert, sie sogar verordnet und als Begleiterscheinung der Psychotherapie positiv bewertet, in ihr ein sexuelles Ausdrucksmittel der in der Analyse wieder kindlich werdenden Seele gesehen. Der Mensch sollte in der Analyse nicht nur seine seelischen, sondern auch seine sexuellen Entwicklungsstadien nacherleben und sie zum besseren Noch-einmal-Wachsen neu gestalten. Die Psychoanalyse hat die einzige Zäsur im Verständnis der Selbstbefriedigung ermöglicht. Aber sie «hat durch das, was sie über die Onanie ... und über die Verfolgung der Kinder ungesagt ließ, ungewollt die Ideologien ihrer Zeit konserviert. Sie hat sich mit bestimmten Aspekten des Status quo abgefunden. Bis heute hat sie nicht eindeutig die Onanie von dem Stigma befreit, ein Merkmal der Neurose zu sein.»[114] (Schatzmann, S. 160)

Freud hat nicht nur durch Ungesagtes die Ideologien konserviert, sondern ihnen mit Diktaten neue Formulierungshilfe geleistet. Die Behauptung des dritten – sozialen – Schadens weist direkt auf die Materialien der Gegenwart.

Der Mensch, der «onaniert», kann nicht ordentlich zum Menschen finden. Er wird spielerisch «rückfällig» (Sadger[92], S. 17), dringt nicht zur «normalen Sexualität» durch (Hitschmann[92], S. 2), kommt nicht zum «korrekten Geschlechtsakt» (Sadger[92], S. 28). Der Mensch wird nicht Mann und Frau im Ehepaar, ja.

Die Schüler Freuds haben etwas genauer formuliert, was er meinte, als er von «schädlichen Kompromißbildungen» sprach: «Eine über die Pubertätszeit oder in übertriebener Weise fortgesetzte Selbstbefriedigung» hat Folgen: «Willensschwäche», isoliertes Leben, «da sie – die Onanisten – sich den energischen Kampf um das Liebesobjekt ersparen, der vorbildlich ist für den übrigen Lebenskampf; das bequeme Ventil läßt eine heroische Sexualität bei ihnen nicht aufkommen. Dem Ideal eines männlichen Kämpfers, eines gesellschaftlichen Eroberers stehen sie sicherlich fern. Daß sie den Übergang zur normalen Sexualität, zum Weibe, insbesondere zur Ehe, nur unter Schwierigkeiten finden, ist begreiflich; mancher Selbstmord eines Bräutigams oder Hochzeiters gehört hierher.» (Hitschmann[92], S. 2)

«Die Objektwahl wird durch die Onanie verzögert oder ganz ausgeschlossen. Die Verzögerung liegt zunächst im Interesse der Kulturforderung, aber nur bis zu einem gewissen Zeitpunkt, der allerdings relativ zu bemessen ist, bei den meisten Menschen jedoch wohl um das 20. Lebensjahr eintritt. Darüber hinaus muß die Verzögerung der Objektwahl als abnorme Erscheinung gewertet werden ... Das Individuum hat keinen Anlaß, sich in den Kampf um ein Sexualobjekt zu begeben, da es alle Lustquellen bequem in sich findet ... Wenn vom Ich aus später an das Individuum die Forderung der Objektwahl herantritt, dann kann die Aggression, die zur Erwerbung des Objektes notwendig ist, die aber aus Bequemlichkeit und Bedürfnislosigkeit nicht geübt wurde, dermaßen geschädigt sein, daß sie zur Bewältigung des Werbeanspruches unzulänglich wird.» (Tausk[92], S. 63)

«Für die menschliche Gesellschaft gibt die Onanie drei bedeutende Destruktionsfaktoren ab. Durch ihre Fixierung des Autoerotismus und durch die Schädigung der Selbstachtung mindert sie die Werbekraft des Mannes. Durch die Perpetuierung des psychischen Infantilismus untergräbt sie die souveräne Stellung des Mannes im öffentlichen Leben und in der Familie. Durch die von ihr bewirkte Schädigung der Potenz, die als physiologische Folge zu früh und zu oft geübter Masturbation eintritt ... verarmt sie das Liebesleben und schafft den Frauen elementare Enttäuschungen. Man kann mit viel Wahrscheinlichkeit die Onanie der Männer für einen bedeutenden Faktor in der Entstehung der Frauenemanzipation erklären.» (Tausk[92], S. 66)

Die «Destruktion» der «menschlichen Gesellschaft» durch die «Onanie» ist eine Destruktion der bürgerlichen Gesellschaft durch den Zerfall der männlichen Rolle. Die psychoanalytischen Ideologen hatten bei ihren Schriften den Mann im Auge: Liebe = Kampf, Überwindungsmühe, Eroberung, Untertanmachen von Objekten, das heißt von Frauen und Kindern, spiegelbildlich für sein kapitalistisches Vorgehen als Untertanmachen von Arbeitern und Produktionsmitteln. Der Mann durfte das aggressive Moment seines patriarchalischen Charakters nicht verlieren. Und durch die Selbstbefriedigung – so stellte das Zeitalter es sich vor – würde das passieren.

Die psychoanalytische Wissenschaft entstand nach der Beobachtung der bürgerlichen Klasse und war als ein Hilfsmittel gedacht zur Behebung der schlimmsten psychischen Deformationen, die sich das Bürgertum im Laufe seiner Entwicklung zum Kapitalismus selbst zugefügt hatte.

Die Frau durfte aus den entgegengesetzten Gründen, die für den Mann ermittelt wurden, nicht «onanieren». Freud selbst widmete diesen Motiven seine Aufmerksamkeit in mehreren Arbeiten.[31, 33, 35, 37] Wenn die Frau «onaniere», bleibe sie nicht passiv – es muß noch regelrechter heißen: *werde* sie nicht passiv. Freud beschrieb die Klitoris als männlich. Sie paßte weder zum sexuellen Wirkungsfeld der Frau – Penisaufnahme, Kindabgabe – noch zu ihrem gesellschaftlichen Idol der Passivität in den Arbeits- und Liebesbereichen: «Alles, was ich über Masturbation bei kleinen Mädchen in Erfahrung bringen konnte, betraf die Klitoris und nicht die für die späteren Geschlechtsfunktionen bedeutsamen Partien des äußeren Genitales ... Will man das Weibwerden des kleinen Mädchens verstehen, so muß man die weiteren Schicksale dieser Klitoriserregbarkeit verfolgen. Die Pubertät, welche dem Knaben jenen großen Vorstoß der Libido bringt, kennzeichnet sich für das Mädchen durch eine neuerliche Verdrängungswelle, von der gerade die Klitorissexualität betroffen wird. Es ist ein Stück männlichen Sexuallebens, was dabei der Verdrängung verfällt. Die bei dieser Pubertätsverdrängung des Weibes geschaffene Verstärkung der Sexualhemmnisse ergibt dann einen Reiz für die Libido des Mannes und nötigt dieselbe zur Steigerung ihrer Leistungen: Mit der Höhe der Libido steigt dann auch die Sexualüberschätzung, die nur für das sich weigernde, seine Sexualität verleugnende Weib im vollen Maße zu haben ist. Die Klitoris behält dann die Rolle, wenn sie beim endlich zugelassenen Sexualakt selbst erregt wird, diese Erregung an die benachbarten weiblichen Teile weiterzuleiten, etwa wie ein Span Kienholz dazu benützt werden kann, das härtere Brennholz in Brand zu setzen. Es nimmt oft eine gewisse Zeit in Anspruch, bis sich diese Übertragung vollzogen hat, während welcher dann das junge Weib anästhetisch (lustlos) ist. Diese Anästhesie kann eine dauernde werden, wenn die Klitoriszone ihre Erregbarkeit abzugeben sich weigert, was gerade durch ausgiebige Betätigung im Kinderleben vorbereitet wird. Es ist bekannt, daß die Anästhesie der Frauen häufig nur eine scheinbare, eine lokale ist. Sie sind anästhetisch am Scheideneingang, aber keineswegs unerregbar von der Klitoris oder selbst von anderen Zonen aus ...»[35] (S. 124, 125)

Das ist eine traurige Geschichte. Die «Onanie»-Behandlung bekommt auch bei dem analytischen Kapitel etwas Beschämendes. Der Mann kann bleiben, wie er war. Er muß nur die eigene Hand am Glied durch die Scheide am Glied ersetzen, die er sich mit Hilfe von Aggressionen holen muß. Freud erfand den Kastrationskomplex, ortete den in den Anbeginn der patriarchalischen Kultur. Aber er sah nicht hin, wie um ihn herum tatsächlich kastriert wurde. Er entschlug sich der Mühe, nach gegenwärtigen realen Bedrohungen der Kinder zu forschen. Die Sache der Frau und des Kindes war nicht die seine. Wenn ein Junge nicht am Penis bedroht wird, hat er keinen Kastrationskomplex.

Etwas nur einzureden, was nicht da ist, ist nicht das Ärgste, aber etwas in eine angeblich normale psychische Entwicklung zu zwingen, was sich so nicht entwickeln kann, gehört in den Bereich der Folter. Freud lieferte die Mittel zu erneuter Kastration der Frau unter dem Deckmantel eines Lernzieles. Die Frau sollte die gefundene, sich selbst eroberte Sinnlichkeit wieder preisgeben, «Männlichkeit» – ja, das sagt er so deutlich – wieder herausrücken, weil die nicht zu ihr passe. «Männlichkeit» ist hier nichts anderes als ein Sammelbegriff für Aktivität und Bewußtheit. Die Frau sollte in das Dunkel von Funktionen gedrückt werden. Ihre Biologie reichte nicht aus, sie mit Funktionen zu beladen. Über die Folgen dieser ideologischen Gewalttat an Frauen lachen Freuds Nachfahren, wenn Frauen in ihrer Therapie beteuern, sie hätten sich nie selbstbefriedigt. An die «Säuglingsonanie» können sie sich nicht erinnern, und alles Spätere fiel schon unter Zensur.

Ich kenne Frauen, die es nie getan haben, die erst in einem Alter von über 40 Jahren erfahren hatten, daß Frauen «so etwas auch machen». Ich selbst dachte bis ungefähr zu meinem 20. Lebensjahr: ‹Frauen tun das nicht!› Eine Freundin erzählte mir: «Ich bekam von zwei Ärzten zwei sich widersprechende Forderungen: Ich müsse onanieren, sonst würde ich schizophren. Ich dürfe nicht onanieren, sonst würde ich schizophren. Ich mußte mich entscheiden und entschied mich für mich, und zeigte dann dem Arzt, was ich mir so darunter vorstellte, damals, und er sagte mir dann, wie er meinte, daß ich onanieren müsse.»

Immer wieder behaupten Frauen, sie hätten keine Klitoris. Erika Wisselinck machte mich darauf aufmerksam, daß sie bei ihrer Arbeit in der Frauenpolitik und -emanzipation unzähligen Frauen begegnet sei, die nicht wußten, daß sie zwei Eingänge hatten, daß Penis, Kind und Urin nicht durch dieselbe Öffnung gingen.

Dunkel ist es den Frauen da unten, sie haben keine Besinnung auf sich, keine Kenntnis von sich. Den Amputationen des 19. Jahrhunderts konnten Mädchen und Frauen noch trotzen. Einem angeblich richtigen Entwicklungsweg, der sie in ihre Rolle rigoroser trieb als alle physischen Verfolgungen, konnten sie nur nachkommen oder verrückt werden. Wie sich die Bilder gleichen.

## Der Ersatz
## Der Zeitgeist «onaniert» unter dem Mantel der Sexualaufklärung

*‹Der selbstbefriedigte Mensch›* erschien in erster Fassung 1975. Das Buch wurde so selten öffentlich erwähnt wie keines meiner anderen. Auch Boulevard-Blätter griffen nicht nach ihm. Ihre Fotos von nackten Körpern zuhauf werden zur Erregung von Lüsternheit unter die Massen gebracht. Diese Wichsvorlagentendenz wäre gestört worden durch das Aussprechen der Selbsterzeugung von Lust. Hinter vorgehaltenen Händen bekam ich die Begründung für Rezensionsablehnungen zugesteckt: «Selbstbefriedigung macht man, darüber spricht man doch nicht!» Die Situation ist also immer noch so, wie Yankowski sie 1967 beschrieb: «Die übliche Einstellung zur Masturbation ... Es scheint, als ob wenigstens im Amerika von heute niemand von der Masturbation spricht, aber fast jeder sie praktiziert.» [147] (S. 106)

Der Titel *‹Der selbstbefriedigte Mensch›* wird beim ersten Hören oder Lesen nicht verstanden – wahrscheinlich doch, aber der Inhalt wird abgewehrt. Die Menschen trauen ihren Ohren und Augen nicht. So erlebe ich bei der Wiedergabe des Titels den Sachverhalt verdrängende Abwandlungen: Der selbstzufriedene, der unzufriedene, der unbefriedigte ... Mensch!

Das Tabu der Selbstbefriedigung ist nicht erschüttert. In den fünf Sonderheften *Konkret Sexualität* – erschienen zwischen 1979 und 1984 in einer Auflagenhöhe von Hunderttausenden von Exemplaren – gibt es unter den Hunderten von Artikeln keinen über Selbstbefriedigung. Das alte Wort «Onanie» taucht hin und wieder auf, wird aber nicht kritisiert, sondern dafür verwendet, wenn Geschehnisse als selbstbefriedigerisch verächtlich gemacht werden sollen.

Günter Amendts Fernsehsendung zu seinem Buch *‹Sexfron(t)›* [5] wurde 1969 mit der Begründung verboten: «Aufruf zur Onanie!» Der *Münchner Merkur* veranstaltete zur Jahreswende 1974/75 eine Umfrage unter Prominenten: «Worüber man sprechen sollte – worüber zu wenig gesprochen wird.» Als der erste deutsche Talkmaster, Dietmar Schönherr, antwortete: «Über Onanie!», sagte der verantwortliche Redakteur der Zeitung: «Das können wir nicht drucken!» 1975 wurde in einer Münchner Volksschule den sechsjährigen Erstkläßlern eingeschärft: «Onanieren ist verboten, auch nicht heimlich unter den Bänken machen!»

In den Bibliothekskatalogen ist es nach den psychoanalytischen Schriften der zwanziger Jahre um die Stich- und Schlagworte «Onanie» und «Masturbation» still geworden.

Für das Dritte Reich war die Selbstbefriedigung kein großes Thema. Die Person sollte sowieso abgeschafft werden, so direkt und unverblümt, daß die Ideologen keine Schleichpfade über die Tabuierung einer sexuellen Praxis zu gehen brauchten. Die Machthaber hielten die Unterworfenen mit Aktionen, Pogromen, Schlachten und einem Fortpflanzungsdiktat (Lebensborn) in Trab, die Zeit war mit Stürmen ausgefüllt, da kam kein Mensch zur Muße und noch weniger dazu, über sie zu schreiben.

In der Schweiz hatten die Menschen während dieser Zeit wohl noch Kraft und Gelegenheit, sich selbst zu befriedigen, wenn es 1942 eine Schrift gab, die von der «erzieherischen Behandlung jugendlicher männlicher Onanisten» [55] sprach.

Das Thema tauchte in Deutschland verbreitet erst wieder seit der Liberalisierung des Patriarchats nach 1945 auf, während der die Ideologen erneut die Umwege zur Person des Menschen kriechen mußten. Abhandlungen erschienen Ende der sechziger, Anfang der siebziger Jahre.[4, 66, 68] Van Ussel legte in seinem Buch *‹Sexualunterdrückung›* einen Schwerpunkt auf die Entstehung des «Kampfes gegen die Masturbation» im 18. Jahrhundert.[143] (S. 132–163)

Die «Sexwelle» hat die Selbstbefriedigung gestreift. Für Männer gab und gibt es Anregungsbücher, die ihnen mit Bild und Text Frauen[40, 62, 63, 64, 103] oder Männer[79] präsentieren, die dabei sind, sich an sich selbst zu erregen.

Fingerzeigheftchen für die Jugend muß die Selbstbefriedigung selbstredend weiter über sich ergehen lassen, eines für Jungen separiert, noch 1968 mit terroristischen Argumenten, die sich zur neuen Kastrationsschere auf die Glieder unserer Kinder richten sollten,[41] ein anderes mit schreckenerregenden Zitaten und dem Versuch schalkhafter Einbettung der «Onanie» in die Heilige Schrift.[29] (1971)

1975 erschien ein Erziehungsbuch, verfangen in der zweihundertjährigen Tradition der «Antimasturbationspädagogik». Ein bigottes

Ehepaar treibt einer jungen Frau ihr «schönes Gefühl» aus, nachzuvollziehen in einem angeblich originalen Briefwechsel zwischen der Schülerin Ilona D. und ihren Beratern, dem Ehepaar T.[142] 1977 wird die «Höchstnöthige Belehrung und Warnung für Jünglinge und Knaben, die schon zu einigem Nachdenken gewöhnt sind» von Johann Friedrich Oest aus dem Jahre 1787 neu herausgegeben.[91] Vergleiche ich die «Belehrung und Warnung» mit der Schönen-Gefühls-Ätzung, so stelle ich fest: weder die Gesinnung noch die Mittel haben sich verändert. Ein junger Mensch wird angegangen, in die Zange genommen und beschworen, sich aufzugeben, das «Schöne» und «Gefühlvolle» seiner selbst herauszurücken, sich einzufinden im Verzicht, in der Aufgabe seiner Person an Gott und die Welt. Vor zweihundert Jahren geschah diese Einschleifung noch grob, mit Drohungen und Schwarzmalereien, mit Schreckensvisionen vom körperlichen Verfall, der allen Jungen blüht, die sich nicht einsichtig und selbstaufgebend verhalten. Am Ende des 20. Jahrhunderts ist die Technik, Jugendlichen beizukommen, so verfeinert, daß sogar ich ihr noch hätte am liebsten anheimfallen wollen. Der erzieherische Schleim ist so cremig geworden, daß ich ihn beinahe gegessen hätte. Ich war dem «lieben Ehepaar T.» wie ihr Briefopfer Ilona schon fast erlegen, da rührte sich zum erstenmal seit den Wochen, die ich mit der Umarbeitung dieses Buches beschäftigt war, meine Lust für mich selbst. Il-ona soll nie mehr ilonanieren und läßt es ja auch, die Brave. Mich belehrte ihr «Fall» von neuem, warum Erzieher sich immer wieder an dieser menschlichen Handlungsweise vergreifen. Sie kann ein Zeichen des Widerstandes sein. Sie ist eine Absprengtätigkeit des Jugendlichen, der herauskommen will aus den Fängen elterlicher, auf ihn gerichteter Wünsche und Begierden. Das Kribbeln meines Geschlechtes war das Rumoren meines Protests.

Die zeitgenössische Behandlung der «Onanie» läuft als massenhaftes Vorkommen nicht mehr unter den Titeln «O» und «M» ab. Sichtbar ist das Thema nur noch spärlich aufgegriffen worden. Es gibt in dem Buch von Oest zwei Kommentare zur Entstehung der «Onanie»-Literatur.[26, 85] Ferner gibt es eine moraltheologische Abhandlung zum Für und Wider der Selbstbefriedigung[43], geschrieben im Anschluß an die Erklärung des Vatikans von 1975[73]. Diese und einige der vorher erwähnten Arbeiten sind wissenschaftliche Erörterungen und meist nur Teile innerhalb von Veröffentlichungen mit anderen Schwerpunkten.

Fortschritt kommt wieder aus Amerika.[9, 22] Zwei Frauen wagten es, zur Selbstbefriedigung aufzufordern, die Wichtigkeit dieses Tuns für die Emanzipation der Frau darzustellen. In Deutschland bleibt die Tendenz, die die Psychoanalyse vorgezeichnet hat: Jugendliche = «Ja, aber!», Erwachsene = «Nein!» Das Thema wuchert verborgen unter dem Deckmantel von Aufklärungsschriften und eingepackt in sexualwissenschaftlichen Abhandlungen.

Ich will aus fast drei Jahrzehnten Materialien aufführen, die beweisen, wie zwischen 1955 und 1984 sich die Menschen im Angesicht der Selbstbefriedigung immer noch nicht beruhigen konnten. Die Wahnideen, die ungebrochen bis in den Anfang des 20. Jahrhunderts verbreitet waren, haben sich auch zu seinem Ende noch nicht verflüchtigt.

Beim Gang durch die Gegenwartsschriften war ich erstaunt, daß die Ideologen sich erneut zur verfeinerten Menschenschindung aufgeschwungen haben. Wurde ihnen im Dritten Reich nicht deutlich genug gezeigt, wie gefährlich der Angriff auf die Person werden kann? An so einem harmlosen, scheinbar unpolitischen Thema trat mir wieder zutage, daß das Patriarchat eine alle Systeme bestimmende Basis hat. Da kann ein Gebäude wie die Nazidiktatur einstürzen, der Keller bleibt derselbe. Und auf seinen Grundmauern wird ein anderes Haus erbaut, das immer an die gleichgebliebenen Dimensionen erinnern wird.

Am ungebrochensten setzen die Theologen das alte Neinsagen fort. Katholische und protestantische Direktiven nehmen sich heute nicht mehr viel. Die katholischen Diktate haben gegenüber den evangelischen im Vergleich zu ihrem Verhältnis im 18. Jahrhundert an Schärfe zugenommen.

Im ‹*Wörterbuch zur Sexualpädagogik*› treten beide Religionsgemeinschaften mit ihren Meinungen auf. Die evangelische: «Diese ist die primitivste Form sexueller Befriedigung ... Sobald sie aber darauf abzielt, in selbstgewählter Einsamkeit sich selbst zu genügen, ist sie ethisch zu verurteilen, denn das Ziel des Geschlechtsverlangens ist die intime Vereinigung der Ehegatten.» Die katholische: «Selbstbefriedigung muß grundsätzlich gewertet werden als eine Verfehlung gegen den Sinn der geschlechtlichen Befähigung des Menschen. Diese nämlich ist wesentlich auf die personale und liebende Begegnung im Fleische und auf den Dienst an der Fruchtbarkeit ausgerichtet. Gegen beide

Sinngehalte aber verstößt die Selbstbefriedigung, da sie die Ausrichtung auf das Du umbiegt auf das Ich und bloße Triebbefriedigung sucht ... Sie ist schuldhaft in dem Maße, als sie bewußt und frei gewollt geübt wird ...»[127] (1969, S. 350, 351)

Zur gleichen Zeit verbreitet eine Aufklärungsschrift des Weißen Kreuzes: «Da die Selbstbefriedigung dem von Gott gegebenen Sinn unserer Geschlechtlichkeit nicht entspricht, bedeutet sie einen Mißbrauch gottgeschenkter Kräfte. Und das ist Sünde ... Onanie ist ein Laster ... Es ist auch eine Sünde gegen die Gemeinschaft ... Sie stärkt daher in einem Menschen die Neigung, sein Leben für sich selbst zu leben, statt es als eine Gabe anzusehen, die er für andere Menschen benutzen soll.»[29] (S. 17)

In einem Buch mit dem bedrohlichen Titel *‹Selbstbefriedigung und Sittlichkeit›* versuchen zwei Theologen und ein Psychologe, sich in die Hirne von Jungen einzupeitschen:

«Wenn ein junger Mensch sich aber der Selbstbefriedigung hingibt, hemmungslos, weil es ihm gleichgültig ist, ob er etwas Falsches tut, weil er sich einfach in seinem Trieb ausleben will und nach sonst nichts fragt, dann fügt er seinem eigenen Leben großen Schaden zu. Er lebt sich wirklich aus.»[41] (S. 12)

«Die absichtlich herbeigeführte Masturbation ist ein anschauliches Beispiel für die ständige Versuchung des Menschen, sein Verhalten nur auf das Selbstsein ... auszurichten ... Gott wird nicht verherrlicht. An seiner Stelle steht das eigene Ich im Zentrum des Handelns ... Hierin ... und nicht im Empfinden der Geschlechtslust oder in der Verschleuderung des Samens liegt das Seinswidrige und damit Sündhafte der bewußt herbeigeführten Masturbation ... Kein verantwortlicher Christ kann sagen: Selbstbefriedigung ist völlig harmlos, oder gar, sie ist eine Tugend.»[41] (1968, S. 25)

Der Vatikan verfügte Ende 1975: «Sowohl das kirchliche Lehramt in seiner langen und stets gleichbleibenden Überlieferung als auch das sittliche Empfinden der Gläubigen haben niemals gezögert daran festzuhalten: Masturbation ist eine in sich schwer gegen die sittliche Ordnung verstoßende Handlung.» Er behauptete das, obwohl er eingestehen mußte, die Heilige Schrift habe die Sündhaftigkeit der Selbstbefriedigung nicht erklärt.[73]

1977 schreibt ein Erzbischof: «Selbstbefriedigung ist ein ungeordnetes Verhalten, das den vollen und ganzen Sinn menschlicher Sexualität verfehlt; sie stellt eine Handlung dar, die den Lustgewinn des eigenen Ich bei gleichzeitiger Vernachlässigung aller anderen Ziele menschlicher Sexualität isoliert anzielt. Sie verstößt gegen die gottgewollte sittliche Ordnung und ist nicht erlaubt. Der frei gewollte Gebrauch der Geschlechtskraft außerhalb der normalen ehelichen Beziehungen – aus welchem Motiv er auch immer geschieht – widerspricht seiner Zielsetzung; denn es fehlt ihm die von der sittlichen Ordnung geforderte geschlechtliche Beziehung, die sowohl ‹den vollen Sinn gegenseitiger Hingabe als auch den einer wirklich humanen Zeugung in wirklicher Liebe› realisiert.» [21] (S. 26)

Gemäßigter äußerte sich ein Kardinal: «Das Suchen nach geschlechtlichem Vergnügen außerhalb Gottes Plan und Willen führt den Menschen in Abhängigkeit.» – «... gibt es ein anderes Gebiet, auf dem sexuelle Beherrschung verlangt wird: bei der Masturbation.» [132] (S. 39) «In meinem Buch ‹Liebe und Selbstbeherrschung› spreche ich von dem Gekettetsein an die Masturbation und sagte, daß da zweifellos eine Art Unordnung vorliege ... Ich schrieb: ‹Oft erzeugt ein psychologischer Knoten eine sexuelle Spannung, von der sich das Opfer durch Selbstbefriedigung befreit. Wenn es gelingt, diesen Knoten, der sich auf der Ebene des Gemütes gebildet hat – eine Liebesenttäuschung, ein Alleinsein –, zu lösen, dann wird der Jugendliche dadurch häufig von sich selbst und von dem Infantilismus, welcher seine bedauernswerte Praxis offenbart, befreit.›» [132] (1983, S. 41)

Unerbittlich legte sich ein Professor für Fundamentaltheologie ins Zeug. Er schrieb 1979 in einem Leserbrief an den *Spiegel*: «Warum ich in der Masturbation eine Perversität sehe? Weil sie Triebegoismus ist, statt selbstlos schenkende zärtliche Liebe zu sein.» Er begründete seine Meinung: «... daß Masturbation ... in der Tat eine Veregoisierung (von lat. ego = ich) dessen bedeutet, was in der echten Liebesehe die personale Verschenkung von Mann und Frau trägt und belebt. Das eigentliche Motiv einer Haltung wie Schamhaftigkeit und Keuschheit ist der Wert der personalen Liebesintimität sowie das selbstbeherrschte Freisein von egoistischer Triebverfallenheit. Denn diese ist es, welche die wahre und wahrhaftige Einswerdung von Mann und Frau als ‹Haupt und Herz, der *eine* Mensch› verhindert und daher die Ehe vielfach scheitern läßt. Wo ich mein Wissen her habe? Von einer Erziehung, die keines Sexualerziehungsunterrichts bedurfte, um uns zur wahren Liebespersönlichkeit reifen zu lassen; von den deutschen Klassikern ...» (Dr. Franz H. Gaar, Universität Regensburg. In: *Spiegel* 14/1979 [S. 12])

Die katholische Kirche hat sich in den letzten 200 Jahren mit ihren Ideologien den kapitalistischen Erfordernissen angepaßt. Sie ist zu einem Bollwerk der Kleinfamilie geworden. Ihre Vertreter sind so verbürgerlicht wie die Nachfahren der Aristokratie. Liebesehe und Kinderkriegen spielen sich an den letzten Höfen ab, als seien sie Dreizimmersatellitenvorstadtwohnungen. Die Äußerungen katholischer Theologen klingen in ihrer Schärfe am Ende des 20. Jahrhunderts ein wenig nachzüglerisch, als müßten die Herren den zweihundertjährigen Rückstand gegenüber den Protestanten endlich aufholen.

Die gegenwärtig einzige Ausnahme, von der ich erfahren habe, sind die Reflexionen eines Moraltheologen. Er schreibt in der Erkenntnis, «daß die Selbstbefriedigung in sich wertneutral ist»[43] (S. 58), plädiert für die Anerkennung einer «Entspannungsonanie» (S. 50). Seine Äußerungen weichen aber von der Meinung des Papstes ab,[73] stimmen auch nicht mit den übrigen Autoren überein, die sich in der Masse der zugänglichen Schriften gegen die Selbstbefriedigung aussprechen. Ein Jesuit formulierte es zurückhaltender als sein Kollege von der Fundamentaltheologie:

«Der Jugendliche versucht dann oft, sich mit Phantasievorstellungen und der Erregung der Geschlechtsorgane etwas von jener Befriedigung zu verschaffen, die an sich in einer partnerschaftlichen Beziehung ihren Ort hat. Masturbation ist deshalb eine Ersatzhandlung für geschlechtliche Erfüllung ...» (S. 31) «Diese Handlung entspricht insofern nicht der Zielsetzung der Sexualität, als diese eigentlich auf einen Partner ausgerichtet ist. In der Selbstbefriedigung tritt an die Stelle einer geschlechtlichen, partnerschaftlichen Beziehung die Rückbeziehung der Sexualität auf das eigene Selbst. Statt Du-Bezogenheit besteht hier bloße Ich-Bezogenheit. Das widerspricht ganz allgemein dem Wesen der Liebe. Deshalb wird man immer das Bestreben haben müssen, über diese unreife Form des Sexualverhaltens hinauszukommen und sich nicht widerstandslos der Gewohnheit der Masturbation zu überlassen.»[113] (1982, S. 31, 32)

Eine Schrift des Weißen Kreuzes packt wieder etwas fester an. Es ist ein Briefbuch, gerichtet an Jugendliche, mit dem 1982 Eltern schon achtzigtausendmal – so hoch war zu der Zeit die Auflage – ihre Kinder verfolgten. Dort heißt es: «... hat unser christliches Verständnis, das ein waches Gespür für Gewissensfragen hat, die ‹Onanie› stets abgelehnt und vor ihr gewarnt. Ich hoffe sehr, daß Du diese Warnung vor der Selbstbefriedigung richtig verstehst ... Und man muß als Mann lernen, der Antwort des Gewissens und des Glaubens standzuhalten. Diese Antwort heißt: recht ist es nicht, daß Du Dir an Deinem eigenen Körper Lust verschaffst, statt abzuwarten, daß Du sie dort in Liebe geschenkt bekommst, wo sie ihren Platz hat, nämlich in der Liebesgemeinschaft eines Paares ... Die Selbstbefriedigung ist nicht das richtige – darüber sind wir uns im Grunde einig; und darum kann man auch nicht sagen: soundso oft ist sie harmlos, danach beginnt die Gefahr. Ich kann hier nur raten: so wenig, wie Dir möglich ist! Die Selbstbefriedigung muß in Deinem Leben auf jeden Fall eine Ausnahme bleiben; und es muß klar sein, daß Du im Umgang mit Dir selbst etwas Gutes geschafft hast, wenn Du Dir am Morgen eines Tages vornimmst: heute nicht! Das ist leichter, als ‹nie wieder› zu sagen und dann vielleicht doch zu scheitern. ‹Heute nicht› – das kann man schaffen; und mit der Freude an diesem kleinen Sieg über sich selbst wird es am nächsten Tage sogar leichter sein, zu sagen: und heute auch wieder nicht! Sich nicht einfach willenlos treiben lassen, darum geht's.»[65] (S. 40–42)

Ideologisches Schlußlicht der Theologen soll ein Absatz aus der Denkschrift der evangelischen Kirche sein: «Für den Aufbau einer Ehe ist es notwendig, daß der junge Mensch eine in der frühen Phase der körperlichen Sexualreife geübte Selbstbefriedigung überwindet. Durch Selbstbefriedigung kann der junge Mensch versuchen, seine sexuellen Spannungen zu lösen. Sie ist ein Hinweis auf seine Selbstbezogenheit. Wird die Selbstbefriedigung während der weiteren Entwicklung beibehalten, braucht die Persönlichkeitsbildung davon nicht beeinträchtigt zu werden, und es entstehen keine geistig-seelischen und körperlichen Schäden. Exzessive Masturbation soll nicht moralisch verurteilt werden. Sie kann nur unter Einbeziehung aller Lebensumstände durch therapeutische Hilfe überwunden werden.»[28] (1971, S. 26)

Überraschend eng an theologische Argumentationen angeschlossen hat sich die Sexualwissenschaft der sechziger Jahre über die Selbstbefriedigung geäußert. Als gäbe es noch ein unsichtbares pastoralmedizinisches Geflecht, den Hochzeiten der Verbindung zwischen Ärzten und Pfarrern des 18. Jahrhunderts nachempfunden, flochten die Sexualwissenschaftler die Selbstbefriedigung in das Muster der Abarten ein. Giese ordnet sie unter die «sexuellen Perversionen»[46] (1967), Titel seines Buches, in dem er unkommentiert drei alte Aufsätze zur «Onanie»-Frage» abgedruckt hat, von denen einer noch aus der Zeit der Kampagne stammt.[139] Bei Gillette ist die Selbstbefriedigung unter «abartiges Sexualverhalten» rubriziert[50] (1967, neueste Auflage 1974). Doucets «Patienten bekennen» sie selbstverständlich, wenn er 1968 der Meinung ist: «Die Onanie steht im Widerspruch zu dem natürlichen Sinn der Sexualität als der vereinigenden Kraft der Liebe im Bereich des Körperlichen. Die Onanie verzichtet auf das Befriedigungserlebnis mit dem ‹Du›. Die Onanie ist eine Ersatzbefriedigung.»[23] (S. 81)

Schelsky hat fast drei Jahrzehnte hindurch – von 1955 bis 1983 – seinen Satz über die Selbstbefriedigung in hunderttausendfacher Kopie unter die Menschen gebracht: «Die homosexuelle Geschlechtsbeziehung ... ist neben oder nach der Masturbation wohl die zahlenmäßig am häufigsten auftretende sexuelle Anomalie.» (Abart, Unnatürlichkeit)[115] (S. 75, 76)

In Armand Mergens *‹Sexualforschung – Stichwort und Bild›*[84] (1962/63) sehe ich unter dem Begriff «Masturbation» ein totes Kind im Bett: «Tod bei autoerotischer Betätigung», zwei Flaschenhälse «mit Vaginalsekret und darin klebenden Schamhaaren», einen peinlich nach unten guckenden Mann, nackt, beschämt die Hand am Glied: «Narzißmus; Masturbation vor dem Spiegel / Selbstaufnahme» und schließlich einen aufgehängten nackten Mann: «Tod bei autoerotischer Betätigung.»

Ich soll über das Kind weinen, mich an den Flaschenhälsen ekeln und für den Spiegelmann schämen; und der aufgehängte Tote mit noch blutgefülltem Glied und seiner rechten Hand nahe dabei soll mich schaudern und abwendend sagen lassen: «Nein, was ist die Selbstbefriedigung doch für eine schreckliche, tödliche Sache!» Deutschlands ehemals berühmtester Sexualwissenschaftler, Hans Giese, der dieses Stichwort bearbeitete, schrieb zu den Bildern: «... objektiv um einen homosexuellen Akt ... Aber ... Selbstbefriedigung wird ... der Partnerbezogenheit von Sexualität, dem Verlangen nach Einsatz und Selbsthergabe faktisch nicht gerecht ...» Es bestehe ein «Risiko des süchtigen Erlebens, das um so geringer wird, je weiter sich das Interesse vom Geschlechtskörper zum ‹Geschlechtsleib› hin entwickelt ... Es versteht sich, daß der objektiv und subjektiv widersinnige Sachverhalt» (objektiv, weil es eigentlich ein homosexueller Akt sei, subjektiv, weil die Männer dabei aber von Frauen phantasieren) «zahlreiche Risiken in sich birgt, z. B. von der Art des gänzlichen Ausweichens in die Welt der Phantasie ... Die aufgezeigte Widersinnigkeit verstärkt fraglos das Bemühen um Bereinigung der Situation sexueller Isolierung, d. h. das Bemühen um Entwicklung geeigneter sowie angemessener Haltungen ...» Es «läßt sich nicht übersehen, daß der masturbatorische Akt, der der Phantasie grenzenlose Räume öffnet, auch manche Fehlhaltungen mit zur Entstehung bringen kann».

Genauso sagte Giese es noch einmal in seiner *‹Psychopathologie der Sexualität›* 1973 neu aufgelegt von seinem Schüler Eberhard Schorsch[48] (S. 117–130).

In Gieses *‹Mensch Geschlecht Gesellschaft›*[45] (1961) feierte mit den Notizen des Arztes Garat die Überzeugung Urständ, daß die Selbstbefriedigung auch «körperliche Schäden verursachen kann» (S. 327):

«Daß die Mattigkeitsgefühle nach der Masturbation in der Tat größer als nach der normalen Kohabitation sind, hängt damit zusammen, daß im ersteren Falle die Vorstellungskraft (Phantasietätigkeit) sehr viel mehr in Anspruch genommen wird als im letzteren. Jedenfalls verleitet die Masturbation zur ständigen Wiederholung. Darin liegt die Gefahr ... Es kann also passieren, daß einem Mann, der sich dergestalt fixiert hat, der normale Geschlechtsverkehr nicht gelingt, weil ihn die elastische und feuchte Wand der Vagina nicht adäquat zu erregen vermag und darum die sexuellen Lustgefühle zu schwach sind ... Ernste Störungen können aber auch ausgelöst werden, wenn die Masturbation abrupt unterbrochen wird, bevor der Samenerguß erfolgt ... Wenn aber die Kette dieser Reflexe irgendwo unterbrochen wird, kann sich der Körper leicht daran gewöhnen, den ganzen Reflexvorgang an einem gewissen Punkt auch dann zu unterbrechen, wenn man es nicht wünscht. Wenn z. B. später bei einem normalen Geschlechtsakt Ejakulation und Orgasmus erwünscht sind, können sie ausbleiben, denn der

Reflexmechanismus des Körpers hat sich bereits bei der Masturbation darauf eingestellt, daß der Akt vor der Ejakulation unterbrochen wird. Praktisch kann dies also zu Potenzstörungen führen, die nur schwer einer ärztlichen Behandlung zugänglich sind, ferner aber auch zu neurasthenischen Beschwerden. Die Gefährlichkeit dieser Praktiken für die leibseelische Gesundheit ist darum erheblich ... Als Masturbationsfolgen bei Frauen sind außer den für beide Geschlechter zutreffenden noch besondere beschrieben worden, z. B. Schmerzen und ungewöhnlich starker Blutverlust während der Menstruation. Von anderer Seite ist auch behauptet worden, daß exzessive Masturbation Unfruchtbarkeit zur Folgen haben könne ... Die Technik der Masturbation spielt sich zumeist ausschließlich an der Klitoris ab ... Beim späteren regulären Geschlechtsverkehr kommt es nun darauf an, den eingeschliffenen Reflex dergestalt zu modifizieren, daß an Stelle der Klitoris die Vagina zur erogenen Zone wird. Das gelingt in vielen Fällen nicht, und die Lustgefühle bleiben um die Klitoris zentriert ...»[44] (S. 336, 337)

Die Sexualwissenschaft mußte nach 1945 in Deutschland wieder neu anfangen. Das Dritte Reich hatte ihre Wirkungsstätten, errichtet in der Zeit vom Ende des 19. bis zu den zwanziger Jahren des 20. Jahrhunderts, vernichtet, Freud, Hirschfeld und alle anderen in die Emigration gezwungen. Giese war der große Pionier des zweiten Neuanfangs. Er bemühte sich vor allem um die Wegbereitung eines veränderten Bewußtseins für dieses Forschungsgebiet, im besonderen um die Aufgabe der gesellschaftlichen Feindseligkeit gegenüber der Homosexualität. Seine Arbeit trug wesentlich bei zur 1970 stattgefundenen, teilweisen Abschaffung des § 175. Wie die Psychoanalytiker der ersten drei Jahrzehnte des 20. Jahrhunderts konnten die Sexualwissenschaftler der sechziger Jahre nicht allen Schutt reaktionärer Gesinnung beiseite schaffen, vor allem nicht aus ihren eigenen Köpfen gänzlich herausbekommen.

Was der Homosexualität zugute kam, daran mußte die Selbstbefriedigung noch leiden. An den Materialien kann gesehen werden, daß sich die konservative Haltung der Wissenschaftler von der Homosexualität zur Selbstbefriedigung verschoben hatte. Die Männer, die abschätzig über sie schrieben, sind Söhne von noch unter der «Onanie»-Kampagne aufgewachsenen Neunzehnte-Jahrhundert-

Menschen. Sie wurden in den ersten beiden Jahrzehnten des 20. Jahrhundert geboren.

Die Ärzte zogen sich mehr und mehr aus dem Kampffeld «Onanie» zurück. Ihre Abschiedsstimmung kommt in einem ihrer Urteile zur Problematik, entnommen aus einem Psychiatrielehrbuch, gut zum Ausdruck: «Onanie (Masturbation, Selbstbefriedigung) ist eine genitale Erregung und Befriedigung ohne Partner. Dank der gewandelten medizinischen und gesellschaftlichen Einstellung ist sie kaum mehr ein ärztliches Problem. Sie kommt, abgesehen von der Durchgangsphase der Pubertät und Adoleszenz, als Behelf bei Triebüberschuß beziehungsweise Partnermangel (Notonanie) und als regressives Verhalten nach enttäuschendem Abbruch einer Liebesbeziehung vor.» [140] (S. 124)

Unvermindert stark wird die Front von Pädagogen, Psychologen und Kinderärzten besetzt. Neben den Kirchenmännern interessieren sich gleich heftig für die Selbstbefriedigung nur noch die Erziehungsmänner (vereinzelt auch Erziehungsfrauen), wie sie das schon am Anfang der Kampagne im 18. Jahrhundert getan haben. Das erste Zitat stammt von 1955. In den sechziger, siebziger Jahren ist wieder eine Schwemme von Verlautbarungen zu beobachten, eingeordnet in Erziehungs-, Aufklärungs- und Unterrichtsschriften. Viele Bücher werden Ende 1950, Anfang 1960 verfaßt und mit kaum veränderten Auflagen bis in die siebziger, achtziger Jahre hineingezogen, verbreitet in Hunderttausenden Exemplaren.

Die Zeit nach 1968 hat auch auf die Erzieher gewirkt: Studenten-, Frauen-, Schwulen- und Männerbewegungen, sozial-liberale Koalition, neues Scheidungsrecht, Modifizierung der Paragraphen 175 und 218. Da hatte die Selbstbefriedigung auch mehr Luft. Vor allem die neue Sexualwissenschaft unter dem Einfluß von Borneman, Dannekker, Kentler, Schmidt, Schorsch, Sigusch nahm ihr die letzten Makel. Die Äußerungen der Pädagogen wurden immer geschmeidiger, im Prinzip blieben die Erzieher dieser sexuellen Ausdrucksweise des Menschen aber auf der Spur. Krank machte die Selbstbefriedigung nicht mehr, hätte auch sonst keine bösen körperlichen Folgen – aber, aber … Lassen wir die Zeugnisse sprechen:

«Viele Kleinkinder haben es an sich, an den Geschlechtsteilen zu spielen und zu zupfen. Dies ist nicht besonders hoch zu bewerten und kann durch einfaches Wegziehen der Hände unterbunden werden. Von Onanie sprechen wir erst dann, wenn es immer wieder mit betonter Sucht nach einem Lustgewinn geschieht ... Aufgabe der (Säuglings-) Schwester ist es, solche Abwege zu entdecken und nach den Angaben des Arztes zu überwachen. Durch ständige Beschäftigung des Kindes muß es auf äußere Dinge abgelenkt werden und so allmählich den für die normale Entwicklung des Seelen- und späteren Geschlechtslebens verhängnisvollen Irrweg wieder in das Dunkel der Vergessenheit zurückfallen lassen. Keine Schreckgespenster malen! Statt dessen Kinder zu sie interessierenden Beschäftigungen anregen, z. B. Sammeln von Schmetterlingen und Käfern, von Briefmarken, Basteln, Bewegung im Freien, Sport.»[67] (1955, S. 263)

«Der Umgang mit Halbwüchsigen, die eingestanden, daß sie onanieren, hat mich gelehrt, daß die Selbstbefriedigung doch mit gewissen Gefahren verbunden ist. Gewöhnlich schämt sich der Jüngling seiner Praktiken, hält sich für unwürdig und unwert, weil er ihnen immer wieder unterliegt. Da er sich für unwürdig betrachtet, meidet er die Frauen, wagt nicht, sich einer Partnerin zu nähern. Es besteht die Gefahr, daß er nie zur Heirat kommt oder daß er sich in der Richtung zur Homosexualität entwickelt!»[148] (1958, S. 44)

«Wie alle Süchte entstehen auch die geschlechtlichen aus harmlosen Anfängen ... Kinder oder Jugendliche onanieren teils aus Angst vor Liebesverlust, teils aus Angst vor Strafen, vor allem nach Mißerfolgen oder wenn sie sich die Bewältigung einer Aufgabe nicht zutrauen, zum Beispiel vor Klassenarbeiten oder beim Empfang eines schlechten Zeugnisses, oft auch, wenn sie etwas Unrechtes getan haben oder nach einer Bestrafung, besonders nach Schlägen, wie aus Tagebüchern und aus Antworten auf anonyme Fragebögen hervorgeht. Da alle geschlechtlichen Verirrungen unausweichlich, wenn auch nicht immer bewußt, mit Angst- und Schuldgefühlen verbunden sind, und da diese die Leistungskraft beeinträchtigen, ist ein zunehmender Leistungsschwund die Folge, zumal die Angst, die während des Onanierens verschwindet, nachher verdoppelt zurückkehrt, nämlich vermehrt durch neue Schuldgefühle. Solche Rückwirkungen verschlimmern den bekannten Teufelskreis: schlechte Leistung und Verzagtheit infolge fehlender Vertrauensgrundlage; wiederholtes Onanieren, um Angst und

Schuldgefühle zu vergessen; weiteres Absinken der Leistungen; weiterer Verlust von Mut und Tatkraft, wodurch das Bedürfnis nach tröstlichem Vergessen, also die Sucht gesteigert wird.» [101] (1963, S. 248, 249)

«Selbstbefriedigung ist ein Irrtum! Der Mensch kann sich nicht selbst befriedigen ... Die weite Verbreitung der Selbstbefriedigung spricht nicht dagegen ... Der geschlechtliche Erlebnisbereich findet darüber hinaus Befriedigung nur dort, wo Leib und Seele sich mit einem Partner finden ... Selbstbefriedigung bleibt ... stets unbefriedigend, weil die Seele nichts zu erleben hat ... im bloß körperlichen, augenblicklichen Lustgefühl, im ich-süchtigen Scheinerlebnis stecken ... Bagatellisiere aber niemand die Gefahr, in solchem Irrtum steckenzubleiben ... Die leichte Auslösbarkeit, das rauschhafte Augenblicksgefühl ... geben der Selbstbefriedigung etwas vom Charakter der Sucht ... Wird man sich nur über das Verkehrte dieses Grundirrtums klar, widersteht man diesem billigen Selbstbetrug ... so gelingt das Nein gegenüber der Selbstbefriedigung immer häufiger, immer sicherer, die Selbstachtung wächst dabei, die Persönlichkeit kräftigt sich, wird von anderen anerkannt und erlebt so schließlich eine wirkliche Befriedigung.» [127] (*‹Wörterbuch zur Sexualpädagogik›*, 1969).

«Es ist ein Unterschied, ob ich meinen sexuellen Drang abreagiere oder ob ich diesen Drang durch Spielereien am Geschlechtsteil künstlich und ohne Notwendigkeit stets erneut hervorrufe. Diese künstlich hervorgerufene Art der Selbstbefriedigung kann zur Manie werden, zu einem Zwang, der den jungen Menschen pausenlos irgendwie beschäftigt und seinen Interessenkreis einengt.» [111] (1969, S. 86)

«Bei vielen Jungen wird auf einmal ihr Geschlechtstrieb so stark, daß sie sich nicht dagegen wehren können. Mädchen haben es da leichter; sie sind anders veranlagt ... Diese Zeit ist für Jungen nicht leicht. Es ist eine Übergangszeit, eine Vorbereitungszeit. Es wird sich herausstellen, ob man nur sich selbst liebt oder ob man auch einmal einen anderen Menschen, ein Mädchen, eine Frau lieben kann.» [60] (1969, S. 203)

«... deutlich zu machen, daß Selbstbefriedigung für den Jungen keine Dauerlösung sein kann und später wieder verlassen werden sollte. Die ichbezogene Sexualität muß zur partnerschaftlichen Sexualität befreit werden ... Die meisten Jungen beginnen jetzt an ihrem Glied Selbstbefriedigung zu betreiben. Damit wollen sie ihre innere Spannung ausgleichen. Die Mädchen haben es da leichter. Sie sind realistischer. Es ist einfacher für sie, zu warten, und ihre seelische Spannung können sie besser ertragen.»[60] (S. 204)

«Bewußt bagatellisieren: Je weniger die Selbstbefriedigung als wichtig angesehen wird, um so seltener wird sie sich ereignen. Die Erfahrung der Grenzen des eigenen Willens und der Aufgabe, sich der sachlichen Arbeit und dem Dienst für andere Menschen zuzuwenden, sollen den Charakter des Heranwachsenden bilden. Seit zwei Jahrzehnten erleben wir außerordentlich günstige Ergebnisse, wenn in persönlichen Gesprächen, wie vor allem in der Selbsthypnose des Autogenen Trainings und notfalls in ärztlich-hypnotischer Behandlung die Worte wiederholt werden: ‹Onanie ist ganz gleichgültig.›»[136] (1970, S. 93) «Alle Formen der Onanie in der Ehe sind Zeichen oder Beginn einer ernsten Störung, die psychotherapeutische Eheberatung oder Behandlung erfordert.»[136] (S. 90)

«Damit soll das Problem der Masturbation nicht verharmlost werden. Sie kann zu negativen Folgen für das zukünftige Eheglück führen, wenn der junge Mensch darin befangen bleibt, wenn er nicht lernt, sich von sich selbst zu lösen.»[130] (1970, S. 108)

«... daß sexuelle Regungen da, wo sie als bloße Bedürftigkeit auftreten, welche auf nichts anderes als ihre leibliche Befriedigung drängt, verarmte sexuelle Regungen sind ... Darum wird ja Onanie so leicht zur Sucht, weil in ihr immer noch etwas ... gesucht wird, das durch sie gar nicht zu gewinnen ist ... Der Onanist, der gegen seinen Fehler ankämpft und sich verworfen fühlt, wenn er immer wieder Niederlagen erleidet ... Ersatzleben der bloß leiblichen Befriedigung ...»[88] (1971, S. 265, 266)

«Es wird nur mehr die Befriedigung der rein leiblichen Lust gesucht und damit der Weg zur normalen Weiterentwicklung verrammt ... Wo hier nicht rechtzeitig geistige Gegenkräfte wach werden, fixiert sich die masturbatorische Triebbefriedigung. Als literarisches Beispiel einer derartigen Fixierung mag Rousseau angeführt werden, der in seinen ‹Bekenntnissen› offen eingesteht, zeitlebens von dem Jugendlaster nicht mehr frei geworden zu sein.

Die Jugendlichen sind sich der Fragwürdigkeit der Selbstbefriedigung wohl bewußt. Wissend, daß sie etwas in den Augen der Erwachsenen Verwerfliches tun, treffen sie alle Vorkehrungen, es geheimzuhalten. Der Halbwüchsige lebt in der dauernden Furcht, die

Erwachsenen könnten etwas merken und sein Laster könnte ihm ins Gesicht geschrieben sein ... Es ist aber nicht nur die Sorge und Geheimhaltung, sondern vor allem das Bewußtsein, etwas Menschenunwürdiges zu tun, welches das in der nächsten Phase besonders empfindliche Eigenwertgefühl arg herabmindern wird. ... Das Gefühl der inneren Leere und Schalheit, das jeder Akt der Selbstbefriedigung als eine völlig ungeistige und seelenlose Handlung zurückläßt, erweckt brennenden Reueschmerz und den heiligen Vorsatz der Besserung. Eine Zeitlang mag der Wille den lockenden Sirenenstimmen, die aus den Tiefen des Inneren aufsteigen, widerstehen, woraus das Selbstwertgefühl erneuten Anlaß zur Steigerung entnimmt, bis die dunklen Mächte in einer schwachen Stunde wieder siegen. So wechseln in der Seele des Jugendlichen Zeiten eines gehobenen Selbstgefühls mit solchen tiefsten Ekels über sich selbst ob des immer wiederholten Versagens, des immer wiederkehrenden Absinkens aus einer geistigen in die als tierisch gedeuteten leiblich-sinnliche Schicht. Denn der Jugendliche erlebt die Masturbation als ‹etwas von gewollter Selbstwegwerfung› (Spranger). Und in den Ekel über sich selbst mischt sich der Ekel an allen Menschen und an der ganzen Welt ...

Er (der Erzieher) wird sich im allgemeinen mit negativer Erziehung im Sinne Rousseaus begnügen dürfen;» (um «Einfluß nehmen» zu können): «Sorge für gesunde, nicht zu viel sitzende Lebensweise (da der Blutandrang zu den Geschlechtsteilen bei dauerndem Sitzen eine der physiologischen Ursachen der Masturbation ist), Verhütung geistiger Überanstrengung (Überreizung der Nerven als Grundlage allzu reger Phantasietätigkeit), Möglichkeit zu Turnen, Sport und Wandern (zur Ableitung überschüssiger Körperkräfte), Anleitung zu Reinlichkeit und Abhärtung (Luft- und Wasserbäder, nicht zu warmes und zu weiches Bett), Beschaffung von zweckmäßiger, nicht zu enger und nicht zu warmer Kleidung sowie reizloser Kost (Vermeidung von Alkohol, Nikotin und zu viel eiweißhaltiger Nahrung), besondere Verhütung schlechten Umgangs und schlechter Lektüre.»[110] (1971, S. 394, 395)

Die «Antimasturbationspädagogik» ist 200 Jahre nach ihrem Entstehen immer noch lebendig. Ein Blick in die Arbeiten von Elschenbroich und van Ussel beweist, wie die Mittel der Erzieher gegen die Selbstbefriedigung gleich geblieben sind. Sie werden um 1770 nur etwas zugreifender den Eltern und Genossen Aufseher angepriesen.[26] (S. 164–167)[143] (S. 151–159)

Den geölten Redewendungen eines analytisch geschulten Sexualerziehers ist die jugendfeindliche Stimmung dagegen kaum noch anzumerken: «Masturbation in der Pubertät hat außer der Ventilfunktion das Ziel, Sicherheit im Umgang mit sexueller Erregung zu erlernen und das Triebbedürfnis steuernd zu kontrollieren ... Ventil- und Erprobungsfunktion, die dann von voller sexueller Beziehung abgelöst wird, wenn die soziale Reife erreicht wird ... Die sozial isolierende Wirkung der Masturbation, die dadurch eintritt, daß keinerlei Bemühung um einen anderen Menschen erforderlich ist, um sexuelle Befriedigung zu erreichen ... Drohungen vor Folgen der Masturbation werden von den meisten Jugendlichen heute bereits als Mittel gesellschaftlicher Repressionen aufgefaßt. Das sollte nicht darüber hinwegtäuschen, daß hinter mancher eloquenten, intellektualistischen Formulierung von Schülern Sexualangst, narzißtische Liebesunfähigkeit und gesellschaftlich konformistische Einstellung zur Geschlechtsbeziehung im Sinne kommerziellen Konsums sowie ein Mangel an Integrationsfähigkeit für die nicht-sexuellen Aspekte der Sexualität fortbestehen.»[126] (1972)

«Die kleinen Buben und Mädchen ... erleben ... ein bescheidenes Lustgefühl ... einen dürftigen Orgasmus ... ein nicht sehr ‹großartiges› Lustgefühl. (S. 186) Gelingt es ihm, die gestellten Aufgaben befriedigend zu lösen, findet er Anerkennung bei seinem Lehrer und wird er von den Klassenkameraden geschätzt, so onaniert er verhältnismäßig selten. Tritt aber eine (eventuell sogar selbst verschuldete) Pechsträhne ein, regnet es schlechte Zensuren, verliert er seinen Freund, gibt es zu Hause auf einmal viele Auseinandersetzungen (vielleicht zwischen Vater und Mutter), so steigt die Häufigkeit plötzlich an. Die Häufigkeit hängt also weit weniger vom Körper und von der Triebstärke ab als vom psychischen Zustand. Somit hilft dem Onanisten alles, was sein Selbstgefühl stärkt und seine sozialen Beziehungen verbessert. (S. 188) ... daß Pubertenten ... wöchentlich etwa 1- bis 3mal zur Selbsthilfe greifen. Dies entspricht im Durchschnitt der Häufigkeit auch für den späteren ehelichen Koitus. (S. 189) Freilich erfüllt der Masturbant eine wichtige sexuelle Aufgabe nicht. Das Verbindende zwischen dem eigenen ‹Ich› und dem andersgeschlechtlichen ‹Du› kommt nicht zustande. Der Onanist hat keinen Partner nötig. Er befriedigt sich allein, freilich wohl nur, weil er sich keine sozialen Bindungen zutraut. Er genießt seine Lust nur organbezogen und ich-haft. Er baut keine Brücke zum andern Geschlecht und erfüllt die soziale Pflicht nicht, die die sexuellen Impulse des Geschlechtstriebs erleichtern sollen. Wird er sich deshalb in seiner egoistischen Haltung verfestigen? Legt er mit seinen einsamen geschlechtlichen Betätigungen nicht die Basis zu einer egozentrischen Lebenshaltung?»[125] (1974, S. 190)

«Freilich kann Masturbation, vor allem eine völlig hemmungslose, auch Ausdruck schwerer Persönlichkeitsstörungen sein (postenzephalitische Zustände, Epilepsie, Beginn einer Schizophrenie).»[8] (1975, S. 34)

Die Kinderärzte liebäugelten noch einmal mit ihren Vorläufern des 19. Jahrhunderts.

«Begleitet von außerordentlichen körperlichen wie seelischen Spannungen, stürzt die plötzliche Erfahrung einer übermächtigen geschlechtlichen Triebstärke, die die Willenskräfte übersteigt, den männlichen Jugendlichen ganz anders als die Mädchen oft in schwere (Onanie-)Konflikte. Verständnisvolle Vorbereitung, Beratung und Begleitung, fern von moralisierenden Vorurteilen und den fruchtlosen oder gar gefährlichen Appellen zum ‹Kampf um die sittliche Reinheit› müssen in dieser Zeit den männlichen und seltener auch den weiblichen Jugendlichen helfen, alle ihre Kräfte und Begeisterungsfähigkeit auf lohnende Ziele ihrer beruflichen und persönlichen Neigungen zu konzentrieren.»[135] (S. 130)

«Sahen wir früher verbreitete Schäden durch moralisierende und fehlende Sexualerziehung, so häufen sich heute Zerwürfnisse und neurotische Depressionen, weil ein nie zu befriedigendes einseitiges Luststreben (Hedonismus) an die Stelle einer umfassenden Vorbereitung für ein ganzheitliches Erleben hingebender Liebe getreten ist. Eine Jugenderziehung unter dem Leitgedanken ‹genießen lernen!› birgt zahlreiche Gefahren zu selbstsüchtiger egozentrischer Fehlhaltung. Warten lernen mit wachsendem ‹Spannungsbogen›, reifen lernen und lieben lernen bahnen nicht nur den Weg zu verantwortungsbewußtem Handeln, sondern auch zu bleibenden befriedigenden Bindungen. Die Werte des Wartens auf die reife Frucht der beglückenden Liebe überwiegen die Scheinvorteile kurzschlüssiger Spannungsabfuhr.»[135] (1979, S. 139)

Die Finger gehen schon auf die Kleinsten los. Die Mütter bekommen es beigebracht, was sie tun sollen, wenn ihr Kind am Ende ...

«Gelegentliches Spielen mit den Geschlechtsteilen ist beim Säugling und Kleinkind eine normale Begleiterscheinung der kindlichen Entwicklung. Werden diese Manipulationen gehäuft beobachtet, sind sie Ausdruck einer gestörten seelischen Entwicklung. ... Einsichtige Eltern werden nach eingehender Beratung durch den Kinderarzt oder Psychologen ihrem Kinde helfen können, auf diese ‹Ersatzbefriedigung› zu verzichten.»[144] (1979, S. 416, 417)

«Eine Kindergärtnerin erwischte zwei fünfjährige Buben bei einer nicht unbedenklichen Spielerei. Ohne Entsetzen zu zeigen und ohne Tadel forderte sie die beiden auf, ihre Höschen wieder in Ordnung zu bringen. Dann schickte sie Gerd zum Spielen an die Sandkiste. Den kleinen Franz dagegen, der ihr schon seit einiger Zeit durch seine Eifersucht auf Gerd und sein empfindliches, weinerliches Wesen aufgefallen war, behielt sie bei sich und sprach freundlich mit ihm, ohne sein Vergehen zu erwähnen ...

Vom Onanieren sprach die Kindergärtnerin nicht, damit die Mutter nicht erschrecke und dagegen ankämpfe. Kindliche Unarten verlieren sich in diesem Alter von selbst, sobald sich das Kind geborgen fühlt, sie versteifen sich, wenn man sie bekämpft, ohne ihre Ursachen zu beseitigen. Versucht man, einem Kind das Onanieren abzugewöhnen, solange es von Zweifeln an Mutters Liebe gequält ist, dann meint es, man gönne ihm nicht einmal diese seine eigenste Freude, und klammert sich um so heftiger daran ... Diese Härte versteht ihr Kind nicht, es lehnt sich innerlich auf und fühlt sich unverstanden. In dieser seelischen Verfassung kann die Unart, auch wenn sie bisher bloße Nachahmung war, zu einem eigenen Bedürfnis werden ... Auf diese Weise hatte sie die Kinder unter unauffälliger Aufsicht. Da sich diese in der Nähe der warmherzigen Frau wohl fühlten, vergaßen sie ihre ungute Spielerei ... Wenn sich dagegen ein Kind im Stich gelassen, vernachlässigt, mißverstanden und ungerecht behandelt fühlt, also wenn es viel gescholten und oft bestraft wird, wenn sein Wille gebrochen oder verbogen wurde, seine Gefühle taktlos verletzt wurden, wenn es weder den nötigen Wachstumsfrieden noch ausreichenden Spielraum hat und seine

Fragen nicht oder unbefriedigend beantwortet werden, dann bieten ihm die heimlichen Genüsse seines Körpers Ersatz für das fehlende Verständnis und werden zum Bedürfnis.»[102] (1981, S. 148–151)

«... der gesteigerte Drang zur Onanie ... ist vielmehr Ausdruck einer inneren Not ... Dem intensiv onanierenden Kinde fehlen diese erfüllenden – äußeren – Impulse. Es ist unlustig-passiv statt unternehmungslustig, erlebt Leere und Langeweile statt der Freuden aktiverer Gestaltung ... Das Kind zieht sich also auf die lustvolle Betätigung am eigenen Körper zurück, weil ihm die Welt, der mitmenschliche Kontakt und die Freude verschlossen sind. Es gilt daher als oberster Grundsatz für die Regulierung» – in der Ausgabe dieses Buches von 1970 steht für «Regulierung» noch «Beseitigung»! – «der Onanie, dem Kind die Hemmungen zu nehmen und ihm die Welt und die Menschen für andere erfüllende und Freude bereitende Möglichkeiten aufzuschließen.» (Bd. 1, S. 222) «In der Vorpubertäts- und Pubertätszeit kann man Onanie als Übergangserscheinung weitgehend ignorieren. Bei einer gesunden Entwicklung kommt sie in späteren Jahren von selbst zum Abklingen.»[61] (1982, Bd. 2, S. 314)

Zwischen den Auflagen von 1970 und 1982 haben sich in diesem Buch die Formulierungen geglättet und gemäßigt. Die Tendenz der vom Geschlechtlichen wegführenden Erziehung ist geblieben.

Ein Buch, das seit Jahrzehnten für Eltern der Erziehungshilfeknüller zu sein scheint, da es in 29 Sprachen übersetzt und in Millionen Exemplaren verbreitet wurde, läßt sich wie folgt aus: «Im Alter von 3 Jahren: ... Entdeckt man, daß sein Kind allein oder mit anderen an seinen Genitalien herumspielt, so wird man zumindest ein bißchen überrascht und schockiert sein. Wenn man es dem Kind verbietet, sollte man ... es in beiläufigem und selbstverständlich ruhigem Ton tun. Das Kind soll wissen, daß man es nicht möchte, daß es sich mit seinen Genitalien beschäftigt ... Man kann vielleicht sagen: ‹Mami möchte nicht, daß du das wieder tust› oder ‹das ist nicht hübsch, und andere Kinder tun das auch nicht› und lenkt das Kind auf irgendein anderes Spiel ab ... Wenn mehrere kleine Kinder während des Alters, in dem sie ein gewisses Interesse an diesen Dingen haben, beieinander sind, sollte die Mutter hin und wieder einen Blick auf sie werfen und im übrigen dafür sorgen, daß sie hinreichend mit anderen Spielen beschäftigt sind.»[129] (S. 358, 359)

«Im Alter von 6 Jahren aufwärts scheint es, als ob das Kind selbst, von seiner Natur gelenkt, Anstrengungen macht, das Spielen an den Genitalien zu unterdrücken oder derartige Spiele mit anderen Kindern zu meiden. Die Kinder haben das Gefühl – ob ihre Eltern sie nun darauf hingewiesen haben oder nicht –, daß sie etwas Unrechtes tun. Dies ist die Zeit, in der ihr Bewußtsein und ihr Gewissen sich stark entwickeln ... Es gibt Kinder, jeden Alters, die sehr viel und manchmal sogar ganz öffentlich an ihren Geschlechtsteilen spielen. Meist handelt es sich um Kinder, die sich innerlich angespannt und gequält fühlen ... Da ist vielleicht ein Kind völlig verstört, weil es annimmt, daß seine kranke Mutter nun sterben müsse, es kann sich in der Schule auf nichts mehr konzentrieren, sitzt in seiner Bank, starrt aus dem Fenster und manipuliert völlig geistesabwesend an seinen Genitalien.» [129] (S. 359, 360)

«Dies soll nun nicht etwa heißen, daß Eltern das Hantieren an den Genitalien und andere sexuelle Spielereien grundsätzlich ignorieren sollen. Es dürfte für sie kaum möglich sein, mit ihrem Kind harmonisch zusammenzuleben, wenn es ständig Dinge tut, die sie zutiefst mißbilligen. Selbst wenn sie sich dazu überwinden könnten, bleibt aber doch die Tatsache, daß das Kind ja schließlich in eine größere Gemeinschaft hineinwachsen und sich ihr anpassen soll, und hier würde sein Verhalten auf alle Fälle Mißfallen erregen. Die Eltern müssen dem Kind also in vernünftiger und sachlicher Weise klarmachen, daß sie diese sexuellen Spielereien nicht wünschen ... daß man aber ohne weiteres damit aufhören kann, wenn man nur ehrlich will ... Natürlich ist das Kind noch lange nicht soweit, daß es seine Gefühle offen zum Ausdruck bringen kann. Später wird es genug Möglichkeiten dafür finden: wenn es Freundschaften schließt, Verabredungen hat, wenn es zur Tanzstunde geht und zu flirten anfängt. Noch später wird es sich verlieben und eines Tages dann heiraten.» [129] (1982, S. 361)

Ein Pädagoge zitierte die Vertreter der einschränkungslosen Haltung gegenüber der Selbstbefriedigung, grenzte sich von ihnen jedoch ab: «Jedenfalls ist dieses Thema immer noch umstritten. Sexualpädagogen wie H. Kentler, W. Reich u. a. finden, Grundlage und Richtschnur aller Sexualerziehung sei ‹das augenblickliche Glück des Heranwachsenden›, das einem künftigen nicht geopfert werden dürfe. Eine Meinungsforschung bei Jugendlichen ergab indessen, daß etwa die Hälfte der Befragten die Onanie im Grunde ablehnt, diese wohl als entspannend, nicht aber als beglückend erlebt und trotz liberaler Erziehung Schuldgefühle dabei empfindet.» [58] (S. 48)

Um welche Meinungsforschung es sich handelt, sagt der Autor nicht, so bin ich gezwungen, zu denken, daß die behauptete Forschung seiner eigenen Meinung entspringt. Seine Antworten fädeln sich denn auch ins alte Öhr vom «Nein»: «... darf dem Drang» zu «Onanie» nicht «willenlos nachgegeben werden ...» – «... dem Geschlechtstrieb seine Bewußtseinskräfte entgegenzusetzen und ihn ... mit der Zeit in Schranken zu halten.» [58] (S. 48)

«Wird diese Schwäche nicht überwunden, kann daraus die Unfähigkeit zu echter partnerschaftlicher Bindung hervorgehen.» [58] (1982, S. 49)

Die DDR soll zu diesem Thema nicht ungehört bleiben. Ihre Erzieher haben sich noch mehr dem moralischen Überbau entwunden, als es den modernen westdeutschen Pädagogen gelungen ist.[15, 19, 53] Mit knappen Formulierungen wird dem Jugendlichen die Selbstbefriedigung eingegrenzt und die Zukunft der Partnerschaft schmackhaft gemacht. Das Ziel bleibt die Befähigung zur bürgerlichen Gesellschaft, hier mit den Verwertungshintergedanken staatskapitalistischer Wirtschaftsweise: «Die Masturbation ist eine Durchgangsphase in der Entwicklung des sexuellen Verhaltens ... geht von selbst wieder zurück, wenn heterogene geschlechtliche Paarbeziehungen aufgenommen werden.» – «Pädagogische Beeinflussung der Masturbierenden ...», ihr Tun «... durch eine sinnvolle Freizeitbetätigung und durch Anknüpfung von Kontakten mit dem anderen Geschlecht zu beheben ist.» – «... daß eine verfestigte Masturbationshaltung zur sozialen Isolierung vom anderen Geschlecht, infolge Minderwertigkeitskomplexen, führen kann. Den masturbierenden jungen Menschen muß bewußt werden, daß man den Zustand der Selbstbefriedigung, als Durchgangsform der sexuellen Aktivität, überwinden kann» [15] (S. 38) «... der notwendigen Überwindung des Zustandes der Masturbation als Form der menschlichen Sexualaktivität ...» [15] (1983, S. 39)

Kürzer und verschleierter geht es nicht. So notwendig die Selbstbefriedigung als Spannungsabfuhr für Jungen sein muß – bei Mädchen stockt die Beweisführung in diesem Zusammenhang immer –, notwendig ist dann auch die Überwindung des Zustandes. Noch die Kühle und Präzision der Formulierungen enthüllen, daß bei den Pädagogen, die auf die Jugend einwirken wollen, etwas nicht stimmt. Alle Schriften kehren den Übergangscharakter der Selbstbefriedigung heraus, ihre Koppelung an die Pubertät. Bei den Kleinen, die noch keine turbierenden Drüsen zu ihrer Entschuldigung anführen können, werden die Hände vom Geschlecht ja auch wieder weggezogen. Der Jugendliche darf autobieren, weil er muß. Ihm wird ein notwendiges Übel zugestanden, das sich in eine notwendige Überwindung verwandeln muß.

Wenn die Selbstbefriedigung so entwicklungsbedingt wäre, wie behauptet, würde sie von allein verschwinden. Null Grund zur zweihundertjährigen Pädturbation der Pädagogen. Offenbar trauen sie dem «natürlichen» Verschwinden nicht und setzen deshalb ihren Kampf um das notwendige Überwinden in Gang.

An der Problematik, die die Gesellschaft um die Selbstbefriedigung schürt, läßt sich nachweisen, daß auch gegenwärtig noch Sexualunterdrückung praktiziert wird. Sexualunterdrückung ist Menschenunterdrückung. Die weitschweifende Inhumanität des spätkapitalistischen Patriarchats macht sich hier darin bemerkbar, daß es noch immer bestimmen will, welche Lust gut und welche schlecht ist. Das christliche Modell von gut und böse – von herrschaftsangepaßt und herrschaftswiderwillig – schleicht sich auch noch in den wissenschaftlich verweltlichtsten Formulierungen zur Moral. Die neuen Diktate für die Sexualität wirken beim ersten Hinsehen humanitär verpackt. Die Gesellschaft delegiert nicht mehr Verbote zur Sinnlichkeit des einzelnen, sie kümmert sich um die Lust im Prinzip der Förderung. Bei Jugendlichen wird Selbstbefriedigung zum Bafög – der beliebten deutschen Ausbildungsförderung für Studenten –, das haben Erwachsene nicht mehr nötig. Mach schnell, Junge, daß du sauber wirst und bald auf eigenen Ehefüßen stehst! Bei Erwachsenen wird sie zum Sozialfall. Der Diffamierungswinkel der Krankheit ist nur ein wenig verrückt worden. Wer als Erwachsener neben-, außer- oder unehelich autobiert, ist nicht mehr krank, auch nicht mehr psychisch gestört, er verhält sich nicht richtig. «Onanie» ist zur Sozialkrankheit geworden. Die Unterdrückungsmittel Scham und Ekel wirken massiv in den Menschen fort: Ekel an sich selbst, Scham wegen sich selbst.

Die Unterdrückung der kommunikativen Seiten des Sexus zielt auf die Behinderung der Ausübung; die Unterdrückung trifft die Selbstbefriedigung nicht am Nerv ihrer Praxis – weitverzweigte Verbreitung bei allen Menschen in allen Altersstufen konstatierten alle Forscher –, sondern sie trifft sie am Nerv ihrer Idee. Erwachsene Heterosexualität wird heute unterstützt, soweit sie sich in dem Bezugsrahmen einer Zweierbeziehung abspielt. Aber die Fangnetze, die im 17. Jahrhundert zum Raub der Person gestrickt wurden, sind heute nicht eingezogen worden. Sie werden nur anders geknüpft. Der einzelne soll sich heute nicht mehr in einem Netz von sexuellen Verboten verstricken, sondern Netze von Geboten werden über ihn geworfen. Das «Onanie»-Tabu wirft verschiedene Netze über Kinder und über Erwachsene:

Die Netze der Kinder

«Man kann sich kaum etwas Besseres ausdenken, um der Persönlichkeit eines Individuums andauernden Schaden zuzufügen», kommentieren Kinsey und seine Mitarbeiter die Fortwirkung des «Onanie»-Tabus.[72] (S. 461)

«Die Schuldgefühle waren vom erstenmal an da, am Anfang unerträglich.» – «Ich war mir der Abhängigkeit bewußt und hatte dadurch starke Minderwertigkeitskomplexe.» – «Ich hatte Angst vor psychischem Schaden.» – «Bumsen sei viel schöner und edler, ich glaubte an eigenes Unvermögen, mit Mädchen anzubandeln.» – «Ich fühlte mich als Schwein, meine Eltern haben mich geprügelt.» – «Ich dachte, ich könnte mich nicht beherrschen, ich sei schwach, es müsse doch etwas Reineres geben.» – «Es war meine Kardinalsünde, der ich abschwören wollte.» – «Ich hatte Angst vor körperlicher Bestrafung, vor Verachtung und Liebesentzug, vor körperlichem Verfall (Rückenmark etc.), vor allgemeinem Leistungsverfall, fühlte undifferenzierte Beschmutzung.» – «Ich hatte Schuldgefühle religiöser Natur.» Mit ähnlichen Sätzen beginnt jede zweite der Geschichten, die ich Anfang der siebziger Jahre gesammelt habe. Es sind Geschichten von mitte-zwanzigjährigen Menschen. Und von den sechzehnjährigen berichteten Sigusch und Schmidt 1973: «Zusammenfassend kann aufgrund unserer Ergebnisse gesagt werden: Für etliche Jungen und Mädchen ist die Selbstbefriedigung auch heute noch ein Hauptproblem. Recht viele Jungen und Mädchen haben Vorurteile gegenüber der Selbstbefriedigung oder einfach falsche Vorstellungen. So sind nur vier bis sechs von zehn Jungen oder Mädchen der Ansicht, daß gegen Masturbation im Jugendalter grundsätzlich nichts einzuwenden sei. Diejenigen, die Selbstbefriedigung nur eingeschränkt bejahen oder völlig ablehnen, argumentieren in der Regel zwar nicht mehr moralisch; sie werten aber die Masturbation trotzdem ab: als etwas Minderes, als etwas ‹Unreifes› oder einfach ‹blöd›. Aber selbst von diesen Jugendlichen», die «die Masturbation ... für völlig unschädlich» halten, «werden viele zumindest eine Zeitlang geglaubt haben, daß Selbstbefriedigung irgendwelche negativen Auswirkungen habe. Ängste, Schuldgefühle und Konflikte im Zusammenhang mit der Masturbation kommen also sicherlich auch heute noch sehr oft vor. Sie konnten von uns bei ein bis zwei von zehn Jugendlichen im Alter von sechzehn oder siebzehn Jahren direkt festgestellt werden. Angesichts dieser Situation kann nicht davon gesprochen werden, daß Selbstbefriedigung für Jugendliche überhaupt kein Problem mehr sei.»[119] (S. 22)

Die Geschichten der 1983 mitte-zwanzigjährigen Männer, die Buckendahl zur Grundlage seiner Diplomarbeit gemacht hat[17], nehmen sich spukhaft aus. Auch diese Männer waren als Kinder und Jugendliche noch in der Hölle Kleinfamilie und hatten mit aberwitzigen Listen ihr bißchen Leben Sinnlichkeit vor den sie verfolgenden Schatten Eltern zu retten versucht. Es war ihnen gelungen, aber die Wunden, die ihnen bei der Verfolgungstour geschlagen wurden, sind später nicht verheilt.[17] (S. 39f)

Vorurteile und falsche Vorstellungen, die Jugendliche über die Selbstbefriedigung haben, sind die Folgen der Vorstellungen der Erwachsenen. Das Kind muß sich auf die Sexualmoral hinbewegen, die für die Erwachsenen gelten soll. Das Zauberwort des Spätkapitalismus heißt «Leistung» – Lock- und Verfolgungsformel zugleich. Auch die Perspektive der Sexualität ist auf Leistung ausgerichtet. Das Geschlecht darf weder schweifen noch Muße haben. Es zu jagen, erweist sich als seine ausgeklügeltste Unterdrückung. «Einst verpönte Sexualität wird herausgefordert»[42] (S. 169), von kommerzieller Werbung angestachelt und in pädagogischen Sinngebungsgebäuden eingefangen.

Leistungsgerechte Sexualität ist «Du»-getrimmte Sexualität. Das Kind hat noch kein sexuelles «Du». Eltern und Geschwister stehen hinter den Schranken des Inzesttabus. Gleichaltrige außerfamiliäre Menschen läßt die Gesellschaft nicht an das Kind im Käfig der Familie heran. Da das Geschlecht immer noch unter dem Fortpflanzungsaspekt gesehen wird, müssen junge Menschen, die entweder durch Jungfernhäutchen verschlossen sind oder noch keine Samenproduktion aufweisen können, ohne Kommunikationssex sein. «... forderte sie die beiden auf, ihre Höschen wieder in Ordnung zu bringen.»

Für die Kinder gibt es den Auto-Sex, separiert für die Zeiträume, in denen sie noch nicht mit anderen geschlechtlich zusammensein dürfen. «Onanie» ist der Überbrückungssex im Wartezimmer vor der Ehepraxis. Selbstbefriedigung soll geübt werden mit dem Bewußtsein, sie als Unechtes bald wieder aufgeben zu müssen – Wasser und Brot im Bunker der sexuellen Notzeit. «Onanie» = Notdurft. Seine Lust soll der kleine Mensch als wieder abzuschaffen erfahren. Dadurch erhält sie etwas Flüchtiges. Alle erste genitale Lust der Menschen ist Selbstlust. Selbstlust ist in dieser Zeit Ausdruck des Geschlechtsverhaltens, das durch die neuen Gebote auf «zwischendurch» und «nebenbei» abgerichtet wird. Längst wenn der Mensch die Zeit einer dauerhaften Ehe eröffnet bekommt, ist er noch auf Hetze eingestellt. Die Liebenden haben keine Ruhe für die Liebe. «Wir sind so geprägt worden, daß wir uns körperlich lieben, als ob wir eilig zu einer Verabredung unterwegs wären.»[22] (Betty Dodson) «Was reden Sie mit Ihrer Geliebten die ganze Nacht?» fragte der Generaldirektor, der für die Räusche des durchdringenden Miteinandersprechens zwischen den Räuschen des Geschlechts wohl niemals Zeit gehabt hat.

Kindheit ist das Entrechtetste, was es im Kapitalismus gibt, entrechtet in der Praxis und abzuschaffen in der Tendenz. Sie ist ein besonderer Widerspruch zum kapitalistischen Patriarchat. Das Kind widerstrebt wie kein Erwachsener noch der Totalität der Zwecke mit seinem Paradies an Spontaneität. Die Zurichtung des Menschen durch den Kapitalismus ist für das System eine Sisyphusarbeit, solange aus der Kindheit jeder Erwachsene die elementaren Widerstände gegen diese Ordnung des gesellschaftlichen Lebens mitbringt. Das Kind ist nicht gebrauchsfertig. Es arbeitet nicht, es kauft nicht. Es wurde vom Konzept seines Lebens her von aller Arbeit der Erwachsenen ausgeschlossen. Auf dem

Lande störte es noch nicht. In der Manufaktur wurde sein Prinzip undenkbar.

Kindsein heißt Bereitschaftsdienst leisten. Leben und Sexualität des Kindes sind «auf Sprung» gesetzt worden, in das Gegenteil zu dem, wie der Mensch sich in der Kindheit erfährt: unbegrenzt, von Ewigkeit zu Ewigkeit, unveränderbar, schon immer dagewesen und immer so bleibend. Die Ungestörtheit dieses Zustands gäbe Ruhe und Sicherheit, die für das Reifen benötigt werden.

Aber auch die in die Vergänglichkeit gepreßte Selbstbefriedigung wird noch einmal beschnitten. Sie darf nicht Lust sein: Autobie immerzu und immer wieder, mit einem einzigen Gedanken auf sie, nicht nur zur gelegentlich geduldeten Spannungsabfuhr, sondern aus Lust, ist falsch. Das Ehepaar wird in der heutigen Vollzugsmoral auf den Amboß allnächtlichen Geschlechtsverkehrs geschlagen, und das Kind darf hin und wieder – ach, wie oft? das weiß niemand richtig, wann ist zuviel, wann wird die Sache krankhaft? – seinen Körper entlasten.

Die gegenwärtigen Erleichterungen für Kinder gelten für Jungen: «... Mädchen ... sind realistischer», müssen den Klitorisspaß wieder aufgeben, noch schlimmeren Verzicht leisten als Jungen, also sollen sie lieber nicht damit anfangen. Die Frau wird aus den spärlichen Einzelarbeiten über Selbstbefriedigung meist ausgeklammert. Angeblich wegen der «Tatsache einer dürftigen Nachweisbarkeit dieser Erscheinung ... dürfte diese sexuelle Betätigungsform im weiblichen Dasein eben niemals dieselbe Bedeutung erlangen wie im männlichen Leben ...»[68] (S. 8) «Die weibliche Sexualität ... tritt nicht ... auf ... in Triebschüben und genital zentrierten Interessen und Begierden, sondern hält sich ... in ... Bereitschaft und ... Erwartung ... etwa als Verlangen nach Umwerbung und Zärtlichkeit verborgen.»[68] (S. 9)

Das Mädchen gilt schon im Verhältnis zum Jungen als so passiv, daß ihm eine Aktivität zu sich selbst nicht mehr zugetraut wird.

Der Jüngling soll lieber fürs Patriarchat als an seinem Geschlecht aktiv werden, denn bei der Selbstbefriedigung handelt es sich ja doch «um eine ‹unmännliche Haltung›, um ein ‹Nachgeben›, um die ‹weiche Tour›. Es handelt sich also um eine wichtige und wirklich lohnende Aufgabe, sich selbst beherrschen zu lernen, ein Mann zu werden.»[41] (S. 13) So formulierte es ein Pfarrer. Und unter dem Stichwort «Sexualpädagogik» schrieb der Sexualwissenschaftler Giese, wie es mit dem Geschlecht der älteren Jugend zugehen müßte: «Letzten Endes zielt also Sexualpädagogik auf Disziplin und Zucht ... Es kommt darauf an zu lernen, angemessen zu resignieren, angemessen zu verzichten ... Je angemessener einer zu resignieren versteht, desto mehr Kultur weist er auf. Das Resignieren gegenüber sich und den anderen und endlich gegenüber dem gewählten Geschlechtspartner, und dies angemessen, ist das wichtigste Lernziel der Sexualpädagogik.» [84]

Als ob der Giese Witze machen wollte, klingt das zuerst. Die Sätze drücken jedoch unmaskiert die gesellschaftliche Absicht aus, den jungen Menschen fort und fort beim lustvollen Suchen und Beschäftigen mit sich selbst aufzustöbern und auf das Morgen der Leistung hinzutrimmen.

### Die Netze der Erwachsenen

Im Tabu der «Onanie» verbirgt sich das Tabu der sexuellen Autonomie. Der Mensch kann in der Verfolgung und Verpönung seiner sexuellen Selbstbeschäftigung die Verkrüppelung seiner personellen Entwicklung aufspüren. Das Gerede von der Persönlichkeit schwappt als Kultursoße über alle Knebelung, die der Mensch noch immer an seiner Person erfährt. Zusichkommen widerspricht dem Leisten. Selbstbefriedigung ist für den Erwachsenen streng zensiert. «Man muß zwischen der Masturbation in den Jugendjahren und der der Erwachsenen streng unterscheiden.» [44] (S. 325)

Dem Erwachsenen, der sich (auch) selbst befriedigt, werden drei Makelzeichen angehängt: Krankheit, Homosexualität und Egoismus.

Das Geschlecht der Erwachsenen hat sich heute zwischen den zwei unüberbrückbaren Formen kommunikativer Sexualität zu entscheiden. Gesellschaftlich prämiierter Ehesex oder gesellschaftlich angegriffene Homosexualität. Die Selbstbefriedigung, *in* der Ehe praktiziert, ist eine Krankheit. Wer im Gatter der «Du»-Sexualität lebt und sich ihr nicht vollständig ausliefert, hat eine psychische Störung, ist seelisch in der Pubertät steckengeblieben.

Da der Mensch es beim Autobieren mit sich selber treibt, als Person des Geschlechtes, das er hat, mit derselben Person desselben Geschlechtes, das er ist – so viel Gleiches ist zu viel –, müßte dieser Vorgang etwas «Homosexuelles» an sich haben. Die Wissenschaftler rennen mit den Schändungsabzeichen «Homosexueller» und «Masturbant» um die Wette. «Homosexuelles» Treiben sei wie «masturbatorisches», und ein «Onanist» verhielte sich wie ein «Homosexueller». Das eine wird definitorisch in das andere geschachtelt. Wissenschaftler können sich den «homosexuellen» Akt nicht vorstellen als Umgang zwischen verschiedenen Personen, bei denen das Geschlecht gleich ist; und sie wollen den Menschen sexuell nicht allein sehen, ihn nicht denken als jemanden, der im Akt der Selbstbefriedigung sich selbst meint und auch antreffen will. Das Geschlecht bei sich selbst wird für den Erwachsenen in die Stellvertretung diktiert. Wie Stekel formuliert, ist es umgekehrt: «... zeigt eine genauere psychologische Untersuchung der Liebesbeziehungen, daß jeder Mensch sein Ich in der Umgebung sucht und daß jede Liebe im gewissen Sinne eine ‹Ichliebe› ist. Wir lieben uns in anderen, hassen uns in anderen.»[92] (S. 29) Es ist eindrucksvoll widersinnig: Das, was die eigene Person betrifft, soll das Nichteigentliche sein; und das, was zum «Eigentlichen» erklärt wird, der Geschlechtsverkehr, zielt nicht auf die eigene Person ab.

Wer ohne sexuellen Partner lebt, zieht heute Flunsche auf sich. Er sei nicht durchgedrungen zum «Du», in der Selbstliebe erstarrt. Es ist eine Unverschämtheit der Gesellschaft gegenüber von Millionen Menschen, sie mit etwas Anrüchigem zu behaften, nur weil sie sexuell nicht «verkehren». Jeder alleinstehende Mensch provoziert ein sexuelles «Ob oder Nicht». Der Selbstbefriedigungsmakel lastet auf ihm. Die Zwischentöne werden ausgeschaltet. Wer Pause macht vom Partner, vom Sex, vom Orgasmus, ist heute nicht ganz dicht.

Sexualität ist Leistung: Potenz ist Leistung, Orgasmus ist Leistung. Sexualität ist Geschlechtsaktleistung und -gegenleistung zwischen Penis und Vagina. Potenz muß eingezahlt werden, damit er beginnt, Orgasmus, damit er erfolgreich war. Alice Schwarzer enthüllte die Folter, die die Frauen unter den Leistungszwängen der Sexualität durchmachen: «Nach Jahren der Selbstverleugnung hat sie die Kraft gefunden, sich dem Orgasmusterror zu entziehen. Verweigerung ist für viele Frauen nach der Verstümmelung ihrer Bedürfnisse und in der Ohnmacht ihrer heutigen Beziehungen der erste Schritt zur Ehrlichkeit mit sich selbst.»[123] (S. 151)

Für die Verweigerung muß der Mensch eine Weile allein sein. In jedem, der allein lebt, ruht ein sexuelles Verweigerungspotential, das die Gesellschaft nicht billigt. Er muß komischgemacht werden. Das

«Onanie»-Tabu zwingt das Leben eines Alleinstehenden dazu, auf der Stange der sexuellen Lächerlichkeit zu balancieren.

Das sexuelle Alleinsein erfährt seine Brandmarkung mit dem Wort «Egoismus», das eine Verhaltensweise umschreibt, die in wirtschaftlicher Umgebung gezüchtet wird. Egoismus ist das kapitalistische Prinzip der Menschen- und Naturbeherrschung, das Tod um sich verbreitet. Das große Vorzugsverhalten «Egoismus» – notdürftig drapiert mit dem schönklingenden Begriff «Freiheit» – soll in geschlechtlichen Dimensionen eine Abart sein. Nein, die Selbstbefriedigung ist freundlich, schafft um sich keine Schmerzen wie die egoistische Rigorosität wirtschaftlichen Gebarens, zu horten und zu zerstören. Wer die Ruhe der Selbstlust erfahren hat, könnte vielleicht keine Lust zu solchem außersexuellen Egoismus verspüren. Und dadurch wäre der Mensch nicht mehr systemparat, wie er es sein soll.

Das Tabu der Selbstbefriedigung muß auch gegenwärtig in den Zusammenhängen des allgemeinen Tabus der Person gesehen werden. Es wirkt in der Front der Angriffe auf die Person, die sich in der Bundesrepublik hinter den Paragraphen 175 und 218 und hinter der Verweigerung der Sterbehilfe verbergen. Der Mensch steht nicht im Mittelpunkt: Geboren werden müssen, ununterbrochen arbeiten sollen, nicht sterben dürfen und nicht Lust haben können, wie und wann er will, das sind die elementaren Verletzungen, die das spätkapitalistische Patriarchat ihm zufügt, keine Schrammen, sondern Beschädigungen seines Kerns. Die Zurichtung des Menschen zum Material geht weiter.

## Die Verzweiflung
## Nicht die Selbstbefriedigung macht krank, sondern die Gesellschaft, die den Menschen isoliert

Ich habe mich lange gesträubt, die Begriffe «Selbstbefriedigung» und «Krankheit» in der eigenen Gedankenführung zu verbinden. Um der Objektivität auch mit meinen subjektiven Äußerungen über die Selbstbefriedigung so nahe wie möglich zu kommen, muß ich ein paar

Sätze zum Problem Selbstbefriedigung und Krankheit sagen. Bis in die zeitgenössischen Materialien hinein wird die Selbstbefriedigung unter der Rubrik «Abweichung» im weitesten Sinne behandelt, manchmal sogar noch in den Bereich der Krankheit geschoben. Die Selbstbefriedigung steht an letzter Stelle in der gesellschaftlichen Bewertung körperlicher Ausdrucksformen.

Als der Mensch differenziertere Kenntnisse über seine Konstitution erwerben wollte, drang er über die Erforschung von Krankheiten in den Körper ein. Er erfuhr den Körper mit dem Mittel der Anatomie, er gewann Einblick in die Seele mit Hilfe der Psychoanalyse, und er ist seit einigen Jahrzehnten dabei, über die Sexualwissenschaft Bedingungen seines Geschlechtes zu erforschen. Ausgangspunkt des Interesses war die Krankheit. Die Definitionen, die aus den Erkenntnissen über den toten Körper, die kranke Seele, das abweichende Geschlecht formuliert wurden, konnten auf den gesunden Menschen nur übertragen, nie mit ihm gleichgesetzt werden. Am Anfang der Forschungen bestand die Schwierigkeit in der möglichst sicheren, treffenden Verallgemeinerung der Entdeckungen. Psychoanalyse und Sexualwissenschaft ringen darum noch immer. Die Begriffe «Selbstbefriedigung» und «Homosexualität» sind noch nicht von allen ihren Mitgliedern aus den Kategorien der Abweichung herausgenommen worden.

Über das Geschlecht zu forschen, zu reden und zu schreiben, geht nur in den Grenzen der Krankheit oder bei der Unterordnung unter Normen. Themen der Sexualität selbst zur Lust zu machen, sein eigenes lustvolles Interesse daran zuzugeben, ist ein Sakrileg. Die Art, in der Wissenschaftler sich über das Geschlecht auslassen, ist noch heute in den meisten Fällen unerträglich: mit saurer Miene, gekünstelt und angekränkelt, abgerückt von der eigenen Person. Ausnehmen möchte ich davon Kinsey, Masters / Johnson, Schmidt / Sigusch und Dannecker / Reiche. In den meisten Schriften kommt bei der Betrachtung der Selbstbefriedigung noch Hochfahrenheit hinzu. Jeder Schreiber kennt Selbstbefriedigung und betreibt sie oftmals zu Zeiten der Niederschrift. Also muß er sie irgendwohin formulieren, nur nicht in das Allgemeine, unter das er selbst geordnet werden könnte. In seiner Vergangenheit kann er sie noch als eigene Jugendtorheit dahingestellt sein lassen, in der Praxis seiner Gegenwart muß er sie von sich weisen. «Die psychoanalytische Forschung hat uns durch den Mechanismus der Reaktionsbildung belehrt, aus der Summe der gegen eine seelische Tendenz gerichteten Feindseligkeit auf die frühere Stärke des ursprünglichen Impulses im Seelenleben zu schließen, und so müssen wir annehmen, daß diese jetzt so strengen Eiferer gegen die Masturbation einst besonders stark dieser Gewohnheit verfallen waren. Ihre Drohungen und Strafen scheinen mehrfachen Zwecken zu dienen, zuerst dem der Rechtfertigung, als ob sie sich sagten: ‹Ich bin es nicht, der dieses Vergnügen wünscht, ein anderer ist der Schuldige›, dann der Selbstbestrafung durch Identifikation mit dem Sünder, und wohl auch einer Flucht vor der Versuchung, welche sie wieder überfallen könnte, wenn sie sich nicht die vermeintlichen schrecklichen Folgen beständig vor Augen hielten.» [18] (S. 129)

Trotz dieser Situation, die alle Diskussionen über Selbstbefriedigung verfärbt, gibt es den direkten Bezug zwischen Selbstbefriedigung und Krankheit. Das Leiden eines Menschen kann in einer sexuellen Praktik seinen markantesten Ausdruck finden, sich untrennbar an eine sexuelle Äußerung binden. Das Beispiel des Jürgen Bartsch zeigte, wie sein Geschlechtsverlangen mit dem Zwang, Jungen umzubringen, verschmolzen war. Die Zeit der sechziger Jahre sah Bartschs Tötungsdrang noch nicht außer dem Zusammenhang mit seiner Homosexualität. [146] Die Puritaner des 17. Jahrhunderts diktierten noch, daß aus Lust schlechthin alle Verbrechen und Krankheiten herrührten. Wenn Lust nicht geknebelt würde, brächte sie nur «menschliches Unglück und fürchterliche Unordnung in die Welt» [66] (S. 23). Allmählich sieht die Gesellschaft davon ab, der Sexualität selbst Verbrechen und Krankheit anzulasten. Ein Mord mit heterosexuellen Begleiterscheinungen wird nicht mehr der Heterosexualität selbst vorgeworfen. Die Homosexualität ist noch nicht über den Berg, allgemein mit Verbrechen unter den Menschen und mit Leid des einzelnen in Beziehung gesetzt zu werden. Das Schüren des AIDS-Wahns wäre ohne die tiefsitzende und weitverbreitete Vorstellung, Homosexualität sei etwas Krankhaftes, nicht möglich gewesen. Die Selbstbefriedigung kann anderen nichts tun, also wird ihr Makelverständnis nur aus den Leiden des einzelnen genährt: «Autoerotische Handlungen können in gefährlichen ‹Experimenten› und mit besonderen Vorrichtungen erfolgen, mit denen ein möglichst vollkommener Lustgewinn geschaffen werden soll. Auf dem Höhepunkt der sexuellen Ekstase kann der Schritt zum überdosierten Lebens-Risiko ausgelöst und in den verhängnisvoll-unfreiwilligen Suizid führen.»[95] (S. 292)

Problematisch ist die Selbstbefriedigung, wenn sie nur zusammen mit Phantasien vom Schadenzufügen erlebt werden kann. Soweit es sadistische Vorstellungen sind, werden sie als Handlungsanweisungen für fremdschädigendes Tun sozial gefährlich; soweit die Phantasien masochistisch sind, befindet sich das Individuum in der Prozedur der Selbstschädigung. Diese Vorkommnisse sind aber nicht Ausdruck der Selbstbefriedigung. Sie *ihr* anzulasten ist unwissenschaftlich. Eine Spielart der Sexualität ist nicht als solche pathologisch, sondern sie kann Ausdruck der Pathologie eines Menschen sein, die immer eine Folge der Pathologie der Gesellschaft und des direkten Umfeldes des einzelnen ist.

Die häufig verbreitete Selbstbefriedigung bei homosexuell praktizierenden Männern muß unter dem gesellschaftlichen Krankheitszustand des Homosexualitäts-Tabus diskutiert werden, wie es Dannecker und Reiche tun. Der «Onanie»-Komplex verweise «auf einen gesellschaftlichen Zustand, in dem die spontane Begegnung und Erfüllung menschlicher Bedürfnisse immer noch die Ausnahme ist, die die Regel der Isolation und des bilanzierten Bedürfnisabtauschs bestätigt»[°]. (S. 233)

Alle Fälle der erzwungenen gesellschaftlichen Isolation rücken die Selbstbefriedigung in die Nähe der Krankheit: Wenn der homosexuell praktizierende Mann nicht geschlechtlich kommunikativ werden darf, wenn sich Kinder sexuell noch nicht miteinander beschäftigen dürfen, wenn alte Menschen keinen Partner mehr finden (weil Alter unter unseren gegenwärtigen Bedingungen als leistungsunfähig abgewertet wird und deswegen auch sexuell auf dem Abstellgleis sitzen muß), wenn die psychischen Probleme eines Menschen sich so zugespitzt haben, daß er sich nicht mehr auf andere Personen sexuell beziehen kann, wenn Menschen eingesperrt werden – in all diesen Fällen kann Selbstbefriedigung der sexuelle Ausdruck einer Beschädigung durch die Gesellschaft sein.

Das Ideologische der Pfarrer und Erzieher und das Volksverführerische der Sexualwissenschaftler liegt in der Identifikation der Selbstbefriedigung mit diesen Zuständen.

Wie die häufige Selbstbefriedigung der homosexuell praktizierenden Männer auf ihre sozialen Leiden zurückschließen läßt, drückt sich in der seltener geübten Selbstbefriedigung der Frauen auch ein Leiden aus. Frauen sind «selbstlos» und können sich deshalb oft nicht *selbst*-befriedigen. Wenn sie es tun, tun sie es seltener, später und mit mehr Schuldgefühlen als Männer. Oder Frauen können es nur in Verbindung mit selbstquälerischen Gedanken. Ausdruck von Leiden ist es, wenn eine Frau einen Orgasmus bekommt, indem sie sich vorstellt, in der S-Bahn vergewaltigt und mit einem Messer bedroht zu werden, wenn eine andere auf öffentlichen Bedürfnisanstalten stehen und daran denken muß, daß sie von ihrem Vater vergewaltigt wird, oder wenn eine Frau sich so auf sich selbst eingespielt hat, daß sie plötzlich mit Menschen nicht mehr sexuell zusammentreffen kann, obwohl sie das unbedingt will.

Helga Goetze, die sogenannte Fernseh-Sex-Hausfrau von 1973[51], hat mir erlaubt, einen Teil ihrer Biographie zu veröffentlichen. Aus ihm wird deutlich, wie Selbstbefriedigung Ausdruck der Verzweiflung eines Menschen sein kann, Lust nur im Käfig eines Bildernetzes von Mißhandlungen erleben zu können. Die Schreckensbilder wurden produziert in einer genormten Ehe, sind Ausdruck der Schäden einer normalen Eltern-Kind-Beziehung:

«Ich armes Wesen. Ich und die Masturbation, das ist ein entsetzliches Thema. ‹Leg die Hände auf die Decke! Bitte, die Hände obendrauf legen!› Wann wird eine Mutter so etwas ihrem Kinde sagen? Mit sechs bis sieben Jahren? Sie wird das schon einem winzigen Wesen gesagt haben. Ich sehe mich im Kinderzimmer im Gitterbett, ich hatte eins mit einem Betthimmel, und die Mutter steckte die Decke an den Seiten fest zwischen die Matratze, die Hände lagen obenauf. Es gab keine Begründung dafür. Es gehörte zu diesen komischen Ritualen, die sich Erwachsene ausgedacht hatten, um kleine Kinder zu verwirren: ‹Faß da nicht an!› Als ich meine Bluttage bekam, hieß es: ‹Nun fängt die Schweinerei bei dir auch schon an!› Und, o Schrecken, morgens waren die Finger blutig. Was hatte ich da zu suchen?! Ich Schwein, ich faßte da an. Mein Bruder und ich wurden mit einem Höschen zum Waschen vor die Schüssel gestellt: ‹Putz dich schön! Mach dich schön, doch läßt du dort die Finger weg, das ist schlechtes Fleisch!› Das schlechte Fleisch, die verbotene Stelle, die leere Stelle. Einmal schob mich ein

Mann unter dem Vorwand, ich sollte auf sein Rad aufpassen, in einen Hauseingang und hob mich hoch, die Hände zwischen meinen Beinen. Ich schrie und zappelte. Er ließ mich laufen, und ich hatte jahrelang Angst, an dem Haus vorbeizugehen. Die irreale Angst vor dem Geschlecht. ‹Die Frau ist das Gefäß des Mannes›, hieß es für mein Erwachsenendasein. Ich ekelte mich vor der Samenbrühe beim Geschlechtsverkehr und lag steif und bewegungslos in dem von meinem Mann zurückgelassenen Schleim, bis ich einschlief. Sah ich durch Zufall den Schwanz meines Mannes, ekelte mich der Anblick zu Tode. Der Geschlechtsverkehr lief ohne Licht. Mundküsse wehrte ich angeekelt ab. Mit 32 Jahren hatte ich vier Kinder. Mein Mann arbeitete ein halbes Jahr in Frankfurt und kam ganz selten nach Hause. Einmal mußte er nachts um 22 Uhr fortgehen, um seinen Zug zu bekommen. Wir machten von 20 bis 22 Uhr Geschlechtsverkehr, er stand auf und ging, ich blieb in einer verzweifelten Unruhe zurück. Ich wagte es, meine Vagina zu berühren, und der Finger fand den Modus, durch Reiben diese Spannung zu lösen. Der Orgasmus war ein hinreißendes Erlebnis. Am nächsten Tag sah ich zufällig auf die sich vögelnden Spatzen und mußte wie besessen ins Schlafzimmer rennen, um mir erneut durch Selbstauslösung die Spannungen im Orgasmus fortzubringen. In den folgenden Jahren bekam ich noch drei Kinder. Mit 39 Jahren ging ich zum Arzt, um ihn zu bitten, mit meinem Mann zu sprechen, meine Ehe wäre so bewegungslos. Er lehnte ein Gespräch mit der Begründung ab: ‹Aber meine liebe Frau Goetze, das ist doch ein Thema, das langsam für uns abgeschlossen ist. Man kann sich doch auf so viele andere schöne Dinge konzentrieren!› Mir ist, als ob ich mich von dieser Zeit an endgültig verschloß. Ich kroch nachts unter die Bettdecke und machte mich weg, bis ich mit der Zeit gar nicht mehr ins Schlafzimmer gehen mochte. Ich las bis gegen Morgen und schlief flüchtig. Dann kam die Zeit, daß die Spannungen so unerträglich wurden, und ich – mir scheint es – jahrelang jeden Abend masturbierte mit einem immer umfangreicheren Arsenal von Vorstellungen, Imaginationen, Projektionen. Ich will versuchen, diese Szenen hervorzulokken. 1. Gegen Ende des Krieges wurden sogenannte Greuelgeschichten von vergewaltigenden Russen erzählt. Die eine berichtete von einem dreizehnjährigen Mädchen, das in einem Raum allen Russen, die es verlangten, zur Verfügung stehen mußte. Ich sehe die Personen immer gesichtslos, die Körper ohne feste Konturen. Ich nehme nur die Bewegungen wahr und spüre die angedeuteten Szenerien: Hier ein kleines Zimmer, Bett, Mädchen, eine Frau vor der Tür läßt die Russen ein. 2. Die Gutsbesitzersfrauen werden vorm Eingang ihrer Herrenhäuser gezwungen, allen Männern verfügbar zu sein, und zwar die Töchter und die Großmütter gleichermaßen. 3. Heuernte, Russen kommen und benutzen die Frauen an Ort und Stelle, die gleich weiterzuarbeiten hatten. 4. Eine junge dumme Geliebte wird mit einer Frau in einer Wohnung gefangengehalten, die ältere Frau muß die junge herrichten. Kommt der Mann, zieht sie sich zurück. Der Mann badet seine Freundin, er tanzt mit ihr. Beim Essen gibt es eine Vorrichtung, auf der sie liegend unter dem Tisch auf seinen Schwanz geschoben wird. Die Geliebte spricht nicht. 5. Eine Frau mit ihren drei Töchtern steht abends vor dem Vater, der die Tätigkeiten bestimmt, zum Beispiel müssen zwei Töchter mit Kunstschwänzen ficken. Der Vater nimmt sich meist die Jüngste zum Baden. Die Mutter wird vom Sohn gefickt; wenn der Vater vor dem Fernseher sitzt, muß die Mutter ihm eine Tochter bringen. 6. Es gibt immer wieder Hunde oder Esel, die zum Ficken abgerichtet werden. 7. Ein dreißigjähriger Mann heiratet eine Sechzehnjährige, die er bis zum Hochzeitstag unberührt läßt. Er trägt sie in seine Wohnung und übergibt sie seinem Freund mit der Aufforderung: ‹Richte sie her, bring sie in vier Stunden!› Sie muß sich widerspruchslos ausziehen, auf einen Stuhl legen, wie Frauenärzte sie haben, die Beine hochheben. Er stimuliert sie mit einem Vibrator, er badet sie, zieht ihr Babykleider an, setzt sie aufs Töpfchen, macht ihr einen Arschfick und holt einen Hund zum Arschfick. 8. Ein kleines Mädchen wird aus dem Kloster abgeholt und in ein Schloß gebracht. Es heißt, sie kommt zu Gott. Der Fürst fickt sie. Oben sind kleine Kammern, in denen die Frauen eingepfercht hausen und ab und zu benutzt werden ...»

Das Bildmaterial, das Helga Goetze sich ersinnen mußte, um einen Orgasmus erleben zu können, deutet daraufhin, daß ihr Vater die sexuelle Szene beherrschte. Weder mit ihrem Ehemann, mit dem sie dreißig Jahre zusammenlebte und sieben Kinder hatte, noch mit den Partnern ihres Aufbruchs[51] konnte sie geschlechtliche Lust empfinden. Sie kannte Lust nur allein, ausgelöst von ihren beschriebenen Bildern. Das Wort «Vater» erscheint in den orgasmusauslösenden Szenen dreimal, und Lust wird entfacht durch machthabende Männer. Die Frauen sind oft Töchter, eine ist in Babywäsche gekleidet, eine andere ist als Puppe aufgebahrt und wird einem speisenden Mann unter dem Tisch auf den Schwanz gefahren. Gott, Fürst – das sind Oberväter, und Russen haben keine Gesichter, sie sind Sinnbilder für Macht und Gewalt.

Die Vorstellungen von Frauen, vergewaltigt zu werden und dann erst Lust erfahren zu können, sind keine freiwilligen Grenzüberschreitungen, wie Gunter Schmidt sie interpretiert[117] (S. 33). Die Frauen begeben sich nicht in Angst und Entsetzen, um einen Kitzel zu haben, das tun Männer und das phantasieren Männer und projizieren es auf Frauen. Die Lust der Frauen ist mit Angst und Entsetzen verschweißt worden. Sie müssen sich die Bilder hervorrufen, um Lust erleben zu können. Angst und Entsetzen hat in ihrer Kindheit geherrscht, als sich ihre Lustfähigkeit entwickelte. Wie Jürgen Bartsch Lust nur empfinden konnte, wenn er sich vorstellte, kleine Jungen langsam zu schlachten (entsprechend seinem Vater, der Kälber schlachtete), so konnte Helga Goetze Lust nur empfinden, wenn sie sich vorstellte, mißbraucht zu werden. In Bartschs Geschlechtsverlangen mischte sich das väterliche Kälberschlachten, zu dessen Beteiligung der Sohn vom Vater gezwungen wurde. In Helga Goetzes Begehren mischte sich die Geilheit ihres Vaters auf sie. Die Väter begehren ihre Töchter. Sie verwickeln sie in den latenten[96] oder manifesten Inzest[10, 69], fixieren das töchterliche Begehren darauf, Lust in Verbindung mit Begierdegewalt zu erleben, die die Frauen mit den Bildern von vergewaltigenden Männern und Vätern realisieren müssen, um Lust empfinden zu können.

Abschließen möchte ich die Materialien der Qual mit einer eigenen Leidensgeschichte. Ich schrieb sie vor fünfzehn Jahren, sie ist meine zweite schriftstellerische Arbeit gewesen, verfaßt noch im Stil der Verschleierungskunst, der Umwegsliteratur, die die Probleme nicht direkt darstellt, sondern in Episoden verrätselt. Sie erschien unter dem Titel ‹*Sex antarcticus*›[99]. Sie ist eine Isolationsgeschichte, die die Verzweiflung gestörter, aufgeputschter und unterdrückter Lust wiedergibt.

## Sex antarcticus

Das Land war einheitlich erregt. Der Tag war da, an dem normale Leute sehen konnten, was sich in der Forschung zugetragen. Die Männer hatten sich Urlaub geben lassen. Die Frauen verweigerten das Kochen. Zu Essen und zu Trinken wurde reichlich vorher besorgt. Die Geschäfte machten nicht erst auf. Die Unternehmen drosselten die Produktion auf die wichtigsten Abläufe. Auf den Straßen waren seit 10 Uhr morgens nur die nötigsten Leute zu sehen.

Die Fernsehanstalten sendeten den von der Bevölkerung seit Jahren erwarteten Aufklärungsfilm über die Beziehung zwischen Mann und Frau. Wer keinen Apparat hatte, lief zu Nachbarn. Kluge Leute hatten das Interesse der Allgemeinheit im voraus berechnet und vermieteten ihre häuslichen Sesselplätze.

Um 10 Uhr kündigten die Sprecherinnen sämtlicher Fernsehanstalten an, was alle schon wußten: «Meine Damen und Herren, ‹Sex antarcticus› ist ein Forschungsprojekt, an dem mindestens 100 Wissenschaftler teilnehmen, das unter der Aufsicht eines Juristen steht und von dem Beistand eines Geistlichen gesegnet wird. Die Forschung behandelt die Stauung des Geschlechtstriebes. Die Wissenschaftler wollen erforschen, wie lange sich der Geschlechtstrieb, vor allem, wohin er sich stauen läßt. Im 1. Teil der Sendung sehen Sie in Ausschnitten die Vorarbeiten der Wissenschaftler. Im 2. Teil wird vor Ihren Augen die Forschung selbst durchgeführt. Alle Ausschnitte, die Sie sehen werden, sind Originalszenen. Objekt des Experimentes ist ein gescheiterter Mann. Es wurde ihm eine Chance dafür gegeben, daß er sich der Forschung zur Verfügung gestellt hat. Wir wünschen Ihnen für ihre Unterhaltung einen spannenden Verlauf.»

Die Gemeinschaft der Zuschauer sah in eine Zelle, in die kein Licht der Sonne drang. Die Zelle war zwei mal drei Meter groß, an zwei der vier Wände mit Kacheln ausgelegt, an den anderen mit Eisengittern zugestellt. Kameras und Scheinwerfer waren vor der einen Gitterwand aufgebaut, in der zweiten hing eine Tür. In einigen Kacheln hatten die Konstrukteure der Zelle Augen eingelassen, über die die Forschungsgruppe die Versuchsperson ständig beobachten konnte. Der Mann verließ die Zelle nicht. «Die Temperatur», kommentierte ein Wissenschaftler, «ist so eingerichtet, daß der Mann nie frieren kann.» Inmitten der Zelle stand eine Liege, auf der der Gefangene liegen mußte. Ein ungefähr fünfundzwanzigjähriger Mann ruhte auf der Liege, nackt. Sinnlich schwellte seine Statur den Zuschauern entgegen. Seine Haut war zu heller Bronze gebräunt. «Höhensonne bewirkt das, ihm sollen natürliche Farbe und natürliche Frische erhalten bleiben», sagte der Wissenschaftler. Das Gesicht des Mannes ließen die Beleuchter im Dunkeln. Die Scheinwerfer kreisten um sein unter zartem Goldflaum hübsch angelegtes Glied.

«Wir haben einen einwandfrei heterosexuell veranlagten Mann ausgesucht, der, wenn er sich nicht im Experiment befindet und nichts anderes zu tun hat, einer Frau täglich ein- bis dreimal beiwohnen kann», sagte der Kommentator. Hände und Füße des Mannes waren an die Liege gebunden, die Knie ihm so auseinandergebreitet, daß die Zuschauer sein Geschlecht deutlich beobachten konnten. «Außerdem soll dadurch verhindert werden, daß er mit den Schenkeln sein Geschlecht drückt und reibt, denn–» so vernahmen die Tausende in die Zelle Einsehenden den Kommentator wieder – «vorzeitiger Samenerguß gefährdet das Projekt.» Nachts mußte der Mann mit Lederriemen an allen Körperteilen festgeschnallt werden. Auch während er schlief, wurde die Stärke der Scheinwerfer nie gemindert. Mehrere Wärter standen Tag und Nacht an der für sie vorgesehenen Gitterwand. Alle Stunden wechselten sie sich ab. Sie kontrollierten sich gegenseitig. «Es darf nicht passieren, daß einer von ihnen ein Einsehen mit dem Insassen bekommt und ihn sich selbst befriedigen läßt», erläuterte die Stimme des Kommentierers, «der Mann soll jedoch nichts zu leiden haben, denn er muß für das Experiment in ständiger physischer Bereitschaft gehalten werden.»

Der Mann erhielt die besten Nahrungsmittel gereicht. Hatte er das Bedürfnis, auszuscheiden, kam ein Wärter mit einem fahrbaren Becken herein, auf dem der Mann verrichten konnte. Zur Reinigung seines Körpers wurde eine Badewanne ebenso hereingerollt wie die Notdurftschüssel. Die Wärter vermieden, den

Mann zu waschen. Das Wasser schäumte vor zersetzter Seife. Die Wärter geboten ihm, sich einzutunken und eine Weile außer den Atemöffnungen alle Körperteile im Wasser zu lassen. Danach mußte der Mann in einer zweiten Wanne zur Spülung untertauchen. «Jedes Reiben an seiner Haut ist streng verboten», sagte der Sprecher. Nachdem der Mann aus der zweiten Wanne gestiegen war, durfte er sich weder abrubbeln noch von den Wärtern getrocknet werden. Die Temperatur in seiner Zelle wurde so erhitzt, daß seine Haut von alleine trocknete. Aus seinen Haaren pustete ein Wärter das Wasser mit einem Fön hinaus. Um keine unnötige Empfindung entstehen zu lassen, hielt er den Fön vom Kopf des Mannes in weitem Abstand entfernt.

«Die Forschung besteht darin», erläuterte der Kommentierer, «daß wir den Mann pausenlos unter sexuelle Reize setzen.» Über Lautsprecher wurden ihm Geschlechtsaktgeschichten vorgelesen und Brunst- und Erfüllungslaute aller Art dazwischengestreut. Abwechselnd oder gleichzeitig damit liefen Filme vom Eindringen des Gliedes in die Scheide. Zur Steigerung des Reizes traten Paare vor dem Gitter auf, die sich langsam entkleideten und danach Geschlechtsakte in allen Stellungen durchführten.

Wenn der Mann eines Paares seinen Samen abgespritzt hatte, legte oder stellte sich ein neues Paar vor dem Gitter auf.

Dem Gefangenen schienen die Umstände nicht angenehm zu sein. Er warf seinen Rumpf zuckend auf. Er ächzte, und manchmal schrie er. Dann legte ein Wärter ihm für kurze Zeit ein feuchtes Tuch auf die Stirn. Wenn der Gefangene besonders unruhig war, begleitete den Wärter der Geistliche in die Zelle. Der Gottesmann, der seinen Platz oben im Forschungsraum innehatte, kam herzu, sprach dem Gefangenen Trost ein und stellte ihm das ewige Leben in Aussicht, falls die Forschung glücken sollte. Die Besänftigungen halfen nicht. Der Mann verwirrte sich. Sein Glied stand unaufhörlich. Die Kameramänner beleuchteten es geschickt. Manchmal verdunkelten sie kurz die Zelle und richteten die Scheinwerfer nur auf den Steifen des Mannes. Sie setzten sogar farbiges Licht ein, mal hart-weiß, mal schwül-rot, erstaunlich wirkte grün.

Etwas vollkommen Unerwartetes und Unvorhersehbares geschah mitten in einer Beleuchtungsaktion. Ohne eine Spur mechanischer Reizung schoß aus dem Glied des Mannes eine milchige Fontäne. Die Kameraleute schalteten Vollicht ein. Aus Versehen beleuchteten sie das Gesicht des Insassen, so daß das Publikum die Tränen des Menschen sehen konnte. Die Wissenschaftler waren sich uneinig darüber, warum der Mann weinte, ob aus Freude, ob aus Schmerz oder nur aus Druckentlassung. «Eine solche zufällige Spermaabgabe bringt das Projekt an den Rand des Scheiterns», äußerte betroffen der Sprecher der Forschungsgemeinschaft.

Nach diesem Vorfall mußte die Reizdosis sofort vergrößert werden. Frauenfilme wurden zu mehreren nebeneinander vorgeführt, in denen sich nackte Schenkel haufenweise spreizten. Ein Dutzend Paare trat vor die Zellengitter und befriedigte sich in Gruppensex. Sämtliche Wärter onanierten. Zusätzlich bekam der Mann sexuelle Aufputschmittel aus allen Teilen der Erde verabreicht.

Während der Forschung versuchte der Mann seinen Rumpf vorzubeugen, um mit seinen Lippen die Spitze seines Gliedes berühren zu können. Sein Glied stand 15 Zentimeter auf und lehnte sich manchmal an die Härchen des Bauches. Der Mann spannte seine Bauchmuskeln und streichelte damit seinen Penis. Sein Mund kam langsam näher. Hin und wieder speichelte er, um die geschwollenen Poren seines Gliedes anzufeuchten. Die Wissenschaftler befahlen daraufhin, die Getränke einzuschränken. Als der Mann dennoch speichelte, wurde ihm ein trockener Schwamm vor den Mund gebunden und ausgewechselt, wenn er naß geworden. Der Mann ließ das Speicheln. Als er schließlich mit seiner ausgestreckten Zunge seine Eichel berühren konnte, schnallten ihm die Wärter im Auftrage der Wissenschaftler einen Riemen um den Rumpf und befestigten den am Liegegestell.

18 Uhr!

Der 1. Teil der Sendung war beendet. Es konnte nicht verheimlicht werden, daß die Vorbereitungen für das Experiment einen Monat, ein Jahr, zehn Jahre oder mehr in Anspruch genommen hatten. Das Publikum machte sich darüber keine Gedanken, denn es bekam heute nur die Höhepunkte zu sehen. «Meine Damen und Herren, es tritt nun eine Pause von einer Stunde ein, auf Wiedersehen bis um 19 Uhr, schalten Sie pünktlich Ihr Gerät ein», ermahnten die Ansagerinnen die Zuschauer.

Die Personen, die dazu fähig waren, hatten sich während des ersten Teiles der Sendung körperlich längst befriedigt. An diesem einen Tag wurde von der Staatsanwaltschaft für alle sexuellen Praktiken, die normalerweise unter Strafe stehen, Verfolgungsfreiheit zugesichert. Die Beamten berücksichtigten eine Empfehlung der Wissenschaftler, die zu bedenken gegeben hatten, daß acht Stunden sexueller Reizung ein Mensch nicht aushalten könne. Vom Erzählensagen hinterher und den Zeitungen zufolge soll es unter den Leuten reichhaltig zugegangen sein: Alleinstehende Männer hatten sich Milchkannen vor ihre erregten Glieder gehängt und abgeladen, was sich angesammelt. Alleinstehende Frauen hatten rechtzeitig aus einem Supermarkt für Geschlechtsverkehr nachgebildete männliche Glieder in erregtem Zustand aus Gummi erworben. Familienväter hatten ihre Töchter unter allem Sittenalter befingert und Mütter sich auf ihre Söhne geworfen, die schon stehen konnten. Die Positionen zwischen Ehegatten waren nicht zu zählen. Ein Institut für Meinungsforschung ermittelte, daß die Stellung am häufigsten eingenommen wurde, bei der der Mann auf einem Stuhle sitzt und die Frau Gesicht zu Gesicht auf seinem Schoße thront. Die meisten Männer hatten sich mit den Augen zum Fernseher auf einen bequemen Sessel niedergelassen und nur ihren Hosenschlitz geöffnet. Bei der ersten Reizung schoben sie ihre Frauen auf ihre aufgesprungenen Glieder. Wenn sie die reizenden Belastungen der Sendung nicht mehr aushalten konnten, ruckelten sie die Hintern ihrer Frauen etwas hin und her, bis sie ihnen den Samen einspritzten. Die Männer ließen ihre Frauen während der ganzen Sendung auf ihren steifen Gliedern sitzen und kamen im Durchschnitt sechsmal zum Orgasmus. Für die Frauen war diese Stellung ungemütlich. Sie saßen mit dem Rücken zum Fernsehapparat. Wenn sie die Sendung ebenfalls verfolgen wollten, mußten sie den Kopf weit herumdrehen. Bei einigen Frauen ergab sich dadurch hinterher eine Halsverkrampfung.

Im politisch-öffentlichen Leben konnten die Abläufe in nicht so weitem Umfang stillgelegt werden wie im wirtschaftlichen Sektor. Immerhin wurde den Beamten und den Angestellten erlaubt, während der Verrichtung alltäglich anfallender Tätigkeiten die Sendung zu verfolgen. Und so gab es auch in diesem Bereich vielfältige Befriedigungsmöglichkeiten der Herren untereinander. Halbe Parlamente, Teile von Ministerien und Sendern, Offizierscorps, Senate, Gerichtshöfe und Fakultäten hatten sich, falls nicht bei ihren Familien anwesend, immer wieder zwischen ihrer Arbeit hintereinander aufgestellt, gebockt oder gekniet, wobei die Glieder der Hintermänner jeweils in die Hintern der Vordermänner eingeführt wurden. Die Herren praktizierten der Einfachheit halber wie die Männer mit den Frauen auf den Sesseln. Jeder schunkelte bloß am Hintern des Vordermannes, wenn er mußte.

19 Uhr!

«Meine Damen und Herren, wir übertragen nun in Originalsendung den 2. Teil des wissenschaftlichen Forschungsprojektes ‹Sex antarcticus›. In diesem Teil findet das Experiment seinen Abschluß. Die Wissenschaftler sind mitten in der Untersuchung begriffen. Niemand von ihnen kennt das Ergebnis. Wir wünschen Ihnen einen guten Empfang.»

Die Kameramänner nahmen wieder die Zelle auf. Die Wärter schnallten den Mann von der Liege ab. Sie knoteten unzerreißbare Fäden um seine Handgelenke und leiteten sie nach oben. Unter der Decke war ein Stahlgerüst angebracht, auf dem zwei Assistenten der Wissenschaftler standen. Jeder von ihnen nahm einen der Fäden in die Hände. Der Kommentator erklärte dem sehr verwunderten Publikum den Sinn dieser Fadenkonstruktion: «Mit den Fäden soll vermieden werden, daß der Mann seine Hände zu seinem Geschlechtsteil führt. Die Assistenten sind angewiesen, den Mann durch die Fäden sonst weiter nicht zu belästigen. Auf jeden Fall müssen sie eine Befriedigung des Menschen verhindern.»

Die Kameras holten jetzt auch den Kopf des Mannes ins Bild. Seine Haare waren aschgrau geworden, sein Gesicht war über und über mit Falten bedeckt. Sein Körper war jung geblieben. Sein Glied stand immer noch.

Die Wärter fuhren eine Bahre mit einem zugedeckten Körper in die Zelle, nahmen das Tuch ab, entfernten sich und schlossen die Tür. Auf der Bahre lag eine nackte Frau. Der wissenschaftliche Kommentator schaltete sich ein und sagte zu dem Gefangenen: «Sie können die Frau begatten.»

Der Mann beugte sich vor, zuckte mit seinen Händen nach unten, als wollte er mit ihnen sein Glied berühren. Die Assistenten zogen seine Arme sofort waagerecht auf. Der Mann taumelte, streckte die Hände flatternd geradeaus, schlitterte, rutschte vornüber, versuchte vergeblich sich zu fangen und knallte zu Boden. Die Assistenten rissen an den Strippen, so daß der Mann sich im Sturz drehte und auf den Rücken fiel. Beunruhigt bemerkte der Kommentator: «Wenn der Mann sich an seinem Geschlecht verletzt hätte, wäre der Abschluß der Forschung zunichte gemacht worden.» Die Assistenten zogen den Gefangenen wieder hoch. Er torkelte auf die Bahre zu.

Die Frau lag regungslos darauf und schien zu schlafen. Ihr Gesicht und ihr Körper waren schön und jung.

Der Mann beugte sein Gesicht mit einem Ruck an das der Frau heran. Seine Augen rissen sich ihm vor die Höhlen, sein Glied stürzte zusammen. Das Publikum litt unter Atemnot.

Die Assistenten zerrten den Mann vom Gesicht weg und dirigierten ihn an die Füße der Frau. Die Wissenschaftler hatten ihr vorsorglich die Beine gespreizt. Die Assistenten lenkten den Mann direkt vor die Scheide. Sein Glied erhob sich wieder. Er faßte vorsichtig an die Füße der Frau. Seine Hand zuckte zurück. Sein Glied erschlaffte abermals und blieb so. Der Kommentator sagte zu dem unvorhersehbaren Abgang der Erregung des Mannes: «Wenn sein Glied sich nicht wieder aufrichtet, muß das Projekt für gescheitert erklärt werden.» Die Zuschauer zitterten mit den Wissenschaftlern.

Nach einiger Zeit begann der Mann von neuem die Frau zu

betasten. Das Publikum staunte, wie kein Stück der Haut dem Druck der Hände nachgab. Der Mann fuhr sanft über alle Teile der Frau. Da stand auch – gott lob! – sein Glied wieder auf. Mit zwei Fingern versuchte der Mann, in den Eingang der Frau hineinzukommen. Das Fleisch bewegte sich auch hier nicht. Er rieb und riß, nichts ging zu öffnen.

Der Mann stieß einen Schrei aus, den die Wissenschaftler vorerst nicht zu kommentieren vermochten.

Vor Schreck ließ ein Assistent seinen Faden fallen. Die Wärter waren nicht imstande hinzuzuspringen. Die Geschlechtsaktartisten, die im 2. Teil der Sendung Pause hatten, traten verängstigt von den Gittern zurück. Sogar die Wissenschaftler hörten eine Sekunde auf zu reden.

Der juristische Aufseher hustete kurz. Sein Mundwinkel war dadurch gezwungen, den Zigarrenstumpf herausfallen zu lassen.

Der Geistliche hob den Zeigefinger seiner rechten Hand hoch, tat als ob er ihn zur Bekreuzigung wieder hinabsenken würde, führte ihn aber zum Mund und steckte ihn hinein. Der Finger des Geistlichen blieb dort. Die Leute vom Publikum holten alle Instrumente oder Glieder oder Finger oder was sonst noch in der Lage ist, in die Löcher ihrer Mitmenschen eingeführt zu werden, da heraus und waren nicht gleich fähig, dieselben Dinge dort wieder hineinzustecken.

Die Stockung war nur kurz. Der Mann machte weiter. Das Publikum konnte abermals die originale Forschung verfolgen. Der Mann tastete mit seinen Händen noch einmal über den ganzen Körper der Frau. Dabei schüttelte er den Kopf so lange, daß die Zuschauer schon dachten, ihm müßte schwindelig werden. Er fuhr mit seinem Gesicht hinunter zur Scheide, hauchte, pustete seinen Atem daran, leckte, weinte ihre Blättchen voll, die sich nicht rührten. «Vereist!» rief der Mann, hob seinen Kopf und sah alle an, die Wärter, die Lustakteure, die Assistenten, die Wissenschaftler, den Geistlichen, den Juristen und die Gesamtheit aller Zuschauer, so daß einige Leute unangenehm berührt auf ihren Sesseln hin- und herrutschten und anfingen, ihre Augen abzuwenden. «Wann taut das auf?» fragte er. Die Wissenschaftler kamen überein, dem Mann einen Teil ihrer Forschung bekanntzugeben: «Es handelt sich um eine lebend eingefrorene Frau. Unsere Kenntnisse über die Auftauung Lebender sind unvollkommen. Fünf Stunden dauert es – das wissen wir – ehe man die eßbaren Innereien aus dem Loch einer vereisten Pute herausholen kann.»

«5, 5, 5000», schrie der Mann so laut, daß die Mikrofone zitterten und die Wärter sich die Ohren zuhielten. Dann fiel er zusammen, fuhr wieder auf und schoß in seiner Zelle hin und her. Die Assistenten kamen mit den Fäden kaum nach. Sie ließen ihm aber volle Bewegungsfreiheit. «Die Forschung befindet sich vor dem Höhepunkt!» schaltete sich atemlos der Kommentator ein. Der Mann griff nach dem am Boden liegenden Fön. Er zerrte die Schublade seines Nachttisches heraus, fand dort ein Messer. Mit beiden Gegenständen sprang er vor die Frau, schaltete den Fön ein und hielt ihn vor die starre Scheide. Er konnte die Läppchen bald bewegen. Aber als er nachfassen wollte, kam er nicht weiter. Er rüttelte so an den Beinen der Frau, daß er sie fast von der Bahre gestürzt hätte.

Der Mann richtete sich kurz auf, knickte schnell wieder vor den Schoß der Frau und stach mit dem Messer in ihre Öffnung. Zugleich stieß er den Fön direkt vor das Fleisch, das versengte. Das Getaute wurde Blut, rann im Strom zu Boden. Der Mann schnitt weiter in den erwachenden Tod der Frau.

«Die Forschung ist damit abgeschlossen, meine Damen und Herren, gute Nacht», verabschiedeten sich die Wissenschaftler von den Zuschauern.

Ehe ich wußte, was in meiner Geschichte steht, nannte ich sie für mich «Sex-Kafka». Nun weiß ich, was in ihr steht: Wer sie ersonnen hat, ist bei der Entwicklung seiner Lust gequält worden. Wer bei der Entwicklung seiner Lust gequält wird, quält oder tötet später andere. Die Qual fand lange Zeit vor meiner Pubertät, dem Beginn meiner bewußten sexuellen Entwicklung statt.

Ich fragte mich bei der Bearbeitung dieses Buches hin und wieder: warum schreibe ich es, warum laufe ich Sturm gegen ein Tabu, das im zweiten Jahrzehnt meiner Jugend keine Rolle gespielt hat? Warum zäume ich zwei Bücher von meinem Schwanz her auf – «Der selbstbefriedigte Mensch» und «Manifest für den freien Mann»[98] –, so daß der Volksmund der «Szene» mir den Spitznamen «Volker Penis Ilgrim» gegeben hat? Der grimmige Penis, der über irgend etwas böse ist, der eine geheime Verletzung haben muß.

«Fünf, fünf, fünf!» schrie der Mann in ‹*Sex antarcticus*›. Mit fünf ließ mich mein Vater beschneiden. Als ich die Materialien des 19. Jahrhunderts las, mußte ich beim Wort «Beschneidung» immer an Kastration denken.[97] Die «Onanie»-Verhüter sagten es unzweideutig: die Buben beschneiden lassen, auch wenn ihre Vorhäute nicht zu eng sind, wegen der «Suggestivwirkung»! Ich bin herausgerissen worden aus der Kinderlust, festgebunden im Krankenhausbett – Wärter, Assistenten, Wissenschaftler binden den Mann fest, beobachten ihn –, auf daß meine Hand die Verbindung zu meinem Lustwahrzeichen verliert. Sie hat es getan. Ich habe alles vergessen, sechs Jahre lang. Erst der Samen brachte mir meinen Schwanz wieder ins Bewußtsein.

## Die Früchte
## Untergangsväter produzieren mit Kleiderständermuttis in Intensivsärgen Horrorbabies

Der «Onanie»-Wahn hat «Folgen auf die Gemüter der Menschen» gehabt, wie René Spitz es in seinem Aufsatz vermutet[128] (S. 11), und ich möchte mir die «Spekulation» darüber für die zweite Ausgabe dieses Buches nicht «versagen». Die Folgen gehen so weit über die Selbstbefriedigungsproblematik hinaus, daß ich von einer gesellschaftlichen Katastrophe sprechen will, die im 18. Jahrhundert ihren Anlauf nahm und im 20. Jahrhundert zum Ausbruch kam.

Die «Onanie»-Geschichte ist zugleich die Geschichte der Kinderunterdrückung. Die kleinen Menschen sind zwar im Patriarchat immer den großen ausgeliefert gewesen, aber eine Antithese zur Erwachsenheit wurde Kindheit erst im bürgerlichen Zeitalter. Das Kind unter Sonderzwänge zu nehmen – dafür gab es ab 1700 ein Systemerfordernis und eine sexuelle Notwendigkeit, in die sich die Erwachsenen seit Wirksamwerden der protestantischen Moral hineinmanövriert hatten.

Das Jahrhundert der Aufklärung, Liberalisierung, Demokratisierung, in dem mit Revolutionen, Freiheitsbewegungen, Gesetzesveränderungen und technischen Erleichterungen das Leben der Erwachsenen verbessert wurde, verschlechterte die Situation der Kinder. Die Verschiebung des Unrechts entspricht der Gesetzmäßigkeit der patriarchalischen Gesellschaft, die Unterdrückung nie abschaffen kann (will), sondern nur verteilt, verschiebt. Der Wohlstand der industriellen Nationen gegen Ende des 20. Jahrhunderts wird zu Lasten der darbenden, hungernden, sterbenden «Dritten Welt» durchgesetzt. Mit jeder Banane, die aus einem «Entwicklungsland» nach Europa eingeführt wird, stirbt ein Kind, alle zwei Sekunden, 40000 pro Tag.

Daß der Kapitalismus im 18. Jahrhundert die Unterdrückung zu Lasten des Kindes der eigenen Klasse verschob, hat zwei Gründe:

1. Systemstabilisierung

Der Bürger mußte auch sich selbst beherrschen, wenn er in seiner Gesellschaft herrschen wollte. Ohne Selbstbeherrschung aller Menschen funktioniert das System nicht. Die vom Kapitalismus gebrauchte Selbstunterdrückung des Menschen konnte nur mit Hilfe der Kinderunterdrückung gewährleistet werden. Ein Mensch, der in seiner Kindheit unterdrückt worden ist, unterdrückt als Erwachsener sich selbst und andere. Der Bürger machte nicht nur den verarmten Bauern und ehemaligen Leibeigenen, sondern auch sein leibeigenes Kind zum Proletarier. Die neuen zwei Klassen hießen «Kapitalist» – «Arbeiter» und «Erwachsener» – «Kind». Die Kinderunterdrückung war die beste Investition in das Verhalten des Menschen. Aus Proletarier Kind wird Kapitalist Erwachsener. Das System hatte den Automatismus zur Verhaltensregulierung, den es brauchte.

Für den Griff nach dem Kind gab das «Onanie»-Tabu einen optimalen Vorwand. Es war die Startbahn, von der aus die Erwachsenen abheben konnten in die neue Moral: Du sollst dein Kind verfolgen. Ab 1700 begannen die Männer, den Erwachsenen die neue Aufsichtserziehung einzufleischen. Kindheit sollte unter Konzentration genommen werden. «Kältepädagogik» wurde propagiert (Unempfindlichkeit für den Körper, Training in kalter Luft, Güsse mit kaltem Wasser, die Betten so dünn, daß das Kind frieren mußte). Das Pflegepersonal aus dem

Volk, das die Kinder noch herzte, neckte, kitzelte, mußte umgeschult werden[26] (S. 164), [143] (S. 151). Die Kontrolle des Kindes geschah zu seinem «Besten». Die Ärzte, Theologen und Pädagogen hatten leichte Hand, Eltern zur Verfolgung ihrer Kinder anzuhalten, da es behauptetermaßen galt, eine schwere Krankheit zu vermeiden. Die «Onanie»-Kampagne hatte ihren Sinn erfüllt, als nach zweihundert Jahren die Kinderunterdrückung von selbst lief. Heute haben Erwachsene den Kontrollumgang, das «Kinderherstellungsverfahren», so verinnerlicht, daß sie von einer Sondermoral nicht mehr dazu angehalten werden müssen.

2. Sexualbalancierung

Daß das Vehikel zur Kinderunterdrückung ein sexuelles Tabu war, kam nicht von ungefähr. Das kapitalistisch-bürgerlich-protestantische Sexualitätsverständnis propagierte die totale Monogamie (sie tut es bis heute): Lebenslängliche sexuelle Beschäftigung mit nur einem Menschen. Pastoren, Pädagogen, Ärzte und Unternehmer lebten wirklich so.

Das menschliche Geschlechtsverhalten ist offenbar nicht derart monogam, wie es die kapitalistisch-kirchliche Ethik gern gesehen hätte. Jahrhunderte feudalen Lebens zeigte die Menschen, vor allem die Männer, mehrpersonal geschlechtsaktiv. Altertum und Mittelalter bescherten den Männern sexuelle Bindungen zu mehreren Frauen, und auch für Frauen fiel nicht nur der Ehemann ab. Die Bäuerin hatte den Knecht. Die Handwerksmeisterin stand sich gut mit dem Gesellen. Wenn der Ehemann starb, vermählte sie sich mit dem besten Lehrling des Meisters, um auch den Fortgang des Betriebes zu garantieren. Die Monogamie unter protestantischem Vorzeichen wurde so komplett eingerichtet, daß schon über der Wiederverheiratung der Frau etwas Unsittliches lag. Vor allem zwangen Männer sich selbst mehr und mehr in das neue Leben hinein, das sie predigten. Wenn die Biographien ab Luther daraufhin angeschaut werden, trockneten auch die Verhältnisse Herr–Dienerin, Bauer–Magd allmählich ein oder wurden zu Randerscheinungen, bis im 19. Jahrhundert jede «Seitenliebe» das soziale Geflecht zerstörte, wie es die Ibsendramen und Fontaneromane abhandeln und es in den Lebensläufen «großer Männer» angeschaut werden kann, augenfällig im Verhältnis von Karl Marx und Helene Demuth. Sexuelle Mehrpersonalität verkam zum Skandalösen, das sich Künstler noch leisten konnten, das für den Bürger Ruin bedeutete und von Doppelmoral übertüncht mit «Halbwelt»-Gestalten abreagiert werden mußte.

Der Zwang zur Monogamie unter Erwachsenen lockerte den sexuellen Griff nach dem Kind. Das Kind ist in feudalen Zeiten keine hervorgehobene sexuelle Kategorie gewesen. Es wurde so sexuell oder nicht-sexuell vorausgesetzt, wie sich die Erwachsenen selbst empfanden. Früheste sexuelle Inanspruchnahme war im aristokratischen Milieu die Regel. Das Pagenwesen und die Königskinderheiratsbräuche ließen das Kind an Sexualität Anteil haben oder bereiteten es auf sie vor, auch unabhängig davon, ob es mit funktionsfähigen Fortpflanzungsorganen schon ausgestattet war. Die bäuerlichen Menschen schliefen auf einem großen Lager zusammen. Das Ein- oder Zwei-Personen-Bett wird als allgemein verbindliche Nachtunterkunft erst eine Einrichtung im bürgerlichen Zeitalter.[25] Das Kind auf dem Lande war konfrontiert mit menschlicher und tierischer Sexualität.

Die feudalen Lebensbezüge waren vielpersonal, da hatte das Geschlecht keine Schwierigkeiten zu schweifen. Die Bürgerstuben schrumpften auf Vater-Mutter-Kind. Die mitarbeitenden Angestellten des Mannes entglitten dem Gesichtskreis der Haus-Frau. Die Arbeitswelten wurden immer mehr geschlechtsgetrennt aufgebaut, desexualisierten allmählich in außenarbeitende Männer und hausarbeitende Frauen. Im Hause, in der Wohnung, lebten bald nur noch «Eheleute» mit Restverwandten, wie unverheirateten Schwestern des Mannes oder der Frau oder mit dem sogenannten Küchenpersonal.

Für die Bedürfnisse nach polygamem Umgang mußte das Kind herhalten. Die «Onanie»-Kampagne war der sexuelle Aderlaß der Erwachsenen, den sie dringend zur Aufrechterhaltung ihrer monogamen Lebensweise benötigten. Unter dem Vorwand, die Sexualität der Kinder zu überwachen, um sie zu unterbinden, verschafften sich die Erwachsenen Zugang zum Leib des Kindes und Anteilnahme an seiner Sexualität. Das Kind mußte a-sexuell konstruiert werden, damit seine sexuelle Betätigung als unnormal und verfolgungswürdig angenommen werden konnte und damit die Absicht der Erwachsenen verschleiert wurde, daß sie aus eigener sexueller Notwendigkeit am Kinde zugange waren. Hätte es das Kind in der Familienkonstruktion unter der Gewalt der Eltern nicht gegeben, wäre den Erwachsenen die Kultivierung der monogamen Ehe nicht gelungen. Seit dem 18. Jahrhundert wird jede Kindergeneration in die sexuelle Mangel genommen. Die aufpassenden Eltern waren als Voyeure mit der heranwachsenden Sexualität ihrer Kinder verbunden. Am Beginn der sexuellen Kindesmißhandlung steht das «Onanie»-Tabu, am Ende der sexuelle Mißbrauch, den der junge Freud schon in der Mitte der Zeitspanne entdeckte[30] und der sich heute hunderttausendfach in Familien abspielt.[10, 69]

Die sexuelle Unterverschlußnahme des Kindes durch seine Eltern – von der Überwachung durch die Mütter bis zur Vergewaltigung durch die Väter – hat eine Kette von Auswirkungen auf die Menschen. Das, was die Jahrhunderte zu bekämpfen vorgaben, haben sie gefördert. Die ersten «Onanisten» in England, Frankreich und Deutschland behaupteten, das «Laster» verbreite sich. Zunächst sieht es so aus, als sei diese Behauptung Unsinn. Menschen betrieben immer Selbstbefriedigung. Die Tätigkeit fiel den Pfarrern, Ärzten, Pädagogen erst auf, als sie sich mit ihr beschäftigten und meinten, sie bekämpfen zu müssen. Es ist aber möglich, daß die Selbstbefriedigung im bürgerlichen Zeitalter wirklich zugenommen hat: wegen des Drucks zur Monogamie aus Mangel an befriedigenden Möglichkeiten zu mehrpersonalen Kontakten. Phantasie und Selbstbefriedigung mußten ersetzen, was durch die monogamen Lebensweisen nicht mehr erlebbar wurde. Selbstbefriedigung verkam tatsächlich zum Ersatz.

Darüber hinaus gibt es einen wichtigeren psychischen Grund für die Zunahme der «Onanie». Lust verträgt Verschluß nicht. Der Erwachsene, der die Sexualität seines Kindes beaufsichtigt, fixiert sie auf sich. Er ist dem Kind zu nah, er ist an seiner Lust beteiligt. Er begehrt es, kassiert sie. Nähe zum Kind und Verlangen nach ihm vereinen sich zum besten Bindemittel. Das Kind identifiziert sich mit den es begehrenden Eltern und begehrt sich selbst. Die Fixierung an die Eltern kann auch «stumm» sein, sie muß sich nicht in der Sprache der Selbstbefriedigung ausdrücken, aber immer drückt sie sich darin aus, daß das Kind in seiner Liebesfähigkeit behindert ist. «Narzißmus» heißt die Krankheit, die es im feudalen Zeitalter mit gelockerten Eltern-Kind-Verhältnissen nicht gab. Das, was die Pastoralpädagogen nicht müde werden, Jugendlichen einzuhämmern, Liebesfähigkeit und «du»-bezogene Sexualität, können Menschen nicht mehr entwickeln, wenn ihre Lust unter Aufsicht genommen und von lüsternen Interessen der Eltern verfolgt wird. Die hochgepriesene Ehe schafft, wenn sie so gelebt wie befohlen wird, die Eheunfähigkeit der aus ihr hervorgegangenen Kinder. Das «Onanie»-Zeitalter schuf «Onanisten», produzierte sich erst das Seelenmaterial, das es dann zu bearbeiten trachtete. Sogar den Autoren der «Fall»-Darstellungen unterläuft dieser Zusammenhang. Herr Oest präsentiert Wilhelm, ein wohlbehütetes Einzelkind, von dem seine Eltern eine Intimität nach der anderen herausbekommen haben[91] (S. 10) Und Ilona, die unter ihrer Selbstbefriedigung angeblich leidet, kann ihr Unglück nicht verstehen, denn sie hat eine treusorgende, um sie waltende Mutter.[142] (S. 18)

Es ist mir ins Auge gesprungen, daß in den Aufklärungsschriften aller Färbung, von den ersten Schreckenskunden bis zu den kühlen Richtlinienfestsetzungen die Sexualität zwischen einem Mann und einer Frau, praktiziert in lebenslänglicher Ehe, mit schillernden Farben ausgeschmückt wird. Monogame Sexualität = Paradies, Selbstbefriedigung = Hölle, zumindest unerreichter Himmel, unbefriedigendes Davor.

Katholische Theologen sollten sich dem Thema «Ehe» ganz enthalten, denn sie reden von etwas, was sie nicht kennen. Die «Du»-Sexualität dürfen sie nicht leben, und sie tun das auch nicht. Ihre Schriften sind «tönernd Erz». Alle anderen Wortmeldungen lügen, verdrehen die verheerenden Zustände, in denen die Autoren selbst und die meisten Menschen leben müssen.

Streife ich durch die literarisch gestaltete bürgerliche Liebeswelt, so sehe ich immer dasselbe: Alles geht nicht oder geht schief. Lessings ‹*Emilia Galotti*›, Schillers ‹*Kabale und Liebe*›, ‹*Don Carlos*›, ‹*Die Räuber*› ... Goethes ‹*Faust*›, Hebbels ‹*Maria Magdalena*› ... Büchners ‹*Woyzeck*›, Fontane, Hauptmann, Tolstoj, Flaubert. Die bürgerliche Weltliteratur jammert dem Leser das Liebeselend vor. Ihr letztes großes Paar ist das Geschwisterpaar in Musils ‹*Der Mann ohne Eigenschaften*›. Das Ende der «Du»-Sexualität ist Inzest. Die abendländische Musik entwickelten Männer aus der seelischen Haltung «Es geht nicht». Das 19. Jahrhundert verlagerte die Wollust ins Ohr. Wagner und Verdi sind die brillantesten Meister vom «Es geht nicht». Die Erfindung des deutschen Liedes beruht auf dem «Unmöglich». Mozart starb anfangdreißigjährig, Beethoven lebte ohne Frauenbeziehungen, Schubert hat nie eine Frau berührt und starb als Jüngling, Schumann wurde verrückt, wollte Frau und Kinder umbringen, ehe er sich freiwillig in eine Nervenheilanstalt begab und dort starb. Bei den Schriftstellern sieht es nicht besser aus. Goethe inszenierte sich die Unmöglichkeiten und legte sein Dasein immer wieder auf Abschiede an. Schiller lebte umdünstet vom Geruch seiner faulen Äpfel, der ihn an Männer erinnerte, in den Wolken seiner Internatszeit. Hölderlin, Kleist, Heine, E. T. A. Hoffmann, Büchner ... Das Bildungsmaterial, mit dem die Schüler gestopft wurden, denen die Erzieher die Ehe als Paradies vorgaukelten, ist komplett «onanistisch». Mit der Frau nicht zurande kommende Kulturwichser, das ist der Überbau und das ist die Vergangenheit.

Und die Gegenwart? Ich fahre durch das Land, besuche Menschen und erkundige mich gern nach dem Gelingen ihrer Ehen. Ich frage sie: «Wann habt ihr das letzte Mal zusammen geschlafen?» Ich höre Sensationen: vor vier Wochen, vor drei Monaten, vor einem halben Jahr, vor zwei Jahren ... Nicht ausgediente Jahrzehntbeziehungen erzählen mir das, nein Zwanzig- bis Vierzigjährige gehen so selten miteinander ins Bett. Gehen sie fremd? Kaum eine, kaum einer, eigentlich mehr niemand, wenn ich unter vier Augen frage, keiner. Ja, was denn dann? Allein! Darüber sprechen aber auch die vier Augen meist nicht.

Wie wird es denn den eifernden Antionanisten gehen? Vollkommene Verschmelzung? Wann sollte ihr Tour- und Trableben, das sie jahrzehntein, jahrzehntaus führen, dazu Zeit haben? Ihre Küche- und Stubeweibchen bekommen Restäußerungen vom Untergangsgebaren aus Papis feindlichem Leben. Ehe – das heißt heute: Untergangsväter produzieren mit Kleiderständermuttis in Intensivsärgen Horrorbabys. Wenn die Männer ihr Abend-, Nacht- und Morgen-Dasein mit ihren Wohnungsfrauen zehn bis zwanzig Jahre teilen, ist es hoch gerechnet. Dann hat Mutterschonzeit ein Ende. Die Sekretärin wird zu Zweit- oder Drittehen hereingezogen an den heimischen Herd. Die Frau von 50 Jahren muß nun sehen, welch gleichaltriger oder älterer Mann mit ihr sich noch zum großen «Du»-Tausch treffen will. Keiner. Allein, allein und nochmals allein kann sie ins Alter vorrücken.

Allein sind auch die meisten Menschen, wenn sie sich noch zu zweit organisiert haben. Mit dem Auto, ihrem Lieblingsspielzeug, stellen sie es dar. Sie sitzen einzeln darin und umzingeln mit ihm die verschiedenen Plätze ihres Alleinseins. Dem Sterben des Waldes ging das Sterben der Seele voran. Wir sind Nachfahren von sechs bis zehn Generationen Nichtliebender.

Diese Folgen der Kinderunterdrückung wird Männer nichts angehen. Frauen sind ihnen sowieso gesellschaftlich bedeutungslos. Und daß die Liebe dahinsiecht, greift nicht in ihr Gebiet der Sachwaltung und Erdbemächtigung hinein.

Das Handanlegen am Kind hat aber eine gesellschaftliche Folge, mit der sich Männer schon ausführlich beschäftigt haben. Es fördert Faschismus. Erlittene Aufsichtserziehung, Kältepädagogik, Konzentrationskindheit befähigen Männer zur Einrichtung eines Aufsichtsstaates, einer Kältegesellschaft und von Konzentrationslagern. «1984» herrscht im Kinderzimmer schon seit 1784.[94] Ein Konzentrationslager kann sich nur ausdenken und für es oder in ihm tätig sein, wer in seiner Kindheit konzentriert worden ist. Frühere Zeiten haben diese Flut von Überwachungslagern des 20. Jahrhunderts nicht gekannt. Eingesperrt wurde zum Zwecke des Tötens, zur Hinrichtung oder zum Verhungern, aber nicht zum langgestreckten Beobachtungsfoltern. Die Naziverantwortlichen entstammten alle kleinbürgerlicher Kindheiten. Hitler, Göring, Himmler haben Geschlechtslust nicht gekannt, nicht gewollt. Wenn die Lust in der Kindheit zu sehr kontrolliert, ja zensiert wird, geschieht etwas Unvorstellbares: sie entwickelt sich nicht. Statt dessen entsteht nicht nichts. An der Stelle, die die Lust freiläßt, macht sich der Drang zu zerstören breit.

Das meint *‹Sex antarcticus›*: Der Mensch, der bei der Ausübung seiner Lust behindert wird, tendiert zum Töten. Das Gefährliche dieses Zusammenhangs: es läuft in der Regel nicht so privatdramatisch ab wie bei Jürgen Bartsch, der seine Phantasien mitten in demokratischen Zeiten durchsetzte, wie es auch die Massenmörder Hamann und Kürten – auf die der Begriff erstmals geprägt wurde – getan haben. Hitler, Göring, Himmler töteten kalt und unsichtbar. Ihre Tausende Gefolgsmänner und ein paar hundert Gefolgsfrauen warteten darauf, daß ihnen ein Startzeichen gegeben wurde. Sie töteten nicht auf Befehl. Der Befehl war nur der Auslöser. Sie töteten, weil sie dazu innerlich bereit waren und nur einer Erlaubnis noch harrten. Alice Miller hat auf die beschädigte Kindheit Hitlers Licht geworfen.[86] Alfred Andersch versuchte, in seiner Erzählung *‹Der Vater eines Mörders›* den Vater Heinrich Himmlers als furchterregenden Erzieher zu charakterisieren.[6]

Wenn Kinder fortgesetzt unter Konzentration genommen werden, erzieht die Gesellschaft ihnen weiter das Potential zum Töten an, das wie eine Sprengladung in den Seelen liegt, bis sogenannte Umstände es hochgehen lassen.

Ich fordere deshalb die Pastoren, Ärzte und Erzieher auf, von nun an ihre Bangemacheschriften zur Selbstbefriedigung einzustellen, jede Einschränkungstendenz zu unterlassen, sich für das Recht der sexuellen Unantastbarkeit des Kindes einzusetzen, alle Wörter, die einen negativen Schatten auf die Selbstbefriedigung werfen, aus ihren Büchern zu streichen. Auch das Wort «Abreaktion» ist demütigend, gar erst von «Onanisten» und «Masturbanten» zu sprechen, beleidigt junge Menschen. Die Autoren bezeichnen sich selbst auch nicht als «Coitanten». Selbstbefriedigung ist weder ein Durchgangsstadium noch ein Minus. Wie das Baby laufen lernen will und nicht länger als notwendig im Bett bleibt, so begibt sich der Mensch eines Tages auf die Suche nach dem sexuellen Anderen. Diese Bestrebung bedarf keiner Förderung, sie geschieht von allein, wenn das Kind nicht an seine Eltern fixiert wird. Wer Selbstbefriedigung unter Einschränkungen beschreibt, bereitet nicht zum Geschlechtshandeln mit anderen Menschen vor, sondern leistet Sexualverklemmung Vorschub. Er verhindert die Selbstliebe wie die Nächstenbefriedigung. Scherze wie «exzessive Masturbation» sollten unterlassen werden. Ich kann mich nicht enthalten, bei diesem Wort immer an Mastdarmekzem (Pickel im Arsch) zu denken. Die Stich- und Schlagworte «Onanie» und «Masturbation» müssen als Krankheitsrubriken verschwinden, die «Abers» für die Jugend gestrichen werden, das «Nein» für Erwachsene muß weg. Wenn etwas Negatives über die Selbstbefriedigung gesagt werden soll, darf es nur im Zusammenhang mit dem Negativen anderer sexueller Äußerungsformen getan werden. Weil jemand sich überfressen und vollgesoffen hat, ist Essen und Trinken auch nicht von sich selbst her falsch. Es muß hingewiesen werden auf die unzähligen Krankheiten der Lustlosigkeit, den Herzinfarkt und den Krebs, der besonders in den Sexual- und Gefühlsregionen wuchert: Gebärmutter-, Eierstock-, Brust-, Mastdarm-, Prostata- und Lungenkrebs. Diese Krankheiten und die Hunderttausende Autounfälle sind die Folgen nichtvollzogener, unbefriedigender, nicht spannungsentladener erwachsener Ehegeschlechtlichkeit, nicht zu vergessen die sozialen Katastrophen der Hunderttausenden Ehescheidungen (in Amerika soll schon jede zweite Ehe geschieden werden), die zerrissenen Lebensläufe der Kinder. So sehen die Mann-Frau-Infernos aus, die sich hinter den aparten Wörtern von der «reifen Du-Sexualität» und der «ganzheitlichen Liebesfähigkeit» verbergen. Es ist die Pflicht der Jugend-in-die-Hand-Nehmer, den kleinen Menschen auf solche Zustände vorzubereiten, ihm zu zeigen, wie er sie vermeiden kann, und daran mitzuwirken, daß sie in der Gesellschaft abgebaut werden.

Wenn Sich-selbst-Befriedigen der sexuelle Ausdruck der Jugend ist, darf sie dabei nicht belästigt und sollte darüber nicht abschätzig gesprochen werden. Hände weg vom Kind, damit es endlich wieder in Ruhe seine Hände bei sich haben kann. Falls Ärzte, Pfarrer und Pädagogen ihre Schriften fortsetzen, in denen sie der Aufsichtspädagogik das Wort reden, entlarven sie sich als Feind der Jugend und sind wissentliche und willentliche Wegbereiter vom Faschismus, der sich in einem anderen Gewand darstellen wird.

# Pause

## Wollust – Mußtrieb

Die neue Sexualwissenschaft ist davon abgekommen, einen Sexualtrieb im Menschen wirken zu sehen.[12, 117, 121] Das alte Wort «Wollust» macht deutlich, daß geschlechtlichem Verhalten etwas Aktives, Selbstbestimmendes innewohnt, ja Freiwilliges beigemischt ist. Der Mensch ist Subjekt, er *will* Lust haben. Beim Wort «Trieb» schwingt Fremdbestimmtsein mit: Getriebenwerden, der Wind treibt die Wolken am Himmel entlang, ein Stück Holz treibt auf dem Wasser, Vieh wird getrieben, das Samenkorn treibt auf, setzt zum Stengel an.

Sexualität wird auch im neuen Verständnis nicht so unabgekoppelt von Bedingtheiten gesehen wie es die Kirchen und Erziehungsinstitute gern hätten. Sie ist als Nicht-Trieb nicht einfach machbar oder unterlaßbar. Sie wird heute weniger von körperlichen Faktoren, mehr von sozialen geprägt wahrgenommen. Das Gemußte, Genötigte an der Sexualität liefert nicht so sehr die Biologie, sondern die Soziologie. Ich selbst beschrieb im «Paradies der Väter», wie Geschlechts-«trieb» etwas Sekundäres ist, das vom primären Mund-«trieb» sich ableitet, seine Stärken und Schwächen von den Befriedigungen und Verunstaltungen der «oralen» Mundzeit der menschlichen Entwicklung her bezieht.[83] In der «Elternaustreibung» ging ich der Gemachtheit von «Trieb» nach, zeigte, wie geschlechtliche Richtung, Charakteristik und Praxis von der Eltern-(vor allem der Mutter-)Kind-Beziehung bestimmt werden.[97] Ich kann mich jedoch von der Auffassung des Körpereingebundenen der Sexualität nicht ganz verabschieden. Es gibt auch das Wort «Antrieb», das alle Lebensenergien zusammenfaßt, die den Menschen zur Bewegung bringen und die ihm in der Depression ausgegangen zu sein scheinen. Depressio = der Druck ist herunter, der Saft, der die Pflanze gerade wachsen läßt, ist ausgelaufen.

Ich denke darüber nach, wer Sexualität zum Gegenstand seiner Arbeit macht. Sexualwissenschaftler wird der Mann ab Mitte Dreißig. Alle führenden Vertreter dieser Zunft sind heute zwischen Anfang / Mitte Vierzig und Ende Fünfzig / Anfang Sechzig. In diesem Alter wird

Sexualität anders, als sie es bis Mitte Dreißig war. Da resigniert und migräniert es schon in den Männerbrüsten, trocknet in den Lenden ein. Die Prostata rumort. Die Sachen mit den Dauerfrauen laufen nicht mehr. Der Umstieg zu Zweit- und Drittfrauen ist anstrengend. Die Kombination Haushauptfrau und Lustnebenfrau entnervt. Und die männerliebenden Männer wehleiden, ob sie noch begehrt werden wie bisher. Auch ich mißtraue der zweiten Lebenshälfte in diesem Punkt. Für Frauen und Schwule wird es sozial ab Vierzig schlechter. Ich habe meine Triebeinschränkungsideen Ende Dreißig, Anfang Vierzig gehabt. Freud praktizierte geschlechtlich ab Vierzig nicht mehr. Seine biologistischen Triebthesen wimmeln von Melancholien, er schrieb sie Ende Vierzig, Anfang Fünfzig. Seine kulturpessimistischen Todestriebvorstellungen verfaßte er mit sechzig, siebzig. Gandhi, zwar kein Sexualwissenschaftler, aber Mann, enthielt sich ab Mitte Dreißig. Das ist wohl üblicher, als es die Gesellschaft der Männer bisher von sich glauben machen wollte.

Die Äußerungen über Sexualität stammen also von solchen Geschlechtsgenossen, bei denen sie umgeschaltet ist von mehr organischen Vorgängen zu mehr sozialen Angelegenheiten oder die sie eingestellt oder kleingehalten haben. So sind sie mit Vorsicht zu betrachten, auch ist Mißtrauen angezeigt, ob der Dampfausgang nicht zu sehr in Theorie versprüht worden ist. Von elf- bis anfang-dreißigjährigen Menschen gibt es keine Theorien zur Sexualität, weil da sexuell gelebt wird. Eine Ausnahme sind die Verwirrungen ‹*Geschlecht und Charakter*› des Otto Weininger[145], der wegen seiner ihm nicht bewußt gewordenen Homosexualität Enthaltung des Mannes von der Frau propagiert hat und aus dieser sexualfeindlichen Stimmung heraus sich nur umbringen konnte, was er mit 23 Jahren auch tat.

Als ich mich über meine Kapitel der Lust beugte, dachte ich immer mal wieder: ‹Das stimmt ja nicht!› Ich wollte revidieren, reformieren, konnte wohl das Wort «Trieb» streichen, aber die Tendenz nicht wegbekommen. Und was stimmt denn statt dessen? Stimmt das, was ich jetzt denke, für mich früher, für die, die elf bis Mitte dreißig sind?

Wenn ich Achtung vor der Jugend und ihrer Lustausdrucksweise verlange, muß ich sie auch meinem eigenen Text angedeihen lassen. Er ist aus Erlebnissen zwischen Ende Zwanzig und Anfang Dreißig geschrieben worden, in den letzten Zeiten der Hitze. Ich könnte über Lust mich heute so nicht auslassen, weil ich sie so wie damals nicht mehr begreife, nicht habe. Ich muß sogar erleben, daß ich plötzlich nicht fähig bin zur Selbstbefriedigung! Einerseits ist mir das Geschlechtliche zweitrangig geworden, ich finde mich nicht mehr so schön wie früher, daß ich Anlaß hätte, andauernd nach mir zu fassen. Andererseits habe ich mich derart in einen Mann verliebt, daß mir der Schwanz weh tut vor Begierde, wichsen aber nichts bringt, auch nicht mit denken an ihn dabei. Die Entladung entspannt mich nicht, und der Schwanz steht im Weh wie vorher, kann nur bei und mit dem Geliebten gestillt werden. Blöder bin ich mir lange nicht vorgekommen, als ich mich fühlte, während ich dieses Buch neu machte und nicht autobieren konnte! Sollte das Bedürfnis meiner schamlosen Selbstverliebtheit, der ich enthemmt Ausdruck verlieh – tatsächlich und schreibend –, befriedigt sein? Heißt die Frucht der Entwicklung: Hand auf dem Tisch? Bin ich reif zum großen «Du»? Verwünschte Pädagogen! Aber dann bin ich nur «reif» geworden, weil ich exzessiv ... Mistelzweige pflückte.

Noch etwas, was mich beben ließ: Seit meiner Scheidung von meinen Eltern[97] macht mir Selbstbefriedigung nicht mehr richtig Spaß. Das zu gestehen, fällt mir am schwersten, denn nun hat der Schatten Krankheit mich doch erwischt. Ja, sixt es! Das Buch bricht zusammen, Elternaustreibung[97], und die Marquise von O ... löst sich auf ins Nichts. Der Faun ist verwirrt. Kapitel der Selbstlust hätte ich neu nicht schreiben können. Ein Segen, daß ich es damals tat. Bis Ende Dreißig war mein Leben vom Trieb geprägt. Auch wenn ich manchmal Zeiten hindurch nichts Praktisches gemacht habe, waren die Gedanken darauf immer lebendig. Durch Paragraphen, Analysen, Examen, durch Pflichten, Verabredungen und Bücherschreiben schimmerte das rosenfarbene Frühlingswetter, wetterleuchtete Popo soso. Machen war dann Überlaufen, Überhandnehmen. Nun bin ich Arme und Beine, wie sie sind: Laufen, stützen, stehen, fassen, sitzen, greifen. Früher war alles Popo, der Augenaufschlag zum Fahrplan, die Hand, die das halbe Pfund Butter kaufte. Dieser Lust im Pfennig, im Hemdenzuknöpfen und «Entscheidung» sagen, will ich den Altar noch einmal schmücken, auch wenn die Blumen aus meinem vergangenen Frühling sind.

Ich lasse meine Verwirrungen beiseite und denke an das Volk, das mit seiner Sprache und seinen Bildern mir oft geholfen hat, wenn ich ins Unklare gerutscht bin. Es ist überzeugt von einem Zusammenhang zwischen Sexualität und Gesundheit. Für die Gesundheit, hieß es immer, müßte Adorno seine Verhältnisse zu schönen jungen Frauen haben, er war ja auch gesund und starb mitten aus dem Leben heraus. Ficken und Wichsen fördert die Verdauung und den Schlaf. Umgekehrt kann auch die Lust krank werden. Die personabgespaltene Promiskuität schafft den Boden für die Übertragung von Geschlechtskrankheiten und die Entstehung von AIDS. Ich will hinter die Wilhelm Reichsche Beschreibung der Funktion des Orgasmus nicht fallen.

An meinen Kapiteln der Lust kann ich beobachten, wie der junge Mann das Körperliche, Seelische und Soziale der Sexualität noch nicht getrennt wahrnimmt. Lust ist Streben, Wunsch und Philosophie.

Der Goethe hat einen Gedanken gehabt, den ich für diesen Zusammenhang bedeutungsvoll finde. Es sei ihm gelungen, seine schöpferische Potenz bis ins hohe Alter mit einer immer wieder auflebenden Pubertät zu erhalten. Er hätte alle Jahrzehnte aufs neue Pubertäten produziert. Pubertät ist die Zeit der Ich-Bildung. Es geschieht etwas Kreatives. Unser Gott, an den unsere Kultur glaubt, hat sich seine Welt erwichst! Schöpfen – selber machen – das ist ein Verjüngen. Unsere Gesellschaft verehrt diesen Vorgang am Ergebnis – dem Werk, der Schöpfung –, verehrt ihn in der Vergangenheit, nicht als millionenhaftes Geschehen im Kinderzimmer. Dort unterdrückt sie ihn. Zum Schöpfen von Werken und zur Bildung des Ichs gehört eine Befindlichkeit, die das Kind hat und die der von ihm Weggewachsene verlor. Sie wird ihm von Generation zu Generation geraubt. Ich habe darum gekämpft, daß ich die schöpferische Selbstliebe, das personelle Nachschaffen behalte, wie ich jetzt darum kämpfe, daß ich meinen Text, der aus solcher Fähigkeit und Gesinnung entstand, nicht verwerfe. Ohne Kind-Bewußtsein hätte ich dieses Buch nicht schreiben können. Spitz und van Ussel machten sich Gedanken, warum das «Onanie»-Tabu noch nicht Gegenstand genauer historisch-analytischer Untersuchungen geworden ist. Der Mensch vergißt, verdrängt seine Kindheit. Er muß es. Damit geraten ihm die Leiden und Lüste des Kindes fern. Er hat auch keinen Sinn mehr für die gesellschaftlichen Vorgänge, die mit der Kindheit in Zusammenhang stehen. Mit dem Verlust des pädoistischen Bewußtseins stimmen dann die Welten der Erwachsenen und der Kinder nicht mehr überein. Nur die radikale Parteilichkeit mit dem Kind, wie sie in den Schriften von Borneman[13, 14], Braunmühl[16],

Gamm[42], Kentler[70], Miller[86, 87] und Neill[90] zum Ausdruck kommen, erhält das pädoistische Bewußtsein, das gegen die Unterdrückung durch Männer und durch Frauen andenken und anschreiben kann. Feminismus ist nur die halbe Befreiung, Pädoismus macht die ganze möglich.

Wenn das Soziale – die Geschichte eines Menschen, die Art, wie mit ihm umgegangen wird – bei der Ausprägung seiner Lust eine so bedeutende Rolle spielt, dann ist es notwendig, eine Kindheit einzurichten, die seine sexuelle Entwicklung nicht unter Aufsicht nimmt und die sexuellen Bedürfnisse der Erwachsenen nicht mit den Bedürfnissen der Aufwachsenden verzahnt. Auch die soziale Getriebenheit darf nicht Schicksal der Lust sein. Da des Menschen Wille sein Himmelreich ist, soll dieses Reich auch für die Lust erschlossen werden.

# Kapitel der Lust

Wenn ich nun über die Selbstbefriedigung nur Gutes sage, so tue ich das im Bewußtsein, daß es sich bei ihr um *ein* Kapitel der Lust handelt. Ich beschreibe Selbstbefriedigung in Zusammenhängen, die ihre Defekt-Fixierung auflösen helfen sollen. Ich möchte damit einen Beitrag zum sexuellen Selbstbestimmungsrecht des Menschen geben. Ich will das Verbot, die Verketzerung, das Tabu, die Zensur, die Verhöhnung und die Geringschätzung bekämpfen. Ich bemühe mich darum, die Unterdrückung, die Belästigung und die Abwertung, die eine sexuelle Ausdrucksform bis heute erfährt, sichtbar zu machen, auf daß sie abgeschafft werden können. Ich will nicht die Isolierung der Menschen vorantreiben. Ich will die Selbstbefriedigung nicht zum Hobby machen, Ausdruck der sexuellen Gleichgültigkeit und Erlahmung zwischen den Menschen. Ich will auch nicht der Selbstbefriedigung als Selbstbedienung das Wort reden, einer sexuellen Reaktion auf den Konsum von Waren, indem auch das eigene Geschlecht konsumiert wird. In amerikanischen Verhältnissen wird die Apathie von Jugendlichen beklagt, die Stunden vor dem Fernseher verbringen und dabei die Hand am Geschlecht lassen, den Hahn aufdrehen, wenn sich in ihnen etwas ballt, und damit hat es sich. Alle Überwindungslust, alle Bewegung, Anspannung und Erlösung unter Menschen ist diesen Jugendlichen abgegangen. Ihnen ist das Geschlecht zum elektrischen Schalter geworden, den sie an- und abknipsen. In diesen wie in allen anderen «Fällen» muß der Kampf sich nicht gegen die Selbstbefriedigung richten, sondern gegen die Verhältnisse, die sie zu Leid und Schrulle werden lassen, die wie im amerikanischen Beispiel die Jugendlichen so umzingeln, daß sie auch in der Lust apathisch, konsumierend und steril werden müssen. Ich schreibe nicht für solche Verhältnisse, sondern gegen sie. Ich schreibe nicht für morgen, wenn die kapitalistische Gesellschaft vielleicht dazu gekommen sein wird, die zwischenmenschliche Sexualität abzuschaffen und im Gegensatz zu heute nur noch die sexuelle Selbstbedienung zu propagieren. Die Erkenntnis von der Dialektik der Aufklärung[3] hat mich erzogen. Morgen können die folgenden Sätze veraltet sein, ich schreibe sie für heute.

Ich werde in diesen Kapiteln hauptsächlich das mitteilen, was ich denke, und nicht auf vereinzelte Äußerungen berühmter Leute zurückgreifen, die sich positiv zur Selbstbefriedigung ausgelassen haben. Dabei möchte ich jedoch nicht den Anschein erwecken, die Front gegen die Selbstbefriedigung werde erst von mir durchbrochen. Deshalb stelle ich meinen Erfahrungen und Ideen wie zur Widmung die Gedanken einer Künstlerin, eines Pädagogen, eines Schriftstellers, zweier Ärzte, zweier Sexualwissenschaftler und eines Historikers voran.

«Masturbation ist unsere erste ausdrückliche sexuelle Betätigung, sie ist der Weg, auf dem wir unsere Erotik entdecken, der Weg, auf dem wir lernen, sexuell zu reagieren. Sexuelle Geschicklichkeit und die Fähigkeit zu reagieren sind nicht ‹natürlich› – wenigstens nicht in unserer Gesellschaft. Das zu tun, was uns ‹natürlich› vorkommt, bedeutet, sexuell gekonnt zu sein. Sex gleicht jeder anderen Geschicklichkeit oder Kunstart – er muß erlernt und ausgeübt werden. Selbstbezogene Sexualität ist ebenso wie Heterosexualität, Homosexualität und Gruppensexualität ganz einfach Teil des menschlichen Sexualverhaltens.» (Betty Dodson[22], S. 3)

«Die Selbstbefriedigung der Kinder zwingt die Eltern, sich zu entscheiden. Sie müssen nun Farbe bekennen: Wollen sie ihr Kind sexualfreundlich oder sexualfeindlich erziehen? Es gibt keinen vernünftigen Grund, warum die Selbstbefriedigung unterbunden werden müßte. Selbstbefriedigung ist absolut unschädlich. Ihr Vorkommen ist sogar ein gutes Zeichen. Kinder, die sich nicht selbst befriedigen, sind entweder körperlich krank, oder sie sind schwer gehemmt durch psychische Fehlentwicklungen. Die Eltern brauchen auch nicht besorgt zu sein, wenn sich ein Kind zunächst sehr häufig befriedigt, nachdem es die Technik der Selbstbefriedigung entdeckt hat. Jede Funktion, die neu entsteht, wird spielerisch in immer neuer Wiederholung eingeübt ... Nicht Verbote, nicht Sublimierungsangebote, sondern Duldung, möglichst sogar Förderung brauchen die Kinder jetzt.»[70] (Helmut Kentler, S. 67)

«Die sich selbst überlassene Hand, die am Ende des Arms hin und her schlenkert, wird früher oder später ... auf das Geschlecht treffen. Das Knie, die Nieren, das Ohr zu berühren, erfordert eine besondere Verrenkung. Für das Geschlecht gilt dies aber nicht. Man braucht sich nur gehenzulassen. Darüber hinaus eignet sich das Geschlecht wegen seiner Größe und seiner Gestalt in bewundernswerter Weise zur Manipulation. Man bedenke, wieviel weniger befriedigende Griffigkeit ein Kopf, ein Fuß oder selbst eine andere Hand der Hand bieten. Von allen Körperteilen ist ganz gewiß das Geschlecht am handlichsten und manipulierbarsten.» (Michel Tournier[141], S. 76)

«Bei tief bewußtlosen Kranken, noch zu einer Zeit, da der Hornhaut- und andere Fluchtreflexe bereits erloschen sind, beobachtet man oft ein Spielen einer Hand am Genitale. Gewisse Eigentümlichkeiten der Finger- und Handstellung (Streckung des Handgelenks und der Zwischenfingergelenke bei spitzwinkliger Beugung der Fingergrundgelenke und Heranführung des gestreckten Daumens: sogenannte Pfötchenstellung) weisen darauf hin, daß diese Bewegungskombinationen in einem sehr alten Gehirnteil, den sogenannten Stammkernen, ihr Zentrum haben. Nur bei Wegfall des Großhirns und seiner Hemmungsfunktionen tritt also die Bewegungsunruhe ein. Dies lehrt uns, daß einem uralten Drange nach Spielen am Genitale ein schon erblich überkommener Hemmungsapparat gegenübersteht. Es ist wahrscheinlich, daß er funktionieren wird, wenn wir nicht mit läppischer Hand in das natürliche Getriebe eingreifen. Ist schon die Tatsache an sich interessant, so scheint es mir fast noch bemerkenswerter, daß die häufig zu machende Beobachtung in der wissenschaftlichen Literatur nicht verwertet wird. Wie ich mich durch Rundfrage bei zahlreichen Ärzten vergewissert habe, ist die Kenntnis der Tatsache geläufig. Aber man spricht nicht davon. Soll man nicht wissen, daß in jedem Menschen ererbte Antriebe zu Spielen am Genitale bestehen?» (Karl Landauer[76], S. 116)

«Ich habe immer wieder gefunden, daß die Menschen erkranken, wenn sie ihrer inneren Natur und ihren Bedürfnissen aus den verschiedenen Motiven Gewalt antun.

Wir müssen unsere Ansichten über die Onanie gründlich ändern. Wer hätte nicht von Menschen gehört, die nach einem sogenannten ‹normalen› Akt onanieren mußten. Es gibt keinen normalen Geschlechtsakt. Es gibt nur eine dem Individuum adäquate Sexualbefriedigung.» (Wilhelm Stekel[92], S. 35, 44)

«Verständlicherweise wird das Maximum an physiologischer Intensität beim Orgasmus, nach den subjektiven Angaben und der objektiven Registrierung zu urteilen, durch selbstgesteuerte mechanische oder masturbatorische Praktiken erreicht. Die zweithöchste Intensitätsstufe wird durch Manipulation seitens des Partners, auch hier mit festgelegten oder selbstgesteuerten Praktiken, und die niedrigste durch Coitus erreicht.» (Virginia E. Johnson, William H. Masters[81], S. 127).

«Weil die Autoerotik die erste und wahrscheinlich auch die letzte sexuelle Manifestation ist, erstrahlt sie von einer Gloriole, einer Art mystischer Kraft umschlossen ... sie ist eine höchst persönliche und private Angelegenheit; besser verborgen als enthüllt, stellt sie einen auf eine verbotene, selbstgenügsame prävalente Ebene mit den Göttern.» (Allen Edwardes[24], S. 197)

Die Zitate lenken das Thema dorthin, wo ich mit ihm umgehen möchte. Die Selbstbefriedigung hat eine körperliche, eine seelische, eine individualgeschichtliche, eine stammesgeschichtliche, eine philosophische und eine gesellschaftspolitische Dimension. Ich weiß, daß ich nicht allen Dimensionen gerecht werden kann, daß ich bei manchen übertreiben, andere für die hervorgelockte Problematik unzulässig hingewischt skizzieren werde. Ich wollte aus diesen Kapiteln ursprünglich das ganze Buch ausarbeiten, wenn ich nicht die Beleuchtung der Materialien für das Wichtigste gehalten und mich besonnen hätte, das Spekulativ-Essayistische zugunsten des Ideologiekritischen zurückzustellen. Ich bin davon überzeugt, daß die Gegenwart von dem Ausmaß der Problematik «Selbstbefriedigung» nahezu ahnunglos ist. Die Forschung beschäftigt sich nicht damit, wieweit das Selbstbefriedigungs-Tabu bei der Verunstaltung des zeitgenössisch-patriarchalischen Menschen mitwirkt. Die Gesellschaft enthält sich zu prüfen, was das Verbot der ersten Kinderlust im Erwachsenenleben anrichtet, wie der landläufige Kinderschrecken in den Untergrund von Selbst- und Fremdfolterungen Erwachsener verbannt wird, und schließlich, wie das Selbstlustverbot Menschen in Krankheit, Verzweiflung und Sterben treibt.

*«Was frag' ich viel nach Geld und Gut . . .*

... wenn ich zufrieden bin!» heißt es in einem romantischen Lied.
Zufriedenheit ist auch in unseren Tagen keine Frage von Geld und Gut allein. Aber wer ist schon zufrieden ohne Geld?

## Das Handwerk der Ekstase

Ähnlich wie in der Stammesgeschichte Kunst und Handwerk auseinandergefallen sind, so sind Liebes-Kunst und Liebes-Handwerk voneinander weggerückte Erscheinungsweisen des Geschlechtslebens. Die Begriffe der allgemeinen und der Liebes-Kunst sind der Huldigung zugeschlagen worden, das Handwerk ist zur Notwendigkeit herabgesunken. Das allgemeine Handwerk, eingemündet in die Technik, muß der Profanität von Zwecken dienen. Die Kunst ist die Zugabe, das nicht mehr Gebräuchliche. Das war nicht von Anbeginn der Kultur so. Die Kunst ist in Ausübung und Wirkung ursprünglich ebenso lebensnotwendig gewesen wie das Handwerk, das die Bedürfnisse des Gebrauches befriedigte. Zwischen dem Schöpfungswillen eines Menschen und dem Gebrauchsverlangen der Gemeinschaft gab es eine Beziehung.

Wie das allgemeine ist das Liebes-Handwerk funktionalisiert worden. Der Junge soll an seinem Geschlecht etwas herumwerkeln und warten, bis die Ekstase mit Ehefrau über ihn hereinbricht. Auch «Hörnerablaufen» und mechanischer Puff-Sex sind dem Handwerk zugerechnet worden. Für die Frau soll es auch kein Handwerk geben. Von der Ekstase der Selbstbefriedigung ist nirgendwo die Rede. Die Ekstase ist dem Bereich der Zwischenmenschlichkeit reserviert. Im christlichen Kulturbewußtsein fehlt sexuelle Ekstase als Ausdruck des Allein- und Für-sich-Seins. Einzelekstase wird nur in der sexuellen Abzweigung des Tanzes zum Erlebnis zugelassen. Ekstase = Herausgehen aus sich selbst, ist ein elementarer Ausdruck des Menschen. Verkümmert er, werden die Mauern um das Individuum höhergezogen. Aus-sich-Herausgehen muß nicht heißen, zu jemand anderem zu gehen. Die Entäußerung kann knapper, unzulänglicher sein, wenn immer die Gewichtigkeit einer anderen Person an einem Menschen hängt. Der Solotanz ist im ekstatischen Ausdruck dem Zwei-Personen-Umarmungstanz überlegen.

Die zwischenmenschliche sexuelle Ekstase ist eine Kunst, Kunst des Aus-sich-Herausgehens *und* des In-den-anderen-Einmündens. Kunst muß gekonnt, Gekonntes muß geübt sein. Das gilt für die Ekstase selbst. Das Geübte ist die Voraussetzung von Meisterschaft, und in der Meisterschaft erfüllt sich das Erlernte. Liebes-Kunst zu zweit und Liebes-Handwerk allein gehören zueinander. Die Wollust eines Menschen aus sich selbst heraus ist die Vorbedingung der Wollust auf einen anderen, durch einen anderen. Erst die Selbstekstase befähigt zur Durchdringungsekstase.

## Die Genugtuung des Körpers

Meine größte Überraschung während der Bearbeitung dieses Themas erlebte ich beim Lesen des Textes von Karl Landauer. Der Mensch hat einen uralten Drang nach Spielen der Hände am Geschlecht. Die Lust des Menschen ist ein Regulativ aller Körperfunktionen geworden. Diese zentrale Erkenntnis von kirchlicher oder weltlich-moralisch-pädagogischer Seite her zu leugnen, heißt der Gesundheit des Menschen unablässig Schaden zuzufügen. Nach den lust-klinischen Forschungen von Masters und Johnson müßte alle Unterordnung der Sexualität unter allgemeine Gebote und Verbote aufgehoben werden. Noch nicht patriarchalisch-terroristische Kulturen fördern Selbstbefriedigung bei ihren Kindern, wie Erikson von Indianern berichtet und den Schreckensruf eines lustentseelten Weißen zitiert: «Die indianischen Eltern gestatten ihren Kindern nicht nur zu onanieren, sie bringen es ihnen bei.»[27] (S. 122) Freud beschreibt dieses Zusammenwirken zwischen Sexualität und allgemeinen Körperfunktionen als «Chemismus». Es gebe eine «chemische Grundlage der Sexualerregung», die «Sexualvorgänge des Organismus (unterscheiden sich) durch einen besonderen Chemismus von den Ernährungsvorgängen. Die Sexualerregung (wird) nicht von den sogenannten Geschlechtsteilen allein, sondern von allen Körperorganen geliefert.»[35] (S. 121) Sexualität sei nicht nur ein biochemischer Prozeß, sie werde von biochemischen Vorgängen im Körper des Menschen getragen, hervorgerufen und wirke auf diese Vorgänge zurück. Für Sexualität gebe es also ein körperliches Bedürfnis. Unter diesem Aspekt muß Stekels Satz: «Alle Menschen onanieren» verstanden werden[92] (S. 31). Die nicht handlich ausgeführte Lusterzeugung wird «larvierte (verborgene, versteckte) Onanie» genannt, die alle Menschen betreiben, besonders die, die das bewußte Bewegen der Geschlechtsteile aus Überzeugungsgründen unterlassen müssen. Nicht nur Männer schütten in Nächten aus, auch Frauen «geht» in Träumen «einer ab».

Alle Organe im Körper wirken in einer Art Sozialismus aufeinander abgestimmt. Sie üben ihre Funktionen im Einklang mit anderen Organen und für die Arbeit der anderen aus. Lust fördert diesen Einklang. Sie ist altruistisch und stellt Zusammenhänge her. In unserer Kultur wird das Gegenteil von ihr behauptet. Der Mensch, der zu ihr strebt, sei egoistisch. Lust wird als vereinzeltes Phänomen begriffen und aus den Zusammenhängen gerissen, in denen sie steht und die sie schafft.

Die menschliche Sexualität hat drei Funktionen. 1. Sie ist Art-Fortsetzungsmittel (gattungsgeschichtliche Bedeutung). 2. Sie ist Kommunikationsinstrument, geeignet für den Austausch elementarer Bedürfnisse am Mitmenschen (seelisch-soziale Bedeutung). 3. Sie ist biochemisches Phänomen zur Regulation des organischen Haushaltes (körperliche Bedeutung).

Die christliche Kultur hat die zweite und dritte Funktion unterdrückt. Die Protestanten haben eine kastrierte Form der zweiten Funktion zugelassen, die heute allgemein im Bereich der heterosexuellen Zwei-Personen-Konstellation propagiert wird. Über die Zwei-Personen-Ordnung der Sexualität toleriert die Gesellschaft allmählich die homosexuelle Beziehung. Wo und wenn Homosexualität sich partnerschaftlich in das Konzept der Gegenwart einfügt, fängt sie an, zum Guten zu gehören. Bedroht werden immer noch Mehr-Personen- und gruppenorientierte Beziehungen. Die dritte Funktion wird als ganze zensiert. Diese Funktion paßt nicht zur Partnerideologie. Sie anzuerkennen, würde das dauerhafte Zwei-Personen-Schema sprengen und der sexuellen Mehr-Personen- und der selbstbefriedigenden Einzel-Konzentration die Entfaltungschancen öffnen. Die Partnerbeziehung kann der dritten Funktion nicht gerecht werden. Seit dem christlichen Patriarchat wird die dritte Funktion unter die beiden anderen untergeordnet. In Wirklichkeit ist es umgekehrt. Sogar die allgemeine Natur interessiert immer zuerst die Erhaltung des Individuums, dann die der lebenden Artmitglieder und zum Schluß die Hervorbringung der Nachkommen. Denn erst das geregelte Leben eines einzelnen ermöglicht den Bezug zu anderen einzelnen, die, weil ihr Leben gesichert ist, gemeinsam neue Exemplare hervorbringen können. Das Exemplar kann und muß abdanken, wenn es die Verbindung zu den Artmitgliedern und die zur Nachkommenschaft hergestellt hat. Dazu muß *sein* Gefüge zuallererst in Ordnung und Sicherheit gebracht werden.

Die Fortpflanzungsfunktion ist in der tierischen Natur zwar wichtigstes Prinzip der Art, aber in jedes Exemplar als Prinzip des einzelnen Organismus hineingelegt, der sonst sich nicht diesem allgemeinen Prinzip entsprechend verhielte. Die Individuierung des Menschen hat hauptsächlich in der Sexualität stattgefunden. Die Sexualität ist zu einem Prinzip des Individuums geworden, dem das gattungsgeschichtliche Prinzip der Fortpflanzung untergeordnet wurde. Die erste Funktion ist Abfallprodukt, Erinnerung an ihre ursprünglich mächtige, alles Tierreich antreibende Bedeutung. Die Funktion der Fortpflanzung ist nicht mehr das in den Menschen zwanghaft eingesetzte Antriebsmotiv. Diese Verschiebung der Priorität hat Natur selbst bewirkt. Die Permanenz der Lust des Menschen bedeutet Emanzipation von der Fortpflanzung und Funktionsverteilung. Das Patriarchat erweist sich als ein tödlicher Irrweg, weil es andere Funktionen der Sexualität negiert und damit die menschliche Natur zurückdrehen will in die allgemeinen natürlichen Bedingungen.

Die Organbalancierung unter die Fortpflanzung zu ordnen, ist Menschenschinderei. Der Mensch will und muß millionenhaft öfter zur Lust als zu Kindern kommen. Und Lust kann schneller dasein als der Partner. Die sexuelle Organik in unlösbare Verbindung zur Partnerschaft zu bringen, hieße auf das Bedürfnis des Hungers übertragen, der Mensch dürfe nur essen, wenn er mit seinem Partner zusammen ist, nicht mit anderen Menschen und nicht allein. Die Befriedigung der Sexualität erfährt aber auch dann Kasteiung, wenn sie in der eingerichteten Partnerschaft gewährleistet erscheint. Sowie die Sexualität an eine menschliche Beziehung gekoppelt ist, gelingt sie so gut oder so schlecht, wie die Beziehung gelingt. Sie kann auch blockiert werden, wenn zwischen den Personen seelische Prozesse nicht ausgetragen werden (können). Der Körper muß dann wieder sehen, wo er bleibt. Ihm ist nicht genug gutgetan, wenn seine sexuellen Bedürfnisse an eine Person gekettet werden. Das kann gut sein, kann zeitweilig ekstatisch, lebendig, friedlich, auch turbulent zugehen, aber als Gesetz einziger sexueller Äußerung ist es eine Bedrohung für den Menschen.

## Krankheit – die Nachtseite der Lust

Der menschliche Körper will seine Räusche, oder er siecht. Der tatsächlich nicht oder zu wenig Lust erlebende Mensch steht unter Folter, von der er nichts weiß. Der Körper holt sich die Erschütterungen «negativ», wenn er sie positiv nicht bekommt. Krankheit ist in Schmerz verkehrte Lust. Die Laute der Qualen sind denen der Ekstase gleich. «Ließe sich annehmen», schreibt Freud, «daß auch intensiven schmerzhaften Empfindungen die gleiche erogene Wirkung zukommt.»[35] (S. 109) Die Sexualfeindlichkeit ging soweit, die Ekstase des Menschen als Ausdrucksform seiner Lebenskräfte überhaupt nicht mehr zulassen zu wollen. Sexualität hatte schlicht zu verlaufen, mußte im Dunkeln verrichtet werden. Das 19. Jahrhundert konstruierte ein Nachthemd mit einer Öffnung für vorn unten, damit die Gatten es bei der Erfüllung ihrer ehelichen Pflichten nicht noch extra auszuziehen brauchten.

Ekstase negativ in den Formen der Qual und des Schmerzes als umgebrochene Lust wird gefördert. Nur in der masochistischen Form der Krankheit ist Selbst-Befriedigung geachtet. Aus der Lustversagung, die im 19. Jahrhundert ihren Höhepunkt erreichte, hat sich eine Orgasmusindustrie – die Krankenhauswirtschaft – aufgebaut. Die negative Erschütterung bringt Geld, das interessiert den Kapitalismus. Deshalb ist die Krankheit die einzige Leistungsverweigerung, die die Gesellschaft prämiiert. Sie ist aber keine echte Leistungsverweigerung, denn der Mensch zahlt mit der Krankheit den Wirtschaften der Medizin und der chemischen Industrie seinen üppigen Tribut.

Außer der Chirurgie, der Wiedergutmachung von Unfällen, die die Bewegung von Leben immer mit sich bringen wird, brauchte der Mensch kaum etwas aus den Krankenhauskonzernen. Sie wären überflüssig, wenn die Lust ihre Leben erhaltende und Gesundheit gewährleistende Funktion zurückerhielte. Der Mensch ist mit Räuschen und ein paar Kräutern gesund. Die Hexen bedrohten das Patriarchat dadurch, daß sie die negative Ekstase wieder in die positiv lustvolle zurückverwandeln wollten. Sie wußten um die Gesetzmäßigkeiten zwischen Lust und Gesundheit, zwischen Krankheit und unterdrückter Lust.

Der Mensch war enorm erfindungsreich im Ausdenken von negativen Räuschen. Die Exzentrik seiner Krankheitserfindungen würde alle

Positionen in Liebeskunst-Werken in den Schatten stellen. Mit der Krankheit hat er aus seinem Körper Erschütterungen herausgeholt, von der die Lustekstasen keine Ahnung hatten. In der Krankheit hat er sich die extremen, die Grenzen der Person sprengenden Erlebnisse doch noch ertrotzt. Aber um den Preis von Qualen, deren Dimensionen unerfaßbar und das größte Blutopfer sind, das die Herrschaft von Männern über Männer und Frauen immer wieder von allen Menschen erpreßt.

Die Hand da unten am Geschlecht ist das älteste Rezept für die Gesundheit der Menschen, nach den Landauerschen Entdeckungen im Körper gesichert durch einen Reflex. Der Mensch läßt die Hand im Schlaf meist dicht am oder auf dem Geschlecht ruhen – zum Schutz, wie mir weisgemacht wurde. Wieso zum Schutz, im Schlaf vor wilden Tieren, falls die abbeißen, was der Mann hat, und die Frau? Nein, der Instinkt führt die Hand zur Lust da unten hin. Töricht sind die Menschen, sie sich nicht zu machen.

## Selbstfrieden gegen den Krebs

Unter allen Krankheiten ist seit ein paar Jahrhunderten der Krebs die gefährlichste. Sie ist wie keine andere zeitentsprechender Ausdruck der Lustgebrochenheit des Menschen. Nicht nur diese Krankheit ist dunkel in ihren Ursachen – die Medizin ist noch immer ratlos, sie zu heilen –, das Zeitalter ist auch verstockt, sie in den Zusammenhängen von Lust und Qual, Unbefriedigtheit und negativer Ekstase zu sehen. Wilhelm Reichs Buch *Der Krebs* wurde in Amerika noch nach dem Zweiten Weltkrieg verboten, weil es auf diese Zusammenhänge erstmals Licht fallen ließ. «Chronische Stagnation der biologisch-sexuellen Energie»,[104] umschreibt Reich den Krebs. Organisch passiert etwas, was genau das Gegenteil einer Stagnation zu sein scheint. Im Körper beginnt ein Wuchern und Rasen, eine sinnlose Hetze. Einige Zellen wachsen so schnell, wie das alle taten, als der Körper noch im Zustand des Embryos war. Die Schnelligkeit war im Frühstadium des Menschen Ausdruck seiner Reifebewegung, aus Weichteilen Gestalt anzunehmen, die ihm ein Leben außerhalb des Mutterleibes ermöglicht. Die Krebszellen überwuchern die anderen, die in ihren Funktionen ausgependelt sind, bedrohen und beschädigen sie schließlich tödlich. Was organisch beim Krebs geschieht, entspricht seelisch-sozialen Vorgängen: Die Krebszellen infantilisieren, werden kindisch, überwuchern die anderen erwachsenen oder allmählich reifenden Zellen, bis sie die Organe zum Zusammenbruch gezwungen haben.

Ich mußte einen Freund an Krebs sterben sehen. Es war so, als ob er vom 20. Lebensjahr innerhalb von wenigen Wochen 60 Jahre überspringend in sein Alter raste. Er bekam Bewegungen, Gesichtsausdruck, Hautfarbe und eine Körperbeugung wie ein uralter Mann. Der Krebs ist ein Streben weg von der Gegenwart, weg von der Person, weg von der Ruhe, weg von der Lust, weg von der Bewußtheit. Der Krebs ist Wieder-Embryo-werden-Wollen, Zurücktreiben in die Anfangsgesetze des Mutterschoßes und zugleich Durchsprung zum Ende, besinnungslose Hetze in ein undurchlebtes, unausgefülltes Alter.

Alle Krankheiten sind Zeugnisse dieser lebensfeindlichen Strebungen: Der Mensch flieht an die Schwelle des Mutterleibes zurück und eilt an die des Todes voraus. Kranke und Sterbende sehnen sich und rufen oftmals nach der Mutter.

Der Krebs macht aus diesem falschen Streben ein unwiderrufliches Prinzip der Zerstörung. Die Wellen der Lust, die Gegenwart, Besinnung, Selbstgefühl und Ruhe bringen, sind das Gegenteil von diesem Rasen. Die Zellen verhalten sich nicht außer Zusammenhang mit den Bedingungen, denen der Mensch in der Gesellschaft ausgeliefert ist. Mutwillig beginnt er nicht, selbstschädigend zurück- und vorzurasen. Alles Leben ist ein Rasen geworden, und in dem Rasen erweist sich die chronische Stagnation, der Verfall. Kollektive Krankheiten sind in die Eingeweide getriebene tödliche gesellschaftliche Zustände. Die Gegenwart hat den einzelnen schon fest im Griff. Sie braucht zur Vernichtung der Menschen nicht mehr epidemische Tötungsprogramme, wie die Pest eines war. Die Übertragung der Zustände funktioniert beim Krebs ohne Ansteckung. Der wissenschaftliche Zeitgeist ist der Zeit so unterworfen, daß er den Abstand nicht gewinnen kann, die wahren Ursachen des Krebses zu finden.

## Selbstmord als ausbleibende Befriedigung

Mensch, wenn du sterben willst, schau doch erst noch einmal in dich hinein. Hast du es überhaupt schon jemals getan? Du willst Hand an dich legen? Nicht zu deiner Lust, das ist klar! Du willst dir etwas antun, dir das Leben nehmen? Sieh dir die Sprache genau an: Du willst dir etwas «antun», und du willst «dir das Leben nehmen». Das sind elementare Bedürfnisse. In Wirklichkeit willst du etwas *für* dich tun, willst dir das Leben holen, nehmen, herausnehmen. Diese Sätze sind für das Umgekehrte benutzt worden: für den Fall, in dem du das Leben wieder abgeben willst, weggeben, von dir weisen. Warum tust du so etwas? Du tust das nie aus deinen eigenen Gesetzen heraus, sondern weil dich äußere Dinge quälen. Entweder hast du die äußeren Angelegenheiten in ihrer Bedrohlichkeit für dich nicht durchschaut, und du wirst krank und weißt nicht warum, manchmal gehst du zu weit in die Krankheit hinein, die tödlich wird. Und dann meinst du, dich durch Handanlegen noch vorher töten zu müssen. Deine Krankheit kommt von außen. Alle Unfälle, die dich lähmen, kommen von außen. Die Bedingungen, die dich deformiert und beschränkt haben, kommen von außen. Michelangelo sagte, das Gute sei das Allgemeine und das Schlechte sei dein persönlicher Teil. Es ist umgekehrt, das Schlechte ist das Allgemeine, und das Gute sieh als deinen persönlichen Teil. Erst recht sind deine Seelenqualen, die dich zum Weggang treiben, von äußeren Dingen verursacht worden. Jeder Tod vor der Vollendung des Lebens kommt von außen. Das mußt du wissen, wenn du meinst, dich beim Selbstmord persönlich entschieden zu haben. Ehe du es tust, mach erst, was hinter den Wörtern «Hand anlegen», «umbringen», «antun», «Leben nehmen» steht. Wie ist das mit der Lust? Hast du dich jemals – im weitesten Sinne – befriedigt? Hast du dir Gutes angetan, etwas wichtiges Gutes? Hast du dich einmal für dich selbst so richtig umgebracht, dich glücklich hochgebracht? Hast du dir etwas genommen, was du wolltest, nicht immer nur hergegeben – an Dingen und an Verhalten –, was andere von dir wollten? Hast *du* genommen? Ist dir das gelungen? Daß das nicht gehen soll, rührt nur von den Zwängen der patriarchalischen Umwelt her. Nur dem, der beschädigt, soll alles gelingen, und nur der, der herrscht, soll gewinnen. Wenn du dir wirklich das Leben nehmen willst, mußt du das, wie es wörtlich gemeint ist, erst einmal probieren. Du könntest mit dem Dich-Nehmen, Dich-Annehmen, Dich-Anfassen beginnen, Mensch.

## Autobieren ist besser als Rauchen

Hand, Zigarette, Mund – unentwegtes Trio zum Selbstlustgebaren fast aller zivilisierter Menschen. Die orale Selbstbefriedigung ist erlaubt wie die negative der Krankheit, weil sie industriell erschlossen werden konnte. Konzerne haben sich auf dieser Art der Selbstbefriedigung aufgebaut. Lust ist gut, aber die Lust des Rauchens hat zugleich eine Tendenz gegen den Körper, eng mit Krankheit verbunden. Das Rauchen ist ein Mittel der Befriedigung und ein Anzeichen für einen notorischen Unfrieden. Pausenlos muß geraucht werden. Und da geht es zwischen Hand und Mund hin und her. Ich stelle mir die orale Selbstbefriedigung auf die genitale übertragen vor: «Guten Tag!» – «Nehmen Sie doch Platz!» – «Danke!» Schwupp ist die Hand am Geschlecht und reibt: «Also, ich wollte noch auf den Punkt 7 zurückkommen ...» – «Sitzen Sie bequem, brauchen Sie schon ein Tempo?» – «Nein, danke, bei mir ... dauert es länger.» – «Ich glaube, wir können in diesem Falle nicht so schroff vorgehen, wie?» – «Oh, hu, ah, hm ... ja!» – Diese Szene ist eben unmöglich. Die orale Spannung abzuführen, gehört zum guten Ton, gleiches Recht für die genitale zu fordern, verabreicht Menschen einen Schock. Wer nicht raucht, ist um ein Haar komisch. «Ach so, der onaniert!», wird es nun vielleicht bald heißen.

Lang lebte der Witz auf den homosexuellen Nazi-Röhm, der angebotene Zigaretten immer ablehnte mit der ihm in den Mund gelegten Pointe: «Danke, nein, die deutsche Frau raucht nicht.»

Aber zwischen Rauchen und Autobieren gibt es keine Beziehung. Frauen rauchen *und* autobieren weniger als Männer.

Selbstbefriedigung ist gesund, das Rauchen nicht. Die heftigen Atemzüge, die die Lunge kribbeln lassen, könnte der Mensch sich öfter genital als oral holen. Da täte er auch etwas Gutes für sich, und die genitale Selbstbefriedigung geht nicht mit einer Fremdstörung einher, die Folge allen Rauchens ist. Die Rauchenden haben die Lust des Saugens, Schmeckens, Einatmens und Kribbelns. Die Drumherumsitzenden haben die Unlust des Qualmeinatmens. Selbstbefriedigung ist bescheiden, sie verlangt Ungemachsduldung von niemandem.

## Die Bewegung des Gehirns

Erotische Phantasie, die Schwester der Selbstbefriedigung, steht unter Beschuß, wenn es um die praktische Autobie-Verfolgung geht. Die alten Engländer griffen sie als äußerstes Schandezeichen an. Die Psychoanalyse sah in ihr eine neurotisierende Gefährlichkeit. Und Giese warnte vor den grenzenlosen Räumen, die der autobatorische Akt der Phantasie eröffnete.

Phantasie wird nur im Zusammenhang mit der Selbstbefriedigung angegriffen. Diese Sonderbehandlung hätte zwei Gründe:

1. Selbstbefriedigung und Phantasie gefährdeten die Moral der sterilen Zweipersonensexualität. Die Phantasie holte alles herauf, was das System mit neuen Mitteln immer wieder bedroht. Phantasien seien Handlungsanweisungen. Das Denken könne schnell zum Tun werden. In der Phantasie werde vorgeübt. Und wehe, wenn die Zügel lockerlassen ...

2. Wird die Phantasie andauernd aufs Geschlecht konzentriert, so fiele sie für die praktisch-nützlichen Tätigkeiten des Menschen aus.

Befürchtung und Behauptung stehen im Widerspruch zu den tatsächlichen Gegebenheiten.

1. Die angeblichen Gefahren der Phantasie

Sexuelle Phantasie wird bei der Selbstbefriedigung gegeißelt, als ob sie beim Geschlechtsakt keine Rolle spielte. Die Schwarzmalerei steht in keinem Verhältnis zu dem, was im Schutzraum der behaupteten reinen Monogamie stattfindet. Wie Nancy Friday in ihren Büchern[38, 39] berichtet, wuchern in den Eheakten vom Geschehen abweichende Phantasien. Während Frauen den dampfenden Ehemann über sich haben, schlafen sie scharenweise in ihrer Einbildung mit Tarzan, Heinrich VIII., James Bond, Frank Sinatra oder bekommen ihre

Orgasmen erst mit Hilfe dramatisch gestalteter Räubergeschichten. Auch von Männern wird immer wieder behauptet, daß sie während des Geschlechtsaktes phantasierten und meist ihre Partnerinnen nicht im Bilde haben. Sie sind wollüstig nicht anwesend, nur «in corpo presente», wie die Italiener sagen. «Hinterher im Gespräch kann ich oft mitbekommen, ob der Mann in seine Fetische, in seine Bilder reingefickt oder ob er intensiv an mich gedacht hat. Ich habe erlebt, daß ein Mann sich beim Ficken Bilder von kleinen Mädchen in Unterwäsche produzieren mußte, um endlich seinen Abgang zu bekommen»[51], schreibt Helga Goetze.

Phantasie- und Selbstbefriedigungsknebelungen erreichen das Gegenteil von dem, was sie durchsetzen sollen. Der Partner wird zum Apparat – ungeheure Demütigung, die durch die Ehe schleicht! Wie sollen sich Menschen Frieden und Freiheit einrichten, wenn sie ihr Intimstes nur mit Sich-voneinander-Entfernen durchstehen?!

«Identischer Fick!» Mit diesem Zauberwort ging ich lange um, Sinnbild für tiefste gegenseitige Durchdringung von Personen in einer Zweierbeziehung, und nur dort möglich. Aber daß in diesen geschlechtlichen Höhepunkten die Phantasie vor einem «Du» still wird, daß die Sinne hellwach in seiner Huldigung stehen, muß errungen werden, setzt Veränderungen des anderen voraus und die Hingabe, sich verändern zu lassen. Und dazu sind *vorher* Phantasien nötig. Ich bekomme die Menschen nicht, wie ich sie mir vorstelle. Ich muß das Glück der Durchdringung erkämpfen. Die abgemurkste Phantasie bereitet nicht auf glühende Du-Erkenntnis vor, sondern zwingt die Partner in Operettensexualität.

Ich habe als Junge zwischen zwölf und fünfzehn sogar Phantasie-Orgien gefeiert. Es waren lange Geschichten von Rittern und Fräulein, die sich in tausend Verwicklungen verheddert hatten und ewig warten mußten, bis es schließlich zum Reinstecken kam. Manchmal zog ich die Strapazen über Tage hin. Ich erzählte mir die Geschichten beim Einschlafen. Orgasmus war nicht jeden Tag dran, weil das Paar in meiner Phantasie nicht an jedem Abend zusammenfand. Ein Mädchen oder Bübchen an meiner Seite zum Einschlaffummeln, wie es die arabischen Kinder haben dürfen[24], wäre für mich schöner gewesen. Aber das lassen unsere Breitengrade nicht zu. Und wenn die Kleinen es sich auf heimlichen Schleichwegen doch hier und da ertrotzen, um aneinander zu schmusen und zu schmoren, dann ertappen sie die Erziehungspersonen alsbald und zerschneiden die Freundlichkeiten.

Also, solange alles noch beim alten bleibt, Hand zum Geschlecht und phantasieren, was das Zeug hält. Hinzu kommt, daß «das Geschlecht, die Hand und das Gehirn ... ein magisches Trio» sind, wie Tournier es sagt[141], das ein anderes Bedürfnis erfüllt, als es die Sehnsucht nach Körper an Körper befriedigt. Ich habe bei der sexuellen Anwesenheit einer Person nie phantasieren können und tue es inzwischen bei der Selbstbefriedigung in 99 von 100 Malen nicht mehr. Der andere ist oder ich selber bin mir aufregend genug. Wer seine Phantasien abschaffen will – denn an den Himmel stoßende Erschütterungen passieren bei phantasiegemischten Ficks sicher nicht –, sollte den Partner wechseln, wozu die Phantasien aufrufen, oder Pause machen, eine Zeitlang nicht ficken, was auch schön ist. Meint aber jemand, seinen Partner, den er mit Phantasien über fremde Personen oder Geschehnisse abwehren muß, sehr zu lieben und will er ihn nicht aufgeben, so sollte er die Phantasien, um sie loszuwerden, ihm erzählen, den Partner an den Bildern Anteil nehmen lassen. Vielleicht hat auch er welche. Vielleicht ähneln sich die Bilder, und die Phantasien können einander «umarmen». Ungeahnte neue Erlebnisse, nach denen die ehemals begehrte Person vielleicht eines Nachts wieder als originales sexuelles Ich wollüstig erfahrbar ist.

2. Der angebliche Verbrauch der Phantasie

Diese Behauptung nimmt sich aus wie eine Verlebendigung der bösartigen Samenlehre des 18. Jahrhunderts auf anderer Ebene, als hätte der Mensch ein Reservat an Phantasie, das er nicht für sexuelle Spielereien verbrauchen, sondern nur für gute nützliche Dinge erschöpfen dürfte. Denke er an «das eine», sei er gleich zu gar nichts anderem mehr fähig.

Die Phantasie und der Samen sind keine Speisekammer für Krisenzeiten, in der immer eine eiserne Ration für den äußersten Notfall zurückbehalten werden müßte. Der Mensch phantasiert, wie er atmet. Theologen und Erzieher sollten sich darum kümmern, daß die instrumentelle Phantasie der Männer nicht in Ordnung ist. Phantasien der Wollust tun niemandem weh, aber Konstruktionen und Erfindungen, Theorien und Systeme, Formeln und alle sonstigen Ergebnisse instrumenteller Phantasie haben um sich gewütet. Und im übrigen befruchten sachliche und sexuelle Phantasien einander. «Endlich ist es unverkennbar, daß die Konzentration der Aufmerksamkeit auf eine intellektuelle Leistung und geistige Anspannung überhaupt bei vielen jugendlichen wie reiferen Personen eine sexuelle Miterregung zur Folge hat.»[35] (S. 109) Sexualität überall: vor den Sachen und dabei und noch einmal durch sie hervorgerufen. Die Freudsche Erkenntnis zielt nicht darauf ab, die sexuelle Miterregung immer durch handliche Selbstreizung oder durch Geschlechtsakt-Vollzug abklingen zu lassen. Die Räusche können Sachräusche sein. Sie können in die Arbeitsfaszination einmünden. Selbstzufrieden an einer sachlichen Betätigung, kann der Mensch das Geschlecht lange Weilen vergessen, bis es sich plötzlich wieder meldet und diesen unvergleichlichen Rausch unerbittlich verlangt.

## Reste der Unabhängigkeit

Die Gesellschaft weiß, warum sie Sexualität als Partnersexualität konzipiert hat. Der Kapitalismus kann nur abhängige Charaktere gebrauchen. Auch die Struktur eines Kapitalisten muß so angelegt sein. Die Typologie seiner Abhängigkeit vom System korrespondiert der des Arbeiters vom Kapitalisten.

Der Reproduktionsprozeß, der diese allgemeine Abhängigkeit verlangt, läßt Lücken, die immer wieder als Sprengsatz der Unabhängigkeit benutzt werden könnten. In diese Lücken gießt sich die Partnersexualität. Kein Ur-Bedürfnis findet sich in der ausschließlich «du»-bezogenen Sexualität wieder, sondern ein zeitgemäß ökonomisches. Die Menschen müssen in den Resten an Freiheit, die der Arbeitsalltag übrigläßt, sich durch ihre libidinösen Bedürfnisse gegenseitig in die Unfreiheit knebeln. Wo die abstrakte Herrschaft der Ökonomie aussetzt, soll die konkrete Herrschaft der einen Person über die andere einspringen. Und umgekehrt soll die Herrschaft im libidinösen Bereich die Menschen einstimmen, bis sie die Herrschaft im ökonomischen ertragen wollen. Partnersexualität ist Herrschaftssexualität. Mit der seelischen Abhängigkeit voneinander herrschen Mann und Frau übereinander. Der Mann glaubt, seine körperlichen Bedürfnisse könnten nicht ohne seine Frau befriedigt werden. Im Modell der Ehe steht Sexualität auf derselben Stufe wie Abendbrot machen und Hemden bügeln. Und die Frau denkt, ihre sexuellen Bedürfnisse denen des Mannes unterstellen zu müssen, um ihre wirtschaftlichen geregelt zu bekommen. Die sexuelle Begierde ist nicht dasselbe wie das Bedürfnis nach Kontakt zu Personen. Wird Sexualität nur zugelassen als Nebenbei von personellen Beziehungen, unterdrückt dies nicht nur den Menschen gesellschaftlich und schadet seiner Gesundheit, es entstellt auch die Partnerbeziehung selbst, der die Sexualität angeblich untergeordnet werden müßte. Wir suchen unter diesen Bedingungen nicht Partner, weil wir jemanden zum menschlichen Austausch brauchen, sondern weil wir Lust befriedigt haben wollen. «Wir verstehen uns gut im Bett, aber sonst ...» ist der geflügelte Satz für diese weite Verbreitung des Mißverständnisses zwischen Bedürfnis nach Lust und Bedürfnis nach Person. Wenn beides zusammenfällt, sprechen wir von Liebe. Sexualität mit Liebe identifizieren zu wollen, wie es die christliche Ideologie tut, ist Terror sowohl gegen das Geschlecht wie gegen die Person. Die Chemie ist der schlechteste Ratgeber bei der Partnersuche. Die Drüsen gehen los, und schon beginnt das Leben zu zweit. Die Ehen sind nicht deshalb so schlecht, weil Zweipersonenbeziehungen immer unerträglich sein müssen, sondern weil bei der Partnerwahl die menschlichen Bedürfnisse von den sexuellen zurückgedrängt werden. Die Dichter wissen, was sie tun, wenn sie wie Moravia und Sartre ihre Lebensgefährten nicht an die Befriedigung ihrer Alltagsbedürfnisse fesseln. Liebe ist die Überraschung, Sexualität ist das Gewohnte. Liebe ist die Erschütterung der Personen, Sexualität die der Zellen. Ohne Liebe kann der Mensch leben, ohne Sexualität nicht.

## Der Untergang des Bordells

Wir werden zum Verlassen des eigenen Körpers gezwungen und auf die Jagd nach fremden getrieben. Die gesamte Begierdewirtschaft – von der Prostitution über die Pornoproduktion bis zur homosexuellen

Subkultur – zeigt das Ausmaß der Beschädigung, das der Mensch durch die auf Partner getrimmte Sexualität erfährt. Bei den meisten Menschen (Männern) äußert sich Wollust halbseiden, kann sich nicht als Ausdruck der Person im Angesicht einer anderen Person verlebendigen. Die gesellschaftlichen Auftragsbeziehungen der dauerhaften Monogamie verlaufen flach, die sexuellen Abwechslungsfreuden geraten schal.

Religion und Pädagogik sind heute Korsettagen der Industrie, selbstredend auch der monopolistisch aufgeschwemmten Sex-Industrie. Fortpflanzungs- und Partnersexideologien zwingen den Menschen in den sexuellen Tingeltangel. Die Sex-Industrie ist der weite Sumpf zwischen der Lust der Person auf sich selbst und der auf eine andere Person, Festlande gesicherter Ekstasen, unerreichbar für die meisten, die dazwischen versacken.

Es heißt immer, «Männer bis zu den höchsten Stellen verkehren im Puff.» Wer denn sonst? Der Mann kann nicht Generaldirektor, ein höchster patriarchalischer Funktionsträger, werden wollen und gleichzeitig identisch lieben lernen. Generaldirektor wird er, weil er das Leben aus den Augen, seinen Körper aus den Sinnen und seine Person aus der Lust verliert. Der Betrug, den die Prostitutionsunternehmen feinerer Ausführungen wie Madame Claudes Callgirl-Service in Paris an Männern aller Sorte verüben, wäre ohne Raub der Person nicht möglich: «Es ist nicht schwer, die Männer zu täuschen. Ihre Naivität ist entwaffnend, und selbst die intelligentesten meiner Klienten glaubten noch an die Seufzer, die sie meinen Gretas und Dorothys entlockten» (*Spiegel* 21 / 1975, S. 152). Die Begierde-Wirschaft ist für Männer aufgebaut worden, Zugeständnis an den Schaden, den sie sich selber antun. Ihre intimsten Bedürfnisse wollen sie industriell verwalten lassen wie ihre profansten.

Eine Selbstbefriedigungskultur würde die gesamte Fickeria in den Bankrott treiben. Die soignierte Puffmutter aus Paris bestätigt das. Sie kann mit der Zunge zum System heraus zynisch werden: «Unbestreitbar wird man nie so gut bedient wie von sich selber.»

In Beate Uhses Läden habe ich noch keinen Mann die Hosen zelten sehen. Offenbar reicht das Anschauungsmaterial nicht zur Wichsvorlage. Jede Industrie will sich erhalten. Es ist verständlich, daß die Sex-Industrie weiterhin Kirche und Moralinstitute braucht, um die Selbstbefriedigung zu verketzern. Autobie ist nicht käuflich. Mit der Selbstbefriedigung kann nichts gekauft und mit ihr nichts bezahlt werden. Das zieht spätkapitalistischen Zorn auf sie. Der Hamburger Unterweltskönig René Durand machte daraus einen Witz. Wenn vor seinen Fick-Revues ein Mann in Erregung gerät und zu dem Eintrittsgeld nicht auch noch Scheine für ein Extra-Zimmer locker hat und deshalb auf seine sich aufstülpende Rute diskret das Programmheft deckt, um das Streicheln seiner Hand über die Hose nicht sehen zu lassen, kommen die aufpassenden Damen und Herren angerast und verbieten das Reiben des Mannes als nicht Puff-fein. René Durand: «Der Ober soll nicht kahnfahren müssen.»

Als die Stripperin und Lustverkäuferin Nadja Gray in einer Bühnen-Talk-Show auftrat, hielt ich es nicht für möglich, daß Männer solch einem glitzernden Stein beischlafen wollen. Aber Deutschlands höchste Politiker reisen zu ihr. Sie erzählte eine Geschichte, die komisch gemeint war, die mir aber Beklemmung einflößte. Ein unscheinbarer reicher Japaner begehrte die Gray sexfinanziell. Sie und er saßen beim – wie die Frau dachte – vorherigen Abendessen. Nach einiger Zeit schob er ihr einen Fünfhundert-Dollar-Schein zu. Sie dachte an Vorschuß. Dann bekam sie noch einen und wurde nicht weiter zur Nacht gebeten. Der Mann hatte zwei Räusche bekommen, nur so beim Sitzen, nicht durch Reiben, sondern durch Ansehen der Glitzerfrau hervorgelockt. Der deutsche Mann sollte während der Talk-Show darüber lachen, daß der Japaner gezahlt hatte, ohne anzufassen und ohne angefaßt zu werden. Weil ihm von allein zweimal einer abgegangen war, wurde er bespöttelt. Der Japaner brachte mit seiner Reaktion zum Ausdruck, daß er weder die Frau berühren noch an sich selbst tätig werden wollte. Er wollte sich Vorstellungen entzünden lassen. Er benutzte die Prostituierte als das, was sie in Wirklichkeit ist, als eine pornographische Vorlage.

Die Pornoproduktion geschieht nicht zur Unterstützung der *Selbst*-Befriedigung, wie sie sich den Anschein gibt. Der Mann – so gut wie alle Produkte sind auf seine Interessen abgestimmt – soll mit den ihn aufregenden Erzeugnissen von sich abgelenkt und ihm soll Kommunikation vorgetäuscht werden. Auf eine geile Vorlage zu wichsen, geht zweifach ins Leere. Dabei trifft der Mann weder auf einen anderen Menschen noch auf sich selbst.

Mein langweiligstes sexuelles Erlebnis war ein gekauftes. Ich war auf Reisen, verliebt in zwei Frauen, die nicht dabei waren. Von der einen kam ich in guten Gluten, hatte Wehmutsstimmungen seit dem Abschiedsbahnhof. Sie wußte, ich reiste zur anderen. Im fahrenden Zug trieb Sehnsucht mich an die Grenze des Entschlusses, auszusteigen, zurückzueilen. In Marseille überschnitten sich die Gedanken an die Frauen. Ich tappte schon im Bahnhof umher mit vorandrängender Begierde auf die andere. Einen Tag mußte ich auf die Abfahrt eines Schiffes warten. Lokal? Ich hatte das Referendarexamen hinter mir, sah trostlos milchig und weltunfähig aus. Es ergriff mich ein Mensch, den ich als Dienstmann zu identifizieren glaubte. Meinen Koffer könnte ich doch besser abstellen und essen und dazu den ganzen Tag sitzen bleiben bis zum Abend. Ja? Ja, wirklich, mit dem größten Vergnügen. Wo denn, und teuer? I wo, billig und nah. Ich ging mit. Tatsächlich, um die Ecke eine winzige Stube, vier Tische; ich saß alsbald, es war frühvormittags, mein Koffer lag auf dem Schrank. Eine pralle Person zwinkerte dem Anlocker fröhlich zu. Ich aß. Es zog sich hin. Ich wollte das Essen am liebsten bis zum Abend dehnen, alles für einen Preis. Das wird schwierig werden. Die Frau begann mit mir zu bandeln. Es war sonst niemand da. Einen Schlenker konnte sie sogar Deutsch. Nein, nein, das brauchte sie gar nicht, ich müßte ja mein Französisch trainieren. Die Essensgänge zogen sich mit Weißbrot Mal um Mal und abermals in die Länge. Wenn ich zu essen Pause hatte, ließ ich starke Seufzer für morgen und schwache für gestern entweichen, war schließlich in Adornos *‹Minima moralia›* vertieft, o Trost. Denn so überzeugend angenehm, wie es der Anlocker mir ausgemalt hatte, empfand ich es hier nicht. Ich begann lange vor der Zeit des Schiffes, in Zahlunruhe zu geraten. Plötzlich kommt die Kellnerin und Köchin und Aufräumerin und Chefin, und was sie sonst noch alles zusammenkombinierte, an mich heran und neigt ihren Kopf dicht an meinen. Ich neige ihr meinen entgegen, weil ich denke, sie will etwas Wichtiges flüstern oder mir zeigen. Da züngelt sie. Was ist denn das?! Und noch Kniepauge, Kopfruck nach rechts mit Wink um die Ecke. Um ein Haar hätte sie den Zeigefinger der einen Hand im zum Loch gerundeten Daumen und Zeigefinger der anderen Hand hin und her geschoben. *«Non!»* Mein Kopf ruckte zurück und blieb auf starrem Halse geradestehen. Jetzt wurde ich auch noch rot dazu, dumm, Gott sei Dank hatte ich

Adorno, über den ich mich schnell beugen konnte. Was fällt der ein, wie sieht sie aus, dick, und das am hellen Morgen! Da könnte ja jede kommen, wo käme ich denn da hin! Und wo auch übrigens, denkt sie sich, soll das hier vonstatten gehen? Es gab außer der gläsernen, flügeligen Außentür keine andere, kein Klo und keine Seitenkammer. Vielleicht auf dem Schrank, wo mein Koffer schon liegt? Ich begann die Sache zu bedenken. Mein Bogen war zwischen den Frauen überspannt. Selbst? Doch nicht zwischen den heiligen Hallen, ich liebte die Frauen gläubig! Aber was machen, wenn es brennt? Am Ende begehrt die mich? Ach ja, deutsch, natürlich, blond, stramm, zwanzig. Und die? Unabschätzbar. Ich war um vieles jünger jedenfalls. Die Nille siedete. War ich nun gemeint oder nicht? Ich winkte sie heran: *«Sans l'argent ou avec?»* («Ohne oder mit Geld?») – *«Avec!»* («Mit.») kam es ihr in tiefer Überzeugung wie mit Tönen aus Dorfkapelltuben heraus. Danke, danke, dann kann sie mir gestohlen bleiben. Ich las Adorno. Aber das hab ich noch nie gemacht. Ich bin kein richtiger Mann ohne das. Das wollte ich doch schon immer mal wissen. Nach dem Examen – so hatte ich mit Freunden besprochen – mußte ich einmal im Puff gewesen sein. Wir wollten einen bestimmten kennenlernen, das Geld zusammenlegen, und ich sollte es machen. Aus einem Fenster meiner Bude sahen wir auf der Straße Nutten hin und her gehen. Das Peinlichste dachte ich mir das Ansprechen. Ich würde mich schämen. Hier jetzt bei der Dikken war die peinliche Phase schon vorüber. Adorno schreibt, wie erfahrungslos der Mensch geworden sei.[1] Und ich sitze hier verstockt. Außerdem wäre es gar nicht so gut, auf die geliebte Frau im Süden brünstig zu treffen. Vielleicht ist die hier billig. «Wieviel?» fragte ich, nachdem sie achtmal an mir vorübergegangen war. «20 Francs.» Das war wohl passend oder sogar billig. Ja, das war billig. Der Schwanz blieb – gestützt mit Adornoargumenten – eisern. Außerdem möchte ich doch mal sehen, wo das hingehen soll. Vielleicht im Keller oder hinter dem Büfett. Sie schließt vielleicht das Lokal und hängt ein Schild «Bin weggegangen, komme gleich wieder» vor die Tür. Also gut, also ja, also los. «Ja!» Die Frau wird ruhig. Sie bindet sich die Schürze ab, macht sich das Haar. «Einen Moment noch.» Sie ordnet etwas, räumt meinen Tisch ab. Noch einen Moment, noch einen, blinzelt sie mir immer wieder zu. Jetzt winkt sie präzise. Wir gehen weg. Nicht hier? Nein! In olle Straßen hinein in die Hafenenge, auf einen richtigen Puff los, in Marseille! Krankheit bekomme *ich* sowieso nicht, hab ich auch keine Angst davor. Wir sind da. Dunkler, muffiger, drekkiger Eingang. Eine Frau mit Schürze schlurft uns entgegen. Holperndes, lautes, unverständliches Gerede zwischen den Frauen. Ich soll ein bißchen Kleingeld aufs Büfett springen lassen. 3, 4 Francs, richtig? Ja. Ich leg sie nett hin. Die Kellnerin geht in ein Zimmer. Ich zögere. «Komm, komm nach.» Erschütternd gewöhnliche Einrichtung! Zweibettzimmer, Ehehafen, da soll es sein? Nix Romantik! Dreiarmleuchter, Messing-Milchglas, an der Decke inmitten des Zimmers. Die Tür ging nicht richtig zu – ach Gott noch mal, klemmt hier was? –, da hatte sich die Frau untenherum schon freigemacht. Endlich bekam ich die Tür zu. Wir waren allein, wenigstens die Büfettschrulle blieb draußen. Was denn nun? Pinkelt die Frau vor mir, gibt es denn hier die Klos im Zimmer? Ach so, sie wäscht sich ja bloß! Nur dort, wo es hineingehen sollte, hatte sie sich ausgezogen. Strumpfhalter-Sex mußte das werden. Kaum ließ ich vorsichtig meine Hose herunter, saß die Frau schon vor mir auf der Bettkante und hatte meinen halbwegs schräg baumelnden Schwanz im Munde. So kenne ich das nicht! Die Nille ängstigte sich und wurde unergiebig. Das wär ja noch schöner, ich hatte für die natürliche Öffnung gezahlt. Zurück stoß ich die Ziege! Jetzt muß man zu Geilem übergehen. Ich warf die Frau aufs Bett. «Hast du noch 10 Francs dazu, für eine halbe Stunde?» fragte sie. Sie schielte, von oben aus gesehen. Was, auch das noch, eine halbe Stunde! Einmal richtig ran, ruff, rin und Schluß. Und dann rief ich: *«Mon Dieu!»*, um zu guter Letzt auch ein bißchen sprachlich Sex-Kommunikation zu machen. Kaum hatte ich gespritzt, stieß sie mich weg und setzte sich gleich wieder auf das Zimmerklo.

Die Prostitution wird von der Männergesellschaft gehätschelt. Puffs greift niemand an, über sie wird geschmunzelt. Das Patriarchat weiß, warum es das macht. Die Brutalität, die es mit der Prostitution den Frauen antut, schüren die Frauen in den einzelnen Männern aufs neue. An Orten, an denen ihm so gut und prompt zurückgezahlt wird, läßt das Patriarchat das Geschlecht ungeschoren. Wenn die Frauen die Puffs schließen würden, hätte diese Tat auf Männer wahrscheinlich eine größere Wirkung als Aktionen der Frauenbewegung.

## Die vernachlässigte Verantwortung

Das Leben der Menschen spannt sich zwischen vier Verantwortungen. Zwei Komplexe stehen einander gegenüber: Verantwortungen des Menschen für sich selbst und Verantwortungen für andere Menschen.

1. Die persönliche Verantwortung für sich selbst, 2. die Verantwortung für sich selbst in sachlicher Hinsicht, die das Arbeits- und Berufsleben betrifft, 3. die «horizontale» oder soziale Verantwortung für andere, bei der es sich um das Sozialgefühl, die «Nächstenliebe», den Gemeinsinn des Menschen handelt, und 4. die «vertikale» oder biologisch-pädagogische Verantwortung, die die Elternliebe gegenüber blutsverwandten oder adoptierten Nachkommen und die Erziehungsbereitschaft gegenüber jüngerem Leben umfaßt.

Männer und Frauen wachsen zu voneinander getrennten Rollen auf, indem sie nur eine Verantwortung übertragen bekommen und ihnen alle anderen entzogen werden. Der Mann wird zur zweiten, der sachlichen Verantwortung für sich selbst, als seinem Hauptprinzip verpflichtet, angeblich, damit er der dritten, der Verantwortung für das Gemeinwesen, gerecht werden kann. Der Mann im Patriarchat hat aber keine Verantwortung für das Gemeinwesen, sondern jagt es allmählich zu Tode. Die Frau wird auf die vierte Verantwortung beschränkt – Sorge für die Nachkommen und alles, was in weitem Umfeld dazugehört.

Abbau des Patriarchats heißt Wiederbemächtigung aller vier Verantwortungen durch alle Männer und alle Frauen. Das wichtigste Problem dabei ist die Wiederbemächtigung der ersten Verantwortung. Sie ist allen Menschen gestohlen worden. Inzwischen ist sie die entscheidende Voraussetzung für ein befriedetes Gemeinwesen geworden.

Die Verantwortung für sich selbst in persönlicher Hinsicht betrifft die Glücks- und Liebesfähigkeit, die Lebenslust des Menschen. Der Mensch muß das tun, was für ihn – jeden einzelnen – richtig ist. Eine feministische Freundin beschrieb es einmal so: «Was mir nicht nützt, meine eigene Befreiung nicht fördert, meine Veränderung nicht vorantreibt, mein Glück nicht schafft, ist das Falsche, und es wird sich auch immer als das Falsche für die Allgemeinheit auswirken. Was bei allgemeinen Bewegungen und Unternehmungen sich nicht zu meinem eigenen Nutzen hin entwickelt, lehne ich ab.» Es kommt nicht darauf an, was andere wollen und meinen. Der Mensch muß seines eigenen Glückes Schmied sein. Er muß mit sich und mit anderen Personen nach seinem Gutdünken umgehen dürfen, ohne immer unter dem patriarchalischen Dogma zu stehen: entweder du oder ich. Der Mensch muß die Liebe, die Sinnlichkeit erproben dürfen, seine persönlichen Wünsche entdecken, seine Veranlagungen, seine Konstitution ertasten und sich dabei nicht zur Rücksicht auf andere abklopfen lassen.

Der Satz «... sich mit sich und mit anderen lustvoll beschäftigen», der den Professor Scheuch im Fernsehstudio hochgehen ließ, hat mit dieser Verantwortung zu tun. Und das Thema «Selbstbefriedigung» ist Teil dieses Bereiches, ein Ausschnitt aus dem Kapitel der Person.

Zwei Schlagwörter hämmert die Gesellschaft gern auf den Menschen ein: Individualität und Autonomie. Sie behauptet, das Zeitalter der Neuzeit hätte der Individualität des Menschen ungeahnte Entwicklungen ermöglicht. Mit Gruseln deutet sie auf China, das Exempel angeblichen Raubes der Individualität.

Was ist denn in unseren kapitalistischen Breitengraden «normalerweise» individuell? Daß wir die Haare lang oder kurz tragen, die Wohnung oben oder unten bewohnen, das Sofa rechts oder links im Zimmer steht, unser Auto gelb oder rot ist, wir den Urlaub hier oder dort verbringen? Diese angeblichen Eigenheiten sind nur Typologieunterschiede. Wir dürfen uns in ein paar Extras austoben. Extras machen aber noch keine Individualität.

Der Mensch darf eigenartig bis zum Kauz und bis zur Schrulle nur außerhalb der Gesellschaft werden. Autonomie und eigene Lebensgestaltung sind nur ein paar Randständlern möglich, sonst ist das Leben Norm mit Anhängseln, *die* allein ausgewechselt werden und sich unterscheiden dürfen.

Am deutlichsten ist die Unterdrückung von Autonomie und Individualität im Geschlechtlichen. Verantwortung für seine Sinne zu übernehmen, daß sie nicht ihn selbst und andere strapazieren, wird dem Menschen verhindert, wo und wie das System es kann. Als Kind muß er sich beim Erlernen dieser Verantwortung so schwer tun, daß er als Erwachsener in seinem Lustverhalten ein Sozialfall bleibt. Das Geschlecht wird zu Beginn des Lebens boykottiert, bis es zeitlebens anderen Menschen zur Last fallen muß, bis Selbstqual und Leidenmachen überall gesichert sind. Der Mensch läßt sich in eine Kette von Demütigungen spannen, wenn er, nur weil sein Körper orgasmuswillig ist, auf die Tour nach Sexualobjekten geht. Er schwächt sich nach jedem nichtidentischen Fick mit einem fremden Sexualobjekt. Nach dem Energieverschleiß der Mühe, jemanden herumzubekommen, aufzureißen, anzuhauen, machen Ekel, Scham, Unlust und Depressionen hinterher allen Nutzen des Rausches wieder zunichte. Ein Fremdenbett kann Überraschungen bringen, aber die meisten Schnellficks mit fremden Körpern, abgenutzten Körperhaltungen sind wie Bistro-Theken-Stehen: einen hinterkippen.

Die beschämendste Folge der Verantwortungslosigkeit sich selbst gegenüber ist die Eifersucht. Wer sich nicht hat, braucht einen anderen Menschen für elementare Stützmaßnahmen der Person. Kraft durch sich selbst, wovon die östlichen Philosophen sprechen – das gibt es hier nicht. Kraft soll aus anderen gesogen werden. Kraft kann aber jemand nur abgeben, wenn er sie selbst schon hat. Da alle Menschen selbstentkräftet sind, pappen sich die Partner zum besseren Standvermögen aneinander. Wehe, wenn der eine abtritt, dann schwankt das Gebäude des anderen. Eifersucht wird gezüchtet, weil sie eine die Menschen gegenseitig fesselnde Sozialstimmung ist. Die leeren Stellen, die verhinderte Selbstbeschäftigung zurückläßt, müssen mit anderer Leute Geschlecht aufgefüllt werden. Echte menschliche Beziehungen würden die leeren Stellen besetzen und Eifersucht überflüssig machen.

Henry de Montherlant sagt: «Ich danke dir, daß du mich verlassen hast. Du hast mich dadurch mir selbst zurückgegeben.»

## Einübung der Zärtlichkeit

Karikatur und Symbolfigur für die Selbstbefriedigung ist Diogenes, liegt im Faß und ärgert sich, daß er seinen Magen nicht genauso durch Reiben befriedigen kann wie sein Geschlecht. Negatives Merkmal für die Selbstbefriedigung ist die Isolation. Die vorangegangenen Kapitel behandelten Aspekte des Verhältnisses zwischen Selbstbefriedigung und Person. Trotz hehrer Begriffe, die ich mit der Selbstbefriedigung in Zusammenhang gebracht habe, färbte sich die Wirkung ein, Selbstbefriedigung sei nur eine Angelegenheit der Person, ein sie isoliert betreffendes Phänomen. Die nächsten Kapitel sollen die Aufmerksamkeit hauptsächlich auf soziale Phänomene richten, die mit einem selbstbefriedigten Menschen in Zusammenhang stehen.

Männer und Frauen sind miteinander lustunbegabt, weil sie die Lust nicht an und für sich selbst erlernen dürfen. Zwischen Selbstliebe und Fremdliebe gibt es eine innige Beziehung. Wir werden in unseren herkömmlichen Aufzuchtsbedingungen der bürgerlichen Familie nicht richtig geliebt, weil wir dort nicht zur Selbstliebe erzogen werden. Wir kommen aus der Menschenfabrik «Familie» ich-schwach heraus.[96] Die Hinlenkung zur Selbstbefriedigung ist eine Erziehung, die die Menschen auf dem Wege zur Selbstliebe voranbringt. Im historischen Moment ist die «Förderung der Onanie» wichtiger als die der Sprache, die das System inzwischen routinemäßig betreibt. Die Zärtlichkeit zu sich selbst, die Ausbildung der ich-stärkenden Lustfähigkeit, ist heute für die Gesellschaft wichtiger als die Spracherziehung. Wir werden von einem bestimmten *unzärtlichen* Typ Mensch (Mann) in den Untergang geritten. Weil das Patriarchat eine Männergesellschaft ist, betrifft dieses Problem in erster Linie den Mann. Die Einübung der Zärtlichkeit steht im Widerspruch zur Einübung der Gewalt. Die Stoppung des Weges zur Zärtlichkeit bahnt den direkten Weg zur Gewalttat. Die kastrierte Zärtlichkeit hinterläßt in der männlichen Seele eine Wunde, die oftmals sofort mit den Pflastern der Kriminalität und der Trunksucht verklebt werden muß. Die zivilisatorisch unterstützten Folgen der Zärtlichkeitskastration sind noch verheerender. Der Mann darf an seinem Glied nicht selig werden, darf nicht ein für alle Male die Kostbarkeit, Schönheit und Vorsicht dieses Instruments kennenlernen. Der Schwanz darf nicht konkret, sondern er muß abstrakt und rigoros werden, bis er in phallischen Verzweiflungsakten wie Mittelstreckenraketen instrumentell durchdreht.

Die Einübung der Zärtlichkeit verlebendigt das Gefühl des Wunderbaren, das an sich selbst zu begreifen der kleine Mensch in Ruhe gelassen werden will.

Neben der Kulturleistung, den Mann von seinem phallisch umgewerteten Blödsinn der Waffen und Konstruktionen wieder zurückzuholen, hätte die Selbstbefriedigung eine Wirkung auf die Innigkeit der Geschlechter untereinander. Der Zeitgeist mault darüber, wie immer früher immer mehr Jugendliche untereinander zum Geschlechte drängten, das gäbe zu frühe Kinder noch von Kindern.

Die alte Sexualerziehung hieß Ausradierung aller Vielfalt der Lust: Frau = Loch, Mann = Drang zum Ran, Rauf, Rein. Die Anti-Sex-Ideologien wollten mit der Anti-Lusterziehung (der Lustverwehrung) die Fortpflanzung selbst erzwingen. Das Ran-Rauf-Rein macht Kinder. Vierzehnjährige Mädchen zu schwängern, vermurkst Sozialentwicklung. Pillen im Körper der Wachsenden schaffen dort noch mehr psycho-physische Unruhe als in dem Körper ausgewachsener Frauen.

Pillen- und Geburtendilemma kann behoben werden: Abschied von der Erziehung zur Fortpflanzungssexualität, Einübung der Zärtlichkeit. Die ausschließliche «Reinsteck»-Sexualität hat sich längst als eine Spielart der Gewalt entpuppt. «Vollzugsakt» heißt es. Das von der Zärtlichkeit kahlgeschlagene Geschlecht kann nur noch vollzogen werden. Der Junge, der die Möglichkeiten seines Körpers, seines Gliedes ertastet, wird die Möglichkeiten anderer Körper ertasten wollen. Er wird sich auf Mädchen nicht werfen und lächerliche Stümpereien wie Vergewaltigungen – Zeugnis der zur Notdurft heruntergekommenen Sexualität – nötig haben. Wenn er die Vielfalt von Berührungen an sich selbst kennenlernt, wird er bei Mädchen nicht nur auf Reinstekken fixiert sein, sondern mit ihnen Berührungen teilen wollen. Den Austausch von Zärtlichkeit kann er nur begehren, wenn er Zärtlichkeit für sich selbst begriffen hat.

Die Einübung von Zärtlichkeit läßt das Geschlecht zeitlebens bis ins Alter wach bleiben, Potenzabfall ist ein Merkmal der «Reinsteck»-Sexualität. Die Kraft der Zärtlichkeit versiegt nie, weder für sich noch für andere.

## Überwindung der Rolle

Die «Onanie»-Kampagne ist bis heute Rollenstrategie. Das Patriarchat «weiß» immer, was es zu jedem Zeitpunkt seiner Existenz tun muß, um seine Erhaltung zu garantieren. Es kann heute das Umgekehrte von gestern zu seiner Stützung probieren[42] (S. 169, 215). Die Zwiesprache mit sich selbst – bei der Selbstbefriedigung wirken zwei Kräfte, der Kopf, der lenkt und will, und das Geschlecht, das es macht und Lust gibt – hat für beide Geschlechter rollenüberwindende Wirkung. Sie verlangt Tat und Hingabe, Aktivität und Passivität zugleich. Sie ist der Zusammenklang von Widersprüchen, erreicht die Aufhebung der Poligkeit. Ihre Praxis käme der Neugestaltung der Geschlechterbeziehung zugute. Der Mensch, sein Geschlecht mit sich selbst geübt, kann sich durch dieses seelische Training in neuer Weise mit anderen Menschen austauschen, ohne von der Voraussetzung eines überwindungsnotwendigen Gegenteils seinen Weg zum «Du» antreten zu müssen. Selbstbefriedigung ist beim ungeknebelten Menschen keine Imitation eines geschlechtlichen Zusammenseins mit jemand anderem. Die Hand am Geschlecht bedeutet, der Lust nachzugeben, sich fallen zu lassen, sich seinen eigenen Wünschen hinzugeben.

Die «Onanie»-Kampagne war ein Feldzug gegen die Seele des Mannes. Nachgeben, Hingeben, Sich-fallen-Lassen sind Verhaltensweisen, die er nicht üben durfte. Zur Rolle wird er genau umgekehrt zurechtgemacht: Er muß sich etwas versagen, um zu siegen; er muß aufstehen, dastehen, geradestehen, um erobern zu können. «Der Onanist kämpft an ... erleidet Niederlagen ...», «... lernt nicht, sich von sich selbst zu lösen ...», «verliert ... Mut und Tatkraft». Die «wichtige und wirklich lohnende Aufgabe, sich selbst beherrschen zu lernen, ein Mann zu werden», absolviert der Junge, indem er strammsteht für die vielen Durchhalteprogramme, die von der männlichen Existenz verlangt werden.

Wenn der Junge liegenbleibt und sein Glied stehen läßt und sich den Rauscher mit der Überzeugung holt, daß er gut ist, könnte er die Durststrecke nicht durchhalten wollen, auf die er geschickt wird, um zu den Ejakulationen vorzustoßen, die das Patriarchat ihm anbietet. Ich möchte wissen, wie oft Adolf Hitler bei seinen Reden einer abgegangen ist. Für den Samen in Hitlers Unterhose, den dort der Kammerdiener nach gehaltenen Reden seines Herrn gefunden haben soll, interessiert sich das Patriarchat nicht. Wie drückte sich doch Baldur von Schirach beim Nürnberger Parteitag 1934 aus, als er die aufpodestierte und psychisch zurechtgeknetete männliche Jugend dem Führer zur Dienerschaft ablieferte? «Selbstlos» würden die Mannen dem Führer folgen! Die Ideologen der Gegenwart, die bei der Herrichtung der männlichen Jugend für die Rolle auch die alte «Onanie»-Strategie wieder benutzen, sollten etwas geschickter vorgehen und nicht in ihren Formulierungen zu ungeniert verraten, daß ihnen der eigene Schwanz gestern noch zum rechten Ärmel hochgestanden war.

Der Junge, der sich mit seinem Gliede fallen läßt, bekommt vielleicht keinen Sinn dafür, mit einem Gewehr zu fallen. Auf den Penis des Jungen wird geschlagen, damit er ihn für sich zusammenbrechen läßt und in einer erigierenden Machtposition zu systemstabilisierender Wirkung in die Auferstehung treibt.

Hingabe an sich selbst wäre für den Mann ein seelisches Training für die Hingabe an die Frau. Hingabe an sich selbst und liebende Hingabe an andere Menschen machten den Mann immun gegen die Hingabe an herrschende Väter und an herrschende Ideologien. Der Mann vollendete sich mit der Selbstbefriedigung zur Passivität.

Die Frau vollendete sich zur Aktivität: «Jetzt bin ich beruhigt und glücklich dabei, früher habe ich immer geweint, weil ich mich niemandem hingeben konnte», umschrieb eine Freundin die geschlechtliche Unsicherheit, in die die Frau hineingezwungen wird. Der weiblichen Rolle angepaßt ist Sexualität der Frau Hingabe an den Mann. Sich selbst zu lieben, erfordert Aktivität. Frauen autobierten weniger als Männer, heißt es in allen Statistiken. «Die Geschlechtsunterschiede in der Masturbationsaktivität zeigen die Bedeutung gesellschaftlicher und sozialer Bedingungen und Verhältnisse. Bereits die sexuelle Erziehung der Mädchen ... läuft von vornherein darauf hinaus, sie an Masturbation uninteressierter und zur Masturbation unfähig zu machen; denn Masturbation verlangt stärker als andere Aktivitäten, die Initiative selbst zu ergreifen, selbst aktiv zu werden und ... Sexualität nicht im Rahmen einer Liebesbeziehung und mit einem Partner zu machen. Selbstbefriedigung ist also ein Verhalten, das Mädchen viel schwieriger mit dem ihnen anerzogenen Bild von ‹weiblicher› Sexualität vereinbaren können ...»[119] (S. 60)

Nirgendwo empfinden die Menschen ihr Festgelegtsein auf Rollen so schmerzlich wie in den angeblich persönlichsten, intimsten Momenten geschlechtlicher Umarmung. In den Höhepunkten der Entäußerung ihrer Besonderheit grinst das Allgemeine heimtückischer ihnen durch die Beine als durch die Kaufhausschaufenster auf der Straße. Es ist den Menschen unmöglich, im sexuellen Verhalten zwischen Rolle und Natur zu unterscheiden. Als erstes muß klar sein: woran wir leiden, das ist nicht Natur. Es gehört zur Rolle, wenn der Mann mit einem ewigen Ständer durch die Gegend laufen und die Frau sich einen Orgasmus machen lassen soll. «Da wußte ich erst, wie schön Liebe sein kann», gestehen Frauen in Illustriertenserien und berichten, wie ihnen der «erste Orgasmus» von Männern in festen Partnerschaften gemacht worden ist. «Ich will nicht masturbieren, ich will gefickt werden», notierte die in die passive (Hausfrauen-)Rolle gedrängte Helga Goetze und schleppte noch in ihren Aufbruchskämpfen und Rollenerschütterungen Reste des ideologischen Sperrmülls mit sich herum: «Ein liebevoller Fachliebhaber, dem das Thema echt wichtig war, der seit Jahren Informationen sammelte, meinte freundlich: ‹Solange es ein bereitetes Loch gibt, darf der Samen nicht verspritzt werden.›»[51]

Alice Schwarzer berichtet von Frauen, die sich ihre Intimität mit Männern nicht mehr durch die alten Normen der Aktiv-Passiv-Bilder haben verderben lassen wollen.[123] Die angeblich unterschiedlichen Kurven werden Frauen und Männer zur Katastrophe sexueller Unüberbrückbarkeit. Die Gesamtheit der Frauen hat durch Jahrtausende gesellschaftlicher Unterdrückung eine sexuelle Passivität oktroyiert bekommen, aus der sich jede einzelne mühsam herauskämpfen muß. Die Frauen wurden sozial verwaltet und sexuell genommen. Mit der Selbstbefriedigung kann die Frau sich ihren eigenen Körper nehmen.

Im Geschlechtsverhalten spüren die Individuen ihr Rollenfestgelegtsein nicht nur am empfindlichsten, sie regenerieren dort auch, was von ihnen die Gesellschaft als Leistung sehen will. Mehr sexuelle Selbstversenkung hebt die Trennung der Verhaltensweisen «passive Scheide» und «aktiver Penis» auf, mit denen die phallozentrische Kultur des Patriarchats die Geschlechter in künstlichen Gegensätzen fixiert hat. «Die Befreiung der Frau und die Befreiung der weiblichen Kräfte im Mann sind unbedingt notwendig, wenn die Erde und unsere Kultur noch vor dem Untergang gerettet werden sollen.» (Hedi Wyss)

## Unempfänglichkeit für Herrschaft

Die Selbstbefriedigung schafft den Kapitalismus nicht ab. Wahrscheinlich hätte mir ohne diese ausdrückliche Erklärung eine umgekehrte Beweisführung zugetraut werden können.

Herrschaft äußert sich nicht nur am Arbeitsplatz, und – was viel wichtiger ist – sie wird dort nicht hergestellt. Die Menschen bringen den Willen zu herrschen und die Duldungsfähigkeit, sich beherrschen zu lassen, an die Arbeitsplätze mit.

Selbstbefriedigung ersetzt nicht Klassenkampf, Emanzipation und was noch alles an gesellschaftlichen Anstrengungen zur Überwindung alter Verhältnisse denkbar ist. Das Tabu der Selbstbefriedigung fördert aber Verhaltensweisen des Menschen, die die Causa liefern, warum geherrscht wird. Der ökonomische Bereich stellt nur die Mittel und den gesellschaftlichen Schauplatz zur Verfügung, mit denen und auf dem der Mensch herrschen *soll*, aber im familiären Bereich werden die psychischen Bedingungen erzwungen, aus denen heraus der Mensch herrschen und sich beherrschen lernen *muß*. Es ist für uns heute Lebende gleichgültig, ob es am Anfang schon so war. Jetzt ist es so. Patriarchat läßt sich nicht nur an seinen ökonomischen Bedingungen schlüssig entlarven. Im kapitalistischen Westdeutschland geht es den Arbeitern wirtschaftlich so gut wie noch nie zuvor, im sozialistischen Ostdeutschland sind die Produktionsmittel verstaatlicht. Trotzdem herrscht in beiden Vatermacht, deren moralische Gegebenheiten einander ähneln.

Der Charakter-Aufbau des Menschen wird auf Herrschaft angelegt. Die Ideologie des Satzes: «Beherrsche dich selbst» ist eindeutig. Er wird Kindern und Erwachsenen eingetrimmt. Sein Nachsatz fehlt: «... dann kannst du andere beherrschen und dich von anderen beherrschen lassen.» Um einen herrschaftsfähigen und -willigen Menschen zu erziehen, muß die Gesellschaft an das Geschlecht herankommen. Es liefert Material und Möglichkeiten, dem Menschen Herrschaftsgebaren als Eigenschaft in das Verhalten einzubrennen.

Das Baby beginnt mit allen seinen Sinnen, die Umwelt zu erfassen: schmecken muß es, weil es Nahrung bekommt, hören, sehen und riechen notgedrungen auch; die Welt stellt sich ihm von Anfang an vor. Gegenstände zum Tasten und Greifen erhält es gereicht. Aber sein Geschlecht sucht es von selber auf. Das Tasten nach unten ist die erste selbstbestimmende Handlung des kleinen Menschen, Fanal aller zukünftigen Selbstbestimmung. Es ist kein Nachäffen des Mutterbrustsaugens wie das Fingerlutschen, das mit ihm gleichgesetzt wird. Die Hand nach unten ist die erste, selbst-verständliche Erfahrung des Menschen. Sie geschieht nicht, wie Freud es in den ‹*Drei Abhandlungen*› meint, weil das Baby die Außenwelt «zu beherrschen noch nicht vermag»[35] (S. 89). Dieser Akt ist kein Herrschaftszeichen, Ersatz für eine noch mißglückte Beherrschung, sondern in ihm ruht die Möglichkeit herrschaftsloser Entwicklung, wie es Freud selbst an anderer Stelle ausdrücklich zugibt: «... so daß nicht selten masturbatorische Sexualbetätigung und ein Stück der Gefühlsablösung von den Eltern an sie anknüpft. Daher das verdammende Urteil der Erzieher, daß solche Aufklärung (zur Lösung der sexuellen Rätsel) in diesen Jahren die Kinder ‹verderbe›.»[36] (S. 186)

Die Welt wird vom Kind als eine Einrichtung erfahren, die auf Herrschaft aufgebaut ist. Mit den ersten Selbstbefriedigungsversuchen will der Mensch seine Unabhängigkeit von der archetypischen Herrschaftsstruktur Eltern-Kind gewinnen. In diesem Moment muß die Gesellschaft zugreifen, denn sollte in ihm Selbst-Frieden gelingen, wäre der Mensch einen wichtigen Schritt auf seinem Wege zur Selb-Ständigkeit gegangen. Die Instanzen «Vater» und «Mutter», Vollzugsorgane des Patriarchats, sind deshalb zur Stelle. Ein Verbieten, ein Verneinen, ein «Nicht-Möchten», ein «Nicht-hübsch-Finden» genügen, um die Entwicklung in die Freiheit des Charakters zu stören und die Anfälligkeit für Herrschaft in den Gemütern der Menschen zu fördern.

Der Mensch muß seine Lust so lange von sich wegrücken, als Falsches bei sich unterdrücken, vor anderen verheimlichen und aus seiner Entwicklung aussparen, bis sie im «Es» als einem von ihm abgespaltenen Teil erscheint, der mit dem übrigen Teil, dem «Ich», kollidieren muß. Nun hat er sein Leben lang etwas mit sich zu tun: aufwiegeln und besänftigen, gegenankämpfen und unterdrücken – keine Energie bleibt, um äußere Herrschaftsverhältnisse abzuschaffen. Es wird schlimmer sein: Weil er die inneren nicht bewältigen kann, bedarf er dringend der äußeren. Die äußere Herrschaft braucht er zur Beruhigung seiner zersplitterten, in ihm gegeneinander wirkenden Kräfte.

Diesen Person-Kern-Spaltungen nützen die Kühlungen keiner Moral. Das versengende Feuer des inneren Widerstreites wälzt sich tödlich über alle gesellschaftlichen Belange.

Die sexuelle Herrschaftsstruktur: «Beherrschung der Partialtriebe zugunsten des Primats des Genitaltriebes» muß aufgehoben werden. Die Selbstbefriedigung ist Repräsentant der frühen unterdrückten Sexualbetätigung. Mit ihr wird nicht ein Objekt der Lust unterdrückt, wie der Mund und das Arschloch, sondern geschlechtliche Aktivität.

Erst die innere Befreiung des Menschen wird seine äußere ermöglichen. Erst die innere Befriedung wird äußeren Frieden nach sich ziehen.

Es wird behauptet, wenn alle sexuellen Tabus aufgehoben würden, machte Lust keinen Spaß mehr. Sie bekäme ihren überwältigenden Kitzel erst als heimlich Ausgeübte, als gegen etwas Verstoßende. Verbotene Früchte schmeckten süß. Diese Meinung ist ein Riegel vor Befreiungsversuchen. Die Aufrechterhaltung der Tabus dient nicht der Verfeinerung von Lust – die wenigen erhöhten Kitzel sind Zufalls- und Abfallerscheinungen –, sondern der Aufrechterhaltung von Kämpfen, von herrschaftsorientierten Verhältnissen in den Menschen, die sie dadurch von selbst nach außen übertragen. Das Sexualtabu fördert den Krieg. Der Mensch bleibt Feind des anderen. Er mißtraut ihm, das *auch* zu tun, was er gegen das Tabu tut oder tun möchte. Das Sexualtabu schwächt den Menschen. Wer gegen sich kämpft, entkräftet sich, und wer unterliegt, verachtet sich. Er muß entweder andere auch verachten und sie herabzwingen, oder er muß andere hochhalten, weil sie angeblich nicht so voller Verluste herumgehen wie er selbst. Tabuforschung ist Friedensforschung, denn der unbefriedigte Mensch schafft äußeren Unfrieden, den die Gesellschaft mit «äußerer» Friedensforschung vergeblich zu bannen versucht. Körperteile, die zur Befriedigung der Lust gehören und Tätigkeiten für sie zu ächten sowie ihre eigenen Zeiten ihr zu rauben, schafft den bejammerten Unfrieden in der Gesellschaft ununterbrochen nach.

## Das innere Abenteuer

Die Entdeckung der Wollustvielfalt an sich selbst gehört zu den inneren Abenteuern. Die eigene Person in der Kindheit und Jugend sexuell ausreifen zu lassen und als Erwachsener auch zum Ziel sexueller Betätigungen durch sich selbst zu machen, schafft nicht nur Ruhe und Frieden, sondern auch Aufregung durch ereignisreiche Erlebnisse. Die inneren Abenteuer eines Menschen sind nicht zu verwechseln mit der Zermarterung der Sinne im Kampf der zersplitterten Person-Teile gegeneinander.

Weil der Mensch nicht zu sich streben darf, strebt er sein Leben lang weg von sich. Die Hinwendung zu sich selbst erscheint zuerst als eine Hinwendung zum Geschlecht. Die abgestoppte Hinwendung zu sich selbst treibt Frauen in die Apathie und Männer in das äußere Abenteuer. Selbstverblödet sollen sie herumrasen, sich und die Gesellschaft in Unruhe halten. Zur Unruhe zwischen «oben» und «unten», die «Herrschaft» heißt, soll die Unruhe zwischen innen und außen kommen, die das «Abenteuer» genannt wird. Das äußere, selbstentfernte Abenteuer bringt nie Selbstbesinnung und Selbstfrieden, sondern – wenn der einzelne Mann es überlebt – Entkräftung. Das äußere Abenteuer stürzt den einzelnen, der sich in es begibt, in Gefahr und Tod, die Menschen, die es aushalten müssen, in Unsicherheit und Schrecken. Denn das äußere Abenteuer besteht darin, daß der Mann sich aufs Spiel setzt und seinen Einsatz meistens nicht zurückgewinnt. Alle gigantischen, patriarchalischen Erfindungen und Konstruktionen sind Zeugnisse des seines Selbst beraubten Mannes. Der Geist des selbstblockierten Mannes schafft Tod um sich. Das äußere Abenteuer will nicht nur die Preisgabe eines einzelnen Lebens, sondern riskiert auch oft die Gefährdung der Existenz ganzer Gruppen. Bis zu den «rein» wissenschaftlichen Abenteuern wie der Errichtung eines Kernkraftwerkes tobt sich der Mann in seinen Außenwelten aus.

Rettung der Welt bedeutet Nach-innen-Gehen. Das innere Abenteuer ist nicht minder erregend als das äußere, und es kräftigt das Leben, erfordert kein Strampeln für höhere Ordnungen und vorgetäuschte Gemeinschaftszwecke. Es verändert und gestaltet neu. Nur geboren zu werden und sich dann von der Gesellschaft herumhetzen zu lassen, ist zu wenig. Der Mensch muß sich auserwählen. Dann lösen sich Gut und Böse, bevorzugt und benachteiligt auf. Auserwähltsein ist bisher immer nur patriarchalisch begriffen worden, das heißt mit Segnung von oben (katholisch) oder von außen (evangelisch). Sich selbst auserwählen verlangt zu prüfen, welche Dinge «für mich gut sind», wie Ibsen Nora sagen läßt. Die Messiasse – gestrige Söhne und morgige Väter – wollen den Menschen um seine eigene Erlösung bringen. Alle Heilslehren, die allgemeine Erlösung predigen, sind verkappte Trainingsmaßnahmen für Patriarchatsgefolgschaft. Wer im inneren Abenteuer seine Auserwähltheit begriffen hat, braucht niemandem nachzufolgen.

Der Mensch ist auf äußere Dinge stolz, auf materielle Leistungen, auf berufliche Erfolge, auf produzierte Kinder, nicht aber auf sich selbst, auf seine inneren Bewegungen. Er sollte auch stolz sein auf sich und die Personen, mit denen er umgeht, die er beeinflußt und die auf ihn zurückwirken. Er sollte stolz auf den heutigen Tag sein, der ihn in die Befreiung vom gestrigen hat wachsen lassen. Der Mensch im geretteten Selbstbewußtsein könnte den Menschen zur Anbaufläche machen. Seine Seele ist noch immer Ödland. Keine neue Formel, keine Konstruktion, kein Programm, keine Revolution, keine Reform täuscht darüber hinweg, daß er brach zurückbleibt. Die Technologie ist perfekt, sie zwingt ihn weiterzuarbeiten, aber schöpferisch nötigt sie ihm nichts mehr ab. Alle auf ihre Weiterentwicklung verwendete Phantasie gehört nur dem Kapitel «äußeres Abenteuer» an, das die Welt zugrunde richtet. Selbstbeschäftigung ist das Werkzeug für den Ackerbau des Menschen am Menschen.

## Die Befreiung des Menschen

Das Patriarchat abschaffen mit Hilfe der Lust, dem Prinzip, das es bei seiner Errichtung abzuschaffen trachtete. Diesen Satz habe ich geträumt, morgens. Kurz danach wachte ich auf. Ich konnte ihn hinschreiben wie ein Traumbild. Er war aus meinem Bewußtsein, das sich seit Jahren mit diesem Problem beschäftigt, in mein Vor- oder Unterbewußtes gesunken. Ich arbeite dafür, daß er eines Tages allen ins Bewußtsein dringt, damit Patriarchat von Männern und Frauen abfällt wie eine abgestorbene Larvenhülle.

Ich sehe den «selbstbefriedigten Menschen» als ein Pendant zu den östlichen Ideen der Selbstfindung. Die Menschen dort brauchen diesen Weg nicht über das Geschlecht anzutreten. Wir ja. Uns direktes Indisches zu predigen, wie es Scharen von herübergewehten Nachthemdvätern tun, die es auf westliche Verhältnisse übertragen wollen, bedeutet Stützung unserer Patriarchate. Der direkten Östlichkeit fehlt der Stachel des Geschlechts, der den Personen unter christlichen Vorzeichen zur systematischen Gefügigkeit Jahrhundert um Jahrhundert entrissen werden soll. Unsere Befreiung wird die Befreiung unserer Sinnlichkeit sein. Die verschiedenen Wege von und nach «oben» nützen uns nichts. Unser Weg führt über die Freisetzung des «unten». Es muß im dunklen «Unten» in einer Weise hell werden, von der Sigmund Freud sich noch nichts träumen ließ. Mein Instinkt sagt mir, daß zwischen den in die Irre gegangenen Schwänzen der herrschenden Männer und ihren Zerstörungsmachwerken ein Zusammenhang bestehen muß. Das Patriarchat wird sich hüten, dort seine Forschungen anzusetzen. Als Adorno während der Frankfurter Auschwitzprozesse sagte, es wäre für die Gesellschaft von unermeßlicher Bedeutung, den Folterer Boger und die anderen Schlächter der KZs einer Psychoanalyse zu unterziehen, anstatt sie zu verurteilen und einzusperren, hat das deutsche Patriarchat eilig die Hand vor den Mund gehalten, um im Gerichtsverfahren und anschließenden Strafvollzug seine Zustände, die es in ihrer Totalisierung im Dritten Reich soeben erst verurteilt hat, noch einmal aufzustoßen.

Machtergreifungen durch vormals unterdrückte Klassen, das Gerangel von Gesellschaftsschichten und die Kämpfe zwischen Nationen sind Stützmaßnahmen des Patriarchats. Die Befreiung des Menschen ist ein innerer Vorgang, dem die äußere Befreiung folgen wird.

Der Rabbatz aller Revolutionsgrüppchen transportiert Patriarchat. Die Studentenbewegung war auch eine Vaterbewegung. Kaffeekochende Frauen und führende Männer, die uns sagten, wo und wann wir demonstrieren müßten, haben dem Patriarchat keinen Schaden zugefügt. Die Scheinwerfer der Analyse müssen heute nicht mehr auf die Köpfe der Potentaten – Unternehmer, Militärs, Politiker und Wissenschaftler – gerichtet werden, sondern auf die Schwänze, die exakter die miserablen Taten erklären.

Und der östliche Blick nach innen ohne Hintergrundbewußtsein patriarchalisch-kapitalistischer Verhältnisse ist nur ein Stieren ins Leere, denn ohne Umweltreflexion wird in keinem Inneren eines Menschen auf seine Person getroffen.

Der Abbau von Herrschaft bereitet nicht nur der Gesellschaft Schwankungen, auch in den Seelen hinterläßt er Vakanzen, in die nicht gleich neue Kräfte des Ichs hineinwachsen. Die inneren Strukturen sind so auf Autoritäten ausgerichtet, daß sie in die Brüche gehen können, wenn Autorität abgebaut wird.

Leiten und Begleiten, Entfaltung gewähren, Wachstum fördern gehört zum Umgang zwischen Menschen, Machtausüben, Benutzen und Besitzen nicht.

Wenn es sich herausstellt, die Bedürfnisse nach Mehr-Personen-Austausch und Selbstbeschäftigung lassen sich unter den gegenwärtigen Arbeitsbedingungen nicht verwirklichen, sind nicht die Bedürfnisse, sondern die Bedingungen falsch. Das ausschließliche Zwei-Personen-Modell ist eine patriarchalische Vermeidungsstrategie gegen die inneren Abenteuer eines Menschen und das person-austauschende Abenteuer mehrerer Menschen. Zu leben lohnt es sich nur für die Erlebnisse in sich selbst und für die zwischen Menschen, alles andere ist Patriarchat.

Die moderne Männergesellschaft hat sich das Tollste zu ihrer Verfestigung ausgedacht. Sie hat eine Spielart aus der Sexualität und die Sexualität aus der Gemeinschaft aller Sinne herausgerissen und sie separiert angeblich befreien wollen. Daß der Mensch heute noch ungebrochen lustvoll hören, sehen, riechen, schmecken, tasten, fühlen kann, möchte niemand behaupten. Seine Befreiung muß deshalb einhergehen mit der Befreiung seiner ganzen Sinnlichkeit.

Auf Peter Kobierskis Umschlaggrafik zur ersten Ausgabe dieses Buches sind oben rechts und links Teile von Mann und Frau zu sehen, zerrissen bei der Not nach sich selbst, darunter Hände hochgehalten wie zum Gebet nach oben, umfesselt vom «du sollst nicht».

Jaja, du sollst nach unten gehen, zur Mitte, und niemanden verehren außer dich selbst, denn jeder beste Heilige kann morgen durch einen anderen bösen ersetzt werden, wenn deine Fähigkeit bleibt, die Hände hoch-, von dir wegzuhalten. Du bist der Herr, dein Gott. Wenn du die Verehrung von dir selbst auf andere lenkst, lenkst du auch die Bestimmung über dein Leben auf andere. Erste Probe, ob du dich verehrst: Kannst du dich ohne Schuldgefühle in sexuellen Frieden durch dich selber bringen?

Aber der Schluß darf so nicht bleiben. Ich habe bis eben von Tun, Müssen und Sollen geredet und bin damit vom Thema abgewichen, dem Nachmittag eines Fauns. Befreiung des Menschen heißt ein letztes Wichtiges, wofür die Selbstbefriedigung Sinnbild ist. Als der alte Freud gefragt wurde, «was seiner Meinung nach ein normaler Mensch können müßte, ... soll er ... geantwortet haben: ‹Lieben und arbeiten›.»[122] (S. 307) Und Wilhelm Reich fügte diesem Ausspruch das Motto hinzu: «Liebe, Arbeit und Wissen sind die Quellen des Lebens, sie sollen es auch regieren.»[108]

Liebe ist Arbeit, denn Durchdringungsräusche muß der Mensch sich erkämpfen, und «das Verströmen von Güte», das Freud zur Liebe zählte[122] (S. 308), verlangt Kraft und Energie. Partner-Ekstasen, geglückte Freundschaften und gelungene Erziehungsprozesse – Zeugnisse der Liebe – sind Leistungen. Wissen beruht auf Arbeit. Und Arbeit ist Arbeit. Die Herren empfahlen zu viel Arbeit. Es fehlt die vierte Quelle, die das Leben auch speisen muß, wenn es nicht vertrocknen soll: die Muße. Ihr erquickendster Ausdruck ist die Selbstbefriedigung.

# Rezepte
# für das Geschlecht

Die Rezepte sind als Nachspeise gedacht. Forschung und Philosophie sind vorüber. Das Ende des Essays über den selbstbefriedigten Menschen soll dem Kindlichen gewidmet sein, kindlich nicht als belanglos, sondern als unangestrengt gemeint.

Die Rezepte sind kein abstraktes «Man nehme, man mache!», wie Primowitz sich das zuerst gedacht hatte. Sie sind eine kleine Sammlung, ein Allerlei von Eindrücken und persönlichen Mitteilungen von mir und anderen Menschen, die sie mir erzählt oder geschrieben haben und die ich in schon veröffentlichten Gedanken fand. Ich kann als Mann «Rezepte» für Frauen nicht geben, deshalb mußte ich mich beschränken, für Frauen Frauen sprechen zu lassen. Über den Episoden tanzt nicht nur Frivolität, sondern durch einzelne huscht auch Traurigkeit. Noch ist die Selbstbefriedigung kein reines Kapitel der Lust.

Der widerborstige Leser-Sinn, der sich bis zu diesen Seiten hat durchziehen lassen, bekommt nun die letzte Möglichkeit, dem Buch das Schlechte- und Böse-Zeichen «unanständig» aufzuprägen, falls er nicht schon früher an einigen Stellen den wissenschaftlich gesicherten Begriff «Pornographie» für seine Kennzeichnung angewendet hat.

Ich will den Unanstand und die Schamlosigkeit. Scham und Anstand sind die Pflichtübungen im Vorfeld patriarchalischen Verhaltens. Ich möchte das Geschlecht wieder zum Lächeln bringen. Sich dort zu zeigen, ist nichts Schlechtes, wie uns eingeredet wird.[2] Die Schamlosigkeiten der Herren der Welt liegen auf anderem Gebiete, im «exhibitionistischen Charakter des militärischen Auftretens», in der «sexuellen Wirkung der Uniform», in der «erotisch aufreizenden, weil rhythmisch vollendeten Wirkung der Parademärsche»[105] (S. 53), in einer sich aufrichtenden Kanone, einem hin und her zuckenden Gewehr, einer abgeschossenen Rakete, einer ausgeworfenen Bombe, einer platzenden Granate ...

Die ekstatische Umarmung und Durchdringung zweier Personen ist das Unfaßlichste, was das Leben für den Menschen entworfen hat. Aber er möchte auch manchmal faßbar werden, *sich* anfassen und nicht immer das Höchste erklimmen und ins Tiefste fallen.

Der Abstand: «Selbstbefriedigung ist für mich die reinste In-sich-Verkriechung, Abstand von allen Pflichten. Es kommt, und ich muß mich gar nicht anstrengen. Es kommt immer. Es ist meine geheimste Lust. Ich muß nicht warten, oder auch: *Er* muß nicht wieder warten. Es ist keine Turnübung. Es geht so leicht. Warum begreifen die Männer nicht, daß die Klitoris das Süßeste der Welt ist und hundertmal wiederhol-(wiedererhol-)bar ist bis zur Raserei. Wenn ich Männer um das Streicheln bitte, merke ich, daß sie scheu werden oder das als lästiges Eintrittsgeld bezahlen. Oft handeln sie: «Ich komme erst zu dir, dann mache ich es dir ...», und dann macht er es doch nicht. Wenn mein jetziger Mann es macht, ist es schon irre zart. Aber es ist ein Hingeben an ihn – während die Selbstbefriedigung ein Hingeben an mich ist – oder aber an eine Phantasie. Diese kann angeregt sein durch Bilder einer Galerie oder Musik oder Gedanken an Vergewaltigung. Letzteres erschrickt mich selber, aber ich denke es oft, um ganz geil zu werden. Das Schönste und Wichtigste: Ich brauche nicht zu warten, nicht aufzuhören, wenn es ihm kommt, um dann selber brodelnd oder lahm aufzuhören. Ich kann selber aufhören. Ich habe es schon tagelang mit mir getrieben, jedoch nie tagelang mit einem Mann gevögelt.» (Brigitte)

Das Fieber: Als ich die Gegenwartsschriften zur Selbstbefriedigung durchstöberte, verlor ich die Lust zum Schreiben und zum Handanlegen. Schriftsteller sind Autobanten, falls es jemand noch nicht weiß! Gegen eine einzelne Schrift wie die *‹Ilonanie›* – den Briefwechsel des «lieben Ehepaars T.» mit der Schülerin Ilona D.[142] – läßt sich noch sturmwichsen, aber was konnte ich gegen die Durchgiftung von Theologie, Medizin, Pädagogik, Psychologie, Soziologie, Sexualwissenschaft ... tun? Was konnte ich anderes machen, als jede Lust zu verlieren und traurig zu denken: ‹Nur weiter so mit dem Raub der Person! Die entselbsteten Roboter werden eines Tages so total um sich vernichten, daß es sogar Keller mitreißt. Dann ist zwar die Welt zu Ende, aber wenigstens Partiarchat auch!›

So ausweglose Gefühle hatte ich beim Lesen der vorhergehenden Schriften nicht. Die alten Engländer führten mich in ein ideologisches

Wildwest, und beim 19. Jahrhundert kam ich mir vor wie bei der Besichtigung eines Konzentrationslagers. Meine Stimmungen schwankten zwischen Belustigung und Beklommenheit. Meine Hände waren auf dem Tisch. Und die Psychoanalytiker ärgerten mich. Sie argumentierten glitschig. Ich war mit ihrer Hilfe hinter mich gekommen: «Onanist = Homosexueller!» Ach! Deswegen autobiere ich! So einfach ist die Sache: «Abartigenonanie!» Ich hatte es mir ja schon gedacht, daß meiner Entrüstung in diesem Buch vielleicht doch ein Defekt zugrunde liegt. Ich bekam Fieber. Ich kannte solches Fieber, wenn bei mir eine Begierdesicherung durchgebrannt, wenn ich ins Wollen geraten oder gezogen worden war und Befriedigung nicht nachkam. Die Analytiker hatten mich auch entsichert. Sie erzählen ihre «Fälle» geil. Krank sehen ihre «Patienten» nicht immer aus, wenn ans Licht kommt, was sie allein und mit anderen Menschen so treiben. Ich war nun aufgeregt, aber zum Abfahren nicht bereit. Das Anfassen nützte nichts. Ich saß – nein, ich stand – «Onanisten» stehen ja! – in der Klemme. Ich erinnerte mich an eine Fieberklemme aus einer früheren Zeit meines Lebens.

Ich war siebzehn, traf mich zu den ersten frechen Ficks mit einem zwölfjährigen Mädchen. Eine ältere Freundin hatte mich vor drei Jahren eingeweiht. Da war ich noch etwas zaghaft gewesen, wie es einem so bei Einweihungsfeiern geht! Jetzt mit siebzehn quoll Übermanns-Wollen aus mir hervor. Es gelang mit dem Mädchen auf dem Dachboden unseres Hauses, im Kaninchenstall ihres Gartens, auf einem Herd, auf der Sessellehne in meinem Zimmer. Wir waren immer gehetzt, hatten die kurzen Abwesenheiten der Erzieher ausgenutzt. Mich verlangte es nach Bett, nach einem Ehebett eine ganze Nacht lang. Das mußte etwas Besseres sein als unsere Schnelligkeiten, wenn alle Erwachsenen es so machten. Meine Eltern waren schließlich einmal weg. Ich öffnete mein keusches Jungmännerbett. Mein neunjähriger Bruder, der auch der Freund des Mädchens war, wurde eifersüchtig, als ich ihn zum ausnahmsweise früheren Schlafengehen bewegen wollte. Er zögerte mein erstes «Ehebett» mürrisch hinaus: «Ihr wollt ja bloß ficken!» – «Ach wo! Nee, gar nicht!» Als der Bruder endlich seinen Widerstand aufgegeben hatte, schlichen das Mädchen und ich in mein nun für Stunden ungestörtes Zimmer ins fürs erstmalige Ununterbrochensein geöffnete Bett. Totaldampf der Leiber. Trotz viel Zeit lieber gleich erst mal rein, ganz. «Aua», sagte das Mädchen. Etwas tat ihm weh. Versuchen wir es noch mal vorsichtig! Ging auch nicht. Ein Pickel, eine Entzündung, ein Was-weiß-Ich, es genügte für ein Es-geht-Nicht! «Lassen wir es für heute.» – «Dann tschüs, bis morgen!» Da waren die Eltern wieder da, mit Bett war dann lange nichts mehr. Ich benahm mich noch so taperig, daß ich außer Reinstecken in die «natürliche Öffnung» nichts anderes tun, mir nichts ausdenken konnte. Zur Strafe blieb ich mit «Gewehr über» übrig. Jetzt passierte das Fieber. Selbst ...? Nein! Ich wollte das nicht mehr tun. Meine «Nein»-Zeit war angebrochen. Ich war erwachsen, war für das Natürliche in der natürlichen Öffnung mit dem natürlichen Mädchen im natürlichen Bett. Das ging nun nicht. Ich wälzte mich auf dem Boden, begann zu schreien. Es heißt, Orgasmus und epileptischer Anfall hätten etwas miteinander zu tun. Ich hatte keinen Orgasmus, wollte keinen und hatte nun meinen Anfall und das Fieber. Die Nachbarn kamen. «Was ist denn? Liebeskummer? Nunuchen, wird nicht so schlimm sein, geh mal ins Bett und schlafe schön» – «Jaja.» – «Gute Nacht.» – «Auf Wiedersehen.» Und da stand ich allein vor dem Waschbecken, und der Schwanz stand immer noch, nackt und alles dicht: Hand und Waschbecken, und der Schwanz stippte direkt hinein. Scheißfieber! Irgend etwas war im Kopf schon losgegangen, verheult und verquollen sah ich aus. Und morgen in die Schule! Im Sportunterricht vielleicht die Rübe zur Turnhose heraus: «Guten Morgen, Fräulein Peters, haben Sie zufällig noch Platz in Ihrer Tasche für mein Schlüsselbein?» Nein, nein, verflucht, ja, ja. Das Mädchen eben, das Fräulein morgen, jetzt bin ich Ich und mache, was ich will. Stoßen, immer will ich das. Mann, Mann, was heißt hier «Nein»? Feuer in meinem Kopf und bis in meine Füße hinein. O du mein Gott Arsch mit deinen Muskeln. Weib? Jetzt wirklich notwendig? Erfüllung? Nee! Hand, Waschbekken und das Schönste auf der Welt in meinen Fingern. Ich lachte und wölbte mich vornüber. Wollen und frohlocken, doch, doch, immer, immer, und nie wieder «nein». Die Nille kam auf mich zu, sagte freundlich: mach es gleich noch mal, immer wieder, wie, ist ganz egal, aber mach es. Sie lachte, raste, flog und schäumte über mich. Daß die Menschen keine Ahnung von dem Gewitter in sich haben. Ich lachte und lachte und lachte, guckte auf meinen Bauch, dann auf den Wasserhahn, in das Becken, auf den Rand. Wo war es denn hingegangen? Ach, ein bißchen auf den Vorhang, so hoch? Mensch! Langsam blinzelte ich höher, bis mein Blick im Spiegel war: Gut schön glücklich, mein Gesicht, und kein Fieber mehr.

Das 20. Jahrhundert zeigt mit dem Finger auf mich und das Erlebnis und spricht das Makelwort: «Ersatzbefriedigung». Nach der Freud-Lektüre hatte ich das Fieber wieder. Das Mädchen war nicht mehr da. Niemand war da, nur ich mit dem Fieber. Aber ich hatte nichts mit mir vor. Doch, doch, los, das Fieber muß weg, mach schnell, sonst kannst du nicht weiterschreiben. Unwillig zog ich die Hose herunter, schlurfte ins Bad. Unkompliziert wollte ich gleich ins Klo spritzen, «einen runterholen», Fieber wegmachen. Es ging nicht, der Florian, Prinz zur Nille, wurde immer wieder schlapp. Mißmutig zerrte ich mich durch die Wohnung. Die Hosen waren noch unten, ich zog sie zornig nicht wieder an. Dann also etwas anderes: Fressen, Reste-Gnitschen, Süßigkeiten, Trinken. Oh, ein Gedanke, plötzlich wie vom Himmel! An den Schreibtisch hingerast. Mit dem nackten Hintern auf dem kühlen Stuhl wollte ich nicht sitzen, ich kniete am Tisch. Der Gedanke, der eingeblitzt kam, war gut. Beim Schreiben ging die linke Hand zwanglos zum Schwanz. Denken und knien und schreiben, sinnvoll auch, zu reiben und die Hüfte locker zu bewegen. Seltsam, das war wohl ich: die Gedanken, das Schreiben, der Zorn auf die Psychoanalytiker. Nicht auf dem Klo. Am Schreibtisch bündelte sich aus den Verschiedenheiten endlich Lust. Den Schwanz unter dem Tisch konnte ich in dieser Stellung nicht sehen. Ich hörte auf zu schreiben und schaute aus dem Fenster, rieb sachte weiter und hatte bald wieder mein befreiendes Lachen. Die Gedanken machten Pause. Ich sank zurück, versank, die Schenkel hörten zu, der Samen kann schön rauschen. O Sigmund Freud! Ich habe jetzt mein Lachen und mein Rauschen und mein Schreiben und kein Fieber mehr. Du, deine Schüler und meine Zeitgenossen wollen nicht, daß ich das tue, geben Defekterklärungen ab.

Die Meditation: «Ich fühle jetzt, daß Masturbation eine Form der Meditation über Selbstliebe ist. Wenn ich masturbiere, schaffe ich in der gleichen Weise einen Raum für mich selbst, wie ich es für einen besonderen Liebhaber täte – weiches Licht, Kerzen, Räucherstäbchen, Musik, Farben, Oberflächen, sexuelle Phantasien, alles, was mich in

Stimmung bringt. Wenn ich meine Hand verwende, benutze ich auch Öl oder Creme. Das schlüpfrige, feuchte Gefühl von Öl auf meinen Genitalien ist sehr sinnlich. Ich verwende einen Finger oder meine ganze Hand und mache kreisende Bewegungen oberhalb des Klitorisschaftes, unterhalb, auf ihm oder zu den Seiten hin. Ich probiere einige Techniken aus – mit schnellen, langsamen, sanften und festen Bewegungen, wobei ich beobachte, welches Erregungspotential jede von ihnen enthält. Ich liege auf dem Bauch, der Seite, dem Rücken, ziehe meine Beine an und strecke sie aus. Ich habe auch ausprobiert, mich selbst in einem Spiegel zu betrachten. Ich sah, daß ich nicht schrecklich oder seltsam aussah – ich sah sexuell und wunderbar intensiv aus.» (Betty Dodson[22])

Die Übung: «Ich bin zur Zeit ohne ständigen Partner, der vorübergehend abwesend ist: Selbstbefriedigung ist inzwischen für mich zu einer erkenntnisreichen, erfreulichen, entspannenden ‹Übung› herangereift. Ich ziehe sie einer Wahl-(-losen)Bekanntschaft zwecks Bumsen vor, da bei ihr die Aussicht auf Erfolg (das heißt Befriedigung) ungleich eher gegeben ist.» (Paula)

Das Gebet: (siehe Seite 24f)

Der Frieden: «Das Wichtigste: Du mußt ihnen sagen, entspannt euch! Ganz ruhig, Jungs!» (Wolfgang Korruhn) Im Wort «Selbstbefriedigung» steckt «Frieden»; also nicht hetzen, das muß als erstes beachtet werden, wenn einem die Selbstbefriedigung gelingen soll. Die Jungen verzerren dabei oft die Gesichter, strengen sich an, jagen in Sekunden den Orgasmus heraus. Der Orgasmuszwang verunstaltet die Selbstbefriedigung genauso wie die Geschlechtsakte. Ein Blick nach Fernosten tut not. In der Yoga-Kultur wird das geschlechtliche Beieinandersitzen gepriesen, stundenlang die Glieder ineinandergesteckt. Ficken auf Null geschrumpft, Orgasmus nicht durch Bewegung erreicht, sondern durch Willen. Wir müssen nicht gleich so lange stillhalten, aber ein bißchen Sanftmut in unsere Geschwindigkeit hineingebracht, wäre schön. Du kannst wunderbar langsam reiben, liegen und nochmals liegen, nicht auf jemandem oder unter jemandem. Immer diese Pressungen! Wir sind doch keine Oblaten?! Du brauchst nichts zu sehen, nichts zu denken, nichts zu reden, nicht mal anhimmelnd zu flüstern, brauchst auch nicht wie beim Ficken ein freundliches Gesicht zu machen oder etwas Nettes auszurufen. Du kannst stöhnen, zittern, bibbern, schmatzen, grunzen, alles machen, was du willst.

Wie der Frieden im Patriarchat, so bekommt auch die Selbstbefriedigung nur Zwischenzeiten eingeräumt. Ihre Bilder, die unsere Kultur uns in die Sinne schwemmt, zwingen uns immer Eile, Eile auf, nicht Weile. Herzanfälle sollte der Zuschauer bekommen im Anblick des Schluchzens der Ingrid Thulin in Bergmans «Das Schweigen». Selbstbefriedigung ist dort etwas Erschütterndes, Armes, Gehetztes, Krankheitsgezeichnetes. Scharen von Kinogängern wird diese Szene in Schweißausbrüche gezwungen haben. Das sollte sie auch. Denn so gottverloren, partnerverloren wird der Mensch dargestellt, wenn er sich selbst befriedigt.

In Kroetz' *‹Heimarbeit›* reißt der Mann nach kurzem Schnaufen hinterm Sofa plötzlich ein Handtuch vor die Hose. Das war milieugerecht, die «kaputten Arbeiter» wichsen wohl so, aber der Intellektuelle Peter Handke ist mit dieser Tätigkeit auch nur lustlos beschäftigt.

Der Knick: «Ich ließ das Wasser herausrinnen, während ich noch sitzen blieb. Das Wasser floß sehr langsam ab, und als ich zurückgelehnt, mit geschlossenen Augen dasaß, kam es mir vor, wie wenn auch ich selber, mit dem gemächlichen Rucken des Wassers, nach und nach kleiner wurde und mich schließlich auflöste. Erst als mir kalt wurde, weil ich ohne Wasser in der Wanne lag, spürte ich mich wieder und stand auf. Ich trocknete mich ab und schaute meinen Körper hinunter. Ich ergriff mein Glied, zuerst mit dem Handtuch, dann mit der bloßen Hand und fing, während ich so stand, zu onanieren an. Es dauerte sehr lange, und manchmal machte ich die Augen auf und schaute zu dem Milchglasfenster des Badezimmers hinüber, auf dem sich die Schatten der Birkenblätter auf und ab bewegten. Als der Samen endlich herauskam, knickte ich in den Knien ein. Dann wusch ich mich, duschte die Badewanne sauber und zog mich an.»[57] (S. 16, 17)

Der Ellbogen: (siehe Seite 12f)

Das Internat: «Ich war vierzehn Jahre alt, ich erinnere mich genau, es war 19 Uhr, der Erzieher las wie üblich eine dumme Geschichte über einen Gottesbeweis vor. Wir waren 28 Jungen, kein Mädchen im ganzen Internat. Mein Bett war in einer geschützten Ecke. Neben mir lag Stephan und fragte mich, ob ich wüßte, was alles weiß ist im Raum, wartete meine Antwort nicht ab, hob die Decke und zeigte mir sein erigiertes Glied, rieb noch einmal, und ich wußte, daß also nicht nur die Wände weiß waren. Ich hatte gelernt. Stephan klärte mich am nächsten Tag auf, daß das nicht Pipi war. Meine Neugierde war groß, da er angab, auch gewisse Lustgefühle zu haben. Einen Tag später, der Erzieher las wieder – für mich existierte Gott immer noch nicht –, probierte ich und schaffte es. Mein Glied wurde steif, ich rieb wie vorgeschrieben. Plötzlich Gefühle, meine Hand war voll Samen. In meiner Verwirrung raste ich noch mit offenem Schlafanzug und Samen in der Hand durch den Saal am Gottesbeweisenden vorbei zum weißgekachelten Klo. Meine Onanie-Ära war angebrochen. Die verschiedenen Vorstellungen dabei und die Anlässe, die mich reizten:

a) Onanie aus Lust und Bindung an andere; die Erfahrung an mir selbst und zugleich auch die Möglichkeit zu sehen, daß andere ähnlich fühlten wie ich.

Ich wurde jeden Abend etwa ab 21 Uhr von Stephan eingeladen. Er flüsterte: ‹Mogst?› Ich mochte, mich reizte das gemeinsame Gefühl. Ich rieb ihn, er rieb mich bis zum Höhepunkt. So verging ein halbes Jahr. Ich kannte neun Jungen sehr gut. Zwei sehr einfühlsame waren auserwählt. Erste große Komplikation, die für mein ganzes Leben entscheidend werden sollte. Ich merkte, daß ich nie Gefühle hatte, wenn mein Partner mich rieb. Ich mußte mein Werk selbst vollenden. Erste Anzeichen vielleicht für Isolation. Vielleicht hatte ich kein Vertrauen mehr zu Partnern. Die ersten Strafen folgten. Ich wurde nachts vom Leiter – einem brutalen Henker (Nazi?) – entdeckt, im Bett, aber im Bett meines Intimus. Das Licht wurde angemacht, und wir beide hörten uns an, was wir getan hatten, alle anderen waren informiert. Die Kraft, das auszuhalten, hatte ich durch das Wissen, daß fast jeder im Schlafsaal mehr wußte als die Theorie. Außerdem war ein Wunder geschehen, ich fühlte es in der Hose: Ohne Mechanik fühlte ich den Höhepunkt, Erguß aus Angst und Beschämung. Damit Einleitung zu einer neuen, ruhmvollen Zeit.

b) Onanie und Höhepunkte nur bei Gefahr (Bedrohung). Erziehersitzungen, in denen beschlossen wurde, uns zu überwachen, führten dazu, daß ich von allen Geliebten weggelegt wurde. Große Umgruppierungen im Saal. Jungen, die *normal* waren, wurden als Spitzel zwischen uns gelegt. Wer aufs Klo mußte, hatte am Guckfenster dem Beobachter Meldung zu erstatten. Ich war nun fünfzehn Jahre alt. Nur einer allein durfte jeweils raus. Versuchte jemand, in ein anderes Bett zu gehen, wurde er vom Gruppenältesten gemeldet. Ich wurde erfinderisch. Wir onanierten im Keller, im Klo, im Bad, beim Unkrautsuchen, in der Garderobe, im Wäschehaus ... Wir entwickelten Zärtlichkeiten: lange Gespräche, Streicheln. Die Gefahr – das Bewußtsein, gefährdet zu sein durch das, was verboten war – verband mich nun auch intensiver mit meinem Partner. Homosexuelle Erlebnisse waren ausschließlich nur noch unter Gefahren möglich. Die Bedrohung bekam für mich ein Ausmaß, das ich intellektuell nicht verarbeiten konnte. Die Erzieher hielten jetzt Abend für Abend Moralvorträge. Gott mußte nun ein halbes Jahr auf seinen Beweis durch Beispiele in Büchern warten. Die Erzieher paukten uns ein, daß wir krank und siech, dumm und klein seien und im übrigen auch von der Gemeinschaft in Zukunft ausgestoßen würden. Ich wurde zum Märtyrer. Aber ich liebte nun inniger, waren wir doch jetzt eine Gruppe, die sich enger zusammenschloß.

c) Onanie, um besser widerstehen zu können.

Ich onanierte allein, um nicht mehr durch einen Partner (wie einmal) verraten zu werden. Diese Form behielt ich später bei, wenn ich zu

Nutten wollte, aber Hemmungen moralischer Natur hatte, oder wenn ich zu Frauen ging, bei denen ich nicht gleich den Höhepunkt haben wollte (länger aushalten, um sie zu befriedigen). Bei mir ist Onanie immer besetzt durch Ängste, Gedanken, nie mit reiner Lust, ganzer Hingabe.

Ich onaniere 1. wenn ich keine Frau habe und Lust empfinde, 2. wenn ich in Gefahr bin, 3. wenn ich Frauen aufsuche und ihnen widerstehen will, 4. wenn ich arbeiten will und es mir lästig ist, es nicht zu tun, 5. wenn ich Ängste habe, die mich irreleiten.» (Die Geschichte spielt nach 1945. Der Autor ist eine öffentlich bekannte Person, wir kamen überein, seinen Namen nicht zu nennen, weil auf die Krankheit der Gesellschaft, den Individuen solche Lebenslaufverderbungen zuzumuten, und nicht auf den Leidensfall eines einzelnen hingewiesen werden soll.)

Der Ort: Auf dem Klo, auf dem Klo und nochmals auf dem Klo! Wo denn sonst, wenn du unter verfolgenden Erziehern in Internaten und Familien aufwächst. Das Bett hinterläßt Flecken. Meine Mutter hat nie einen stechenden Amselblick darauf gerichtet, aber was macht der kleine Mensch, wenn Mütter und Väter das tun? – das Rezept vom «Frieden» ist illusorisch, wenn er mit der Selbstbefriedigung aufs Klo muß. Die Klosetts werden bei uns nicht für Muße gebaut, sondern für Durchgang, Abfall – ein Ort, in jeder Ecke von Zwecken ausgesengt. Ich könnte eine Lanze dafür brechen, daß der Mensch sich in solch lackiertem Durchzugsmilieu nicht gut entleert, von Selbstbefriedigung auf dem Klo kann keine Rede sein. Als Fäkalienproduktion ist Autobie kurz statthaft. Östliche Mönche haben ihre lichten, geistekstatischen Momente nach vollbrachtem Unterleibsdrücken. In der Nähe solchen Vermögens hätte die Selbstbefriedigung ihren Platz, aber Räusche, die die Spülung erwartet, sind von Anfang an beklommen.

Der Seiflappen: (siehe Seite 20f)

Die Freude: «Einige Frauen, die ich kenne, haben einen solch kolossallen Druck auf sich ausgeübt, um Orgasmen zu haben, daß sie die Aufnahmefähigkeit für Vergnügen am Aufbau der sexuellen Spannung nicht entwickelten. Ich ermutige sie, einige Sitzungen des Liebesspiels mit sich selbst ohne Ansprüche an das Abziehen einer Vorstellung zu verbringen, indem sie sich nur langsam hochbringen ... wobei sie die lustvollen Empfindungen und Phantasien erfahren. Wenn ich fühle, daß ich kurz vor dem Kommen bin, lasse ich mich manchmal zurückfallen und necke und erfreue mich. Wenn ich einen Orgasmus habe, höre ich mit der Stimulierung nicht auf. Ich lasse sie bloß sanfter werden und bleibe bei den guten Gefühlen.» (Betty Dodson[22])

Der Himmel: Allein sein kannst du am Anfang deines Lebens fast nur unter freiem Himmel. Ich habe schon oft in den Himmel gespritzt. Schön ist es, in ihn dabei hineinzugucken. Wann kannst du das sonst? Bist du mit jemandem in der Natur sexuell zusammen, ängstigst du dich bei den heutigen Verhältnissen vor einem Überfall. Und seid ihr wirklich auf einem Stück Erde ungestört zu zweit, mußt du entweder nach unten schauen oder den Partner immerzu bitten, er solle den Kopf beiseite nehmen. Das machst du in solchen Momenten nicht. Ich weiß nicht genau, ob die einsamen Räusche in der Natur echte Spiele mit sich selbst sind ober ob ich die Erde kose. Wie dem auch sei, der Pan bietet unvergleichlich heftigere Erlebnisse als ein Puff. Ich habe den Schwanz in den Sand einer See- oder Meeresbucht gesteckt. Der Schlamm dort erinnert an Frauenglitsche, aber er scheuert ein bißchen, du schwankst zwischen Lust und Schmerz. Wenn du es vorsichtig machst, bekommst du vielleicht eine Hornhaut. Du kannst auf dem Bauch liegen und richtige Stöße machen, der Kopf guckt heraus; niemand merkt, was du tust. Der Schmerz ist dir auf den Fersen, wenn du hetzt, dies Reiben führt zur Langsamkeit. Beim Orgasmus im kalten Wasser könntest du vielleicht Herzanfälle bekommen, sagen die Ärzte womöglich zu diesem Rezept. Ich hatte auf diese Weise kurze, kühle Räusche.

Einmal habe ich einen Baum umarmt und mich gerieben.

Wenn ich mich über meine damalige Freundin ärgerte, sagte ich ihr drohend: «Dann kann ich ja an den Baum gehen!» Ich verwendete dieses Beispiel auch positiv: Lieber an den Baum gehen als in den Puff oder zu fremden Leuten. Hunde pinkeln an den Baum. Der Gang an den Baum, den mächtigen Phallus, kann Anzeichen für meine homosexuellen Wünsche sein, ich weiß, ich weiß ... Aber ich krieche in der Natur auch in weibliche Gefilde. An einem Geburtstag ging ich in den Wald und sprühte meinen Samen in einer Schonung auf die letzte Fläche Schnee. Ein anderes Mal wurde ich geil bei dem Gedanken, tief hinein in ein Gestrüpp zu schlüpfen. Es war Sommer, und Leute gingen da spazieren. Aber in der Schonung und in dem immer dichter werdenden Gestrüpp gab es an Menschlichem bald nichts mehr zu hören und zu sehen. Auf ein Moosplätzchen pfeilte sich ein Sonnenstrahl. Dort zu sitzen und zu riechen, zu lauschen und sich zu berauschen – wunderbar schön.

Die Vererbung: (siehe Seite 169)

Die Badewanne: «Eine unserer Befragten berichtete, ein befriedigender masturbatorischer Orgasmus sei für sie nur nach äußerst komplizierten Vorbereitungen möglich, zu denen sowohl eine Reizung der Brust als auch der Vagina gehörten. Zunächst füllte sie ihre Badewanne mit einer etwa zwei Zentimeter hohen Schicht, gemischt aus warmem Wasser und Johnson's Baby Oil; dann führte sie ein besonders geformtes Stück Gummischlauch in ihre Vagina ein. Dann kniete sie sich mit dem Rücken zu den Wasserhähnen hin und beugte den Oberkörper so weit vor, bis ihre Brüste den glatten, mit Wasser und Öl bedeckten Boden der Wanne berührten. Danach brachte sie den Wasserhahn in Kontakt mit ihrer Vagina, rieb in einer Drehbewegung zugleich ihre Brüste am Boden der Wanne und ihre Vagina am Wasserhahn, bis sie die Klimax erreichte. Sie erklärte, sie bediene sich dieser ziemlich ausgefallenen Methode, um sich, soweit möglich, alle Empfindungen zu verschaffen, die sie mit einem früheren Freund erlebt hatte. Der Freund hatte anscheinend eine Stellung bevorzugt, in der er unten lag und seine Hüften sich den ihren entgegenwölbten, so daß eine *conjunctio membrorum* möglich wurde. Ihre Brüste berührten seine Brust, und sie rieb sie kreisend an ihm, außerdem hatte seine Haut ungefähr so einen Duft gehabt wie Johnson's Baby Oil. Durch ihre ‹Badewannen-Gymnastik› konnte sie dem ‹echten Erlebnis› so nah wie möglich kommen, ohne sich wirklich mit einem anderen Menschen einzulassen.» (Yankowski[147], S. 108)

Das ist ein sogenannter Fall in einer wissenschaftlichen Abhandlung. Hinter ihm verbirgt sich nicht nur die Geilheit des Wissenschaftlers, er ist auch ein Zeugnis in Wissenschaft verpackter Moralität. Durch das Kuriosum zieht sich eine Kette von Diffamierungen und Ideologiestützen: Die aktive Frau, die alleinstehende Frau, die sich selbstbefriedigende Frau wird nicht nur bei einer «bizarren Praktik» vorgestellt, wie Yankowski sich ausdrückt, sondern sie wird lächerlich gemacht. Die Beschreibungen der Betty Dodson sind nie anrüchig.

Eine Unverschämtheit gegenüber der sexuellen und der ökonomischen Ausbeutung der Frau ist der folgende Fall aus wissenschaftlichem Material:

Die Nähmaschine: «Dem Informanten war aufgefallen, daß häufig Arbeiterinnen ihre Maschine mit überhöhter Geschwindigkeit antrieben. Er beobachtete eine solche Frau. ‹Ihr Mund öffnete sich leicht, ihre Nasenflügel spannten sich und ihre Füße traten das Pedal der Nähmaschine mit immer höherer Geschwindigkeit. Bald darauf bemerkte ich ihren starren Blick, die Augenlider schlossen sich halb, das Gesicht wurde blaß, dann warf sie den Kopf zurück; Arme und Beine streckten sich und bewegten sich nicht mehr. Dann hörte man einen erstickten Schrei, dem ein langer Seufzer folgte, was jedoch im Lärm der Fabrikhalle unterging. Einige Sekunden blieb das Mädchen regungslos, dann zog es ein Taschentuch heraus und wischte sich den Schweiß von der Stirn. Und nachdem es einen schüchternen und verschämten Blick auf seine Kolleginnen geworfen hatte, ging es wieder an die Arbeit.› Die Vorarbeiterin erklärte, dies käme so häufig vor, daß es keine Aufmerksamkeit mehr errege. Die betreffende Arbeiterin hatte durch Einklemmen der Hockerkante zwischen die Schenkel masturbiert.»[23] (S. 87, 88)

Die Fälle mögen stimmen, und doch hat ihre Mitteilung etwas Verletzendes an sich. Lust am Arbeitsplatz! So sieht das Patriarchat aus! Spaß am Geschlecht, mit Horror und mit Witzen, darf nicht haben, wer es immer noch ideologisch verschachert. Solche Wissenschaft ist unmenschlich, weil sie nicht lacht und vor den in allem Material enthaltenen Resten der Person keine Achtung hat.

Die Wurzel: Seit meinem Reibenpinkeln waren zehn Jahre vergangen. Ich steckte in einer unwirschen Zeit. Partner war nix. Der Mann holt sich schnell einen runter, wenn er oben vorn um den Kranz der Eichel reibt. Auch Vorsicht hilft nicht viel. Die Reizung von dort aus bahnt sich schnell ihren Weg zum Erguß. Noch nie war ich darauf gekommen, um den Schaft zu reiben, ganz unten, dort eine Schlinge von Daumen und Zeigefinger hin- und hergehen zu lassen. Da gab es ja kleine Lustpickel, ruhig funkten sie die Tastungen zueinander oder zu den Nerven, die die Kitzel geben. Ich lernte die Ewigkeit von Lust kennen, verwegen neu. Mal konnte ich mit den Fingern nach oben zur Eichel rutschen und schnell wieder nach unten gleiten, die Körperchen dort lockten nicht den Samen hervor. Wenn er, wenn *es* dann doch kam, o bisher ungeahntes Brausen! Was besaß ich alles noch dazu, einen *ganzen* Schwanz bis tief nach unten an die Wurzel. Wenn ich die Geschichte Frauen erzählt habe, konnten sie eifersüchtig werden, neidisch auf so viel Selbstexpedition.

Die Plakate: «Aus welchem soziologischen Grund wird die Sexualität von der Gesellschaft unterdrückt und vom Individuum zur Verdrängung gebracht? Die Kirche sagt, um des Seelenheils im Jenseits willen, die mystische Moralphilosophie sagt, aus der ewigen ethisch-sittlichen

Natur des Menschen heraus; die Freudsche Kulturphilosophie behauptet, dies geschehe um der ‹Kultur› willen; man wird skeptisch und fragt sich, warum denn die Onanie der Kleinkinder und der Geschlechtsverkehr der Puberilen die Errichtung von Tankstellen und die Erzeugung von Flugschiffen stören sollte.[105] (S. 48) ... Und warum wirken diese Plakate? Weil unsere Jugend durch die Sexualeinschränkung sexualhungrig geworden ist.» (Wilhelm Reich[105], S. 54)

Das Kinderzimmer: Die Selbstbefriedigung muß wenigstens im Kinderzimmer ihre Zeiten haben dürfen, wenn die Erwachsenen sie schon nicht fördern wie auf den gesellschaftlich uns überlegenen Inseln der Margaret Mead.[82] Wenn die Kinder dort in aller Öffentlichkeit hinfassen, wohin sie bei uns bis vor kurzem nicht einmal hinschauen durften, lächeln die Erwachsenen beipflichtend und aufmunternd.

Vorbildlich verhielt sich Eva ihrem Sohn Eike gegenüber. Als sie durch einen ähnlichen Zufall wie in der Geschichte zwischen mir und Primo in Eikes Zimmer kam und bemerkte, wie er mit einem Freund zusammensaß und jeder es sich an seinem eigenen Schwanze gut sein ließ, machte sie die Tür sachte wieder zu. Hinterher, als der Freund weggegangen war, sagte sie zu dem Jungen, daß Mutter und Vater gut fänden, was er machte, nur ein bißchen Händewaschen sollte er danach, und er müßte Obacht geben, daß nicht fremde Leute ihn entdeckten, wenn er es mal draußen oder sonst woanders machen sollte.

Die Antwort: «Masturbation ist das billigste erreichbare Vergnügen und, unter den billigen, das intensivste. Einfach jeder, der es konnte, hat es zu dieser oder jener Zeit einmal getan, und die meisten Leute machen es ihr Leben lang. Und warum nicht? Es verwickelt einen nicht in unbequeme und zeitraubende Unterhaltungen und Werbungen um irgend jemanden. Es ist recht hygienisch ... es ist kein störender Lärm dabei, und weder verbreitet es, noch fördert oder erzeugt es irgendwelche Krankheiten. Wenn du ... in einer Situation bist, in der Verkehr mit Erwachsenen entweder unmöglich oder gefährlich ist und du trotzdem spitz bist ... wenn du gesund bist, ist Masturbation die Antwort.» (d'Arcangelo[7], S. 76)

Der Unterschied: «Für mich sind Onanie und Koitus zwei selbständige Gefühle. Onanie ist Erotik nach innen gerichtet, Koitus ist Erotik nach außen gerichtet, auf die Person eines anderen Menschen bezogen.» (Skip Norman)

Das Gießkännchen: «Der masturbierende Mensch, der von einem Partner träumt, wird durch das plötzliche Hinzukommen dieses Partners beschämt werden und es vorziehen, in seine Träume zurückzukehren. In gewisser Weise betrügt er so den wirklichen Partner mit seinem eigenen Bilde ... Die wahre Masturbation ist einsam ... Jede, sei es homo-, sei es heterosexuelle Beziehung impliziert eine Hingebung an einen Partner, eine Widmung des Orgasmus an eine gewisse Person. Diese Person kann entfernt sein, die Widmung auf Distanz geschehen, aber dann tritt die wahre Masturbation wieder in ihre Rechte ein. Das ist es, was mir so nett ein kleiner Freund ausdrückte, der mir eines Tages eine Postkarte mit diesen einfachen Worten schickte: ‹Grüß dich, Freund, ich habe soeben ein Gießkännchen auf deine Gesundheit geleert!›» (Tournier[141], S. 76, 77)

Das Gefühl: «Ich lasse das Vergnügen mit Bewegung, Atmung, Lauten oder Worten kommen. Wenn ich mich danach fühle, fahre ich bis zu einem weiteren Erregungsaufbau und einem zweiten Orgasmus fort, womit ich wenigstens dreißig Minuten bis zu einer Stunde verbringe ... Lustvolle Masturbation und Selbstliebe fließen auf natürliche Weise über und in einen sexuellen Austausch mit einem anderen Menschen hinein. Wir können am besten Liebe geben und empfangen, wenn wir uns in bezug auf uns selbst gut fühlen. Weil ich mir meiner sexuellen Reaktion und meines Orgasmus sicher bin, fühle ich mich frei, während des Eindringens meine Klitoris zu zeigen oder meinem Partner zu zeigen, was mich in Stimmung bringt. Beim zärtlichen Flüstern kann ich meine Vorlieben dartun, wobei ich meinem Partner die erforderliche Rückkoppelung über das gebe, was mir wohltut.» (Betty Dodson[22])

Das Auto: Ich weiß nicht, ob es Frauen auch so geht. Aber ich glaube, für Männer hat das Ficken etwas mit Fahren zu tun, ebenso mit Fliegen, so daß ich beim Geschlechtsakt manchmal das Gefühl hatte, als ob ich fliege, leibhaftig fliege, nicht im Flugzeug, sondern wie bei einem Sprung von einem größeren Heuhaufen auf einen kleineren oder wie beim Schweben auf einem Rummelplatzdingsbums. Ein eigentümliches, halb sexuelles Gefühl ist es, mit dem Auto einen Berg hinunterzusausen. Dabei zieht etwas in die Beine, was in die Nähe von echten Räuschen gerät, es entstehen Gefühle wie beim Hin und Her. Aber für den Orgasmus solltest du den nächsten Parkplatz aufsuchen, nicht für die Moral, sondern für die eigene Sicherheit und die anderer Leute. Wenn du beim Fahren beginnst, original sexuell zu werden, ist alle Faszination des Durch-die-Landschaft-Rauschens vorbei. Du wirst entnervt, zerrissen zwischen Aufmerksamkeit nach draußen für die Straße und der nach innen für dich selbst. Schließlich sind tote Frauen mit abgebissenen Schwänzen im Munde gefunden worden! Der Rausch fuhr den am Lenkrad sitzenden Mann in einen Unfall. Er war dadurch noch nicht tot, mußte aber wegen der Abtrennung seiner Männlichkeit verbluten.

Die Selbsthilfe: «Als ich zu onanieren anfing, merkte ich, daß bei mir etwas anders war als bei den anderen Jungen. Da hing ein Häutchen, als ob etwas klemmte. Das ging nicht richtig rüber. Ich rieb und rieb von Tag zu Tag emsiger, ich wollte das Häutchen abbekommen. Noch ein Stückchen und noch ein bißchen. Da, eines Tages war es ab, und ich hatte einen richtigen Schwanz wie alle anderen.» (Bodo)

Die Auflehnung: «... daß die Onanie der Ausdruck der unbewußten Auflehnung gegen den Vater ist ... Ich sah die Onanie nach jahrelangen Pausen wieder auftreten, wenn das Individuum wieder in die infantile passive Rolle gegen das autoritative soziale Milieu geriet ... ein Milieu, das die Kinder in Angst und Unterwürfigkeit hält, das falsche Vorstellungen über die Existenz und Bedeutung der Sexualität gibt und pflegt und das die Naivität der kindlichen Sexualäußerung mit einer Wucht bekämpft, die mit Einsichtslosigkeit allein nicht mehr entschuldigt werden kann ...» (Viktor Tausk[92], S. 67, 68) Unter dem Psychoanalyse-Dogma, die «Onanie» gehöre sich für den Erwachsenen nicht, wurde die nach «Pausen wieder auftretende» Selbstbefriedigung in das Krankheitsbild eingeordnet. Und doch bergen die Formulierungen von Tausk Hinweise, wofür die Selbstbefriedigung ein Anzeichen ist: für die Auflehnung. Ziehe ich aus den psychoanalytischen Äußerungen das Krankheitsdiktat ab, bleibt ein furchterregendes Milieu und ein sich dagegen wehrender Mensch. Die Selbstbefriedigung kann sexuelle Repräsentation gesellschaftlichen Aufbegehrens sein.

Die Unterhosen: «Ich erinnere mich, mit dem Reiben im Alter von neun Jahren begonnen zu haben, um die Lust, zu pissen und zu kacken, vergehen zu lassen ... in diesem Moment war es mir schwer, im Unterrichtssaal die Hand zu heben, mein Bedürfnis öffentlich bekanntzugeben und in dieser Weise auf meinen Körper ... aufmerksam zu machen, obwohl ich mich andererseits vor niemandem genierte, als Körper mit Organen gesehen zu werden. So entdeckte und benutzte ich im Zusammenhang mit den Regeln meiner Bedürfnisse und Defekte dieses praktische System der Reibung. In meiner damaligen Absicht versuchte ich, daß der Orgasmus – ohne daß ich dafür einen Namen gehabt hätte –, der ... noch nicht von einer Ejakulation gefolgt war, Urin und Kot zurückhält. Diese Operation, mehrere Male am Tag wiederholt, erschien mir überhaupt nicht sträflich. Sie wurde, so heimlich wie möglich, unter der Pultbank verrichtet. Das Patschhändchen verbarg sich in der Hosentasche, ungehindert von einem Nahtsaum, von Nahrungsmittelabfällen (Orangenschalen, Brotkrümeln, Zucker etc.) und rieb das kleine Geschlecht, zunächst über den Slip, dann in gleichem Maße, von Mal zu Mal das Vergnügen steigernd, den Slip über die Schenkel wegziehend. Von diesem Moment an rieb ich mich auch öfter im Abort, in Übereinstimmung mit einer Art von Spiel und in Herausforderung meines eigenen Körpers ... Ich weigerte mich, meine Slips den Wäscherinnen des Pensionats in die Wäsche zu geben. Denn in die Unterhosen hatten sich die Zeichen meiner Abwechslungen im Klassenzimmer eingedrückt. Ich ließ die Slips zunächst unter meine Matratze im Schlafsaal gleiten, dann verbarg ich sie in meiner Tasche, wenn sich morgens um 6 Uhr die Reihe formierte und auf die Kapelle zubewegte. Ich transportierte sie aus der Umzäunung des Pensionats hinaus. Dort versteckte ich sie unter einem Haufen von Steinen ... Meine Mutter ... wunderte sich über die Schrumpfung des Wäsche-Pakets. Und nach einer Gerichtssitzung von mehreren Tagen brachte sie von ihrem in Tränen aufgelösten Kinde Ort und Gründe der vermißten Unterhosen in Erfahrung. Sie profitierte von einer Reise meines Vaters in die Umgebung des Pensionats, das im Sommer geschlossen hatte, und kam mit mir, um einen Stein nach dem anderen aufzuheben und die Slips aus dem Versteck wieder hervorzuholen ...» (Guyotat[56], S. 163–165)

Das Herz: «Seit Jahren leide ich an Herzattacken, die Ärzte finden nichts. Als ich eines Nachts wieder solche Schmerzen hatte, kamen meine Hände wie von selbst mal nach unten ... und danach waren die Herzschmerzen weg.» (Irina)

Die Selbstverständlichkeit: «Schon vor 30 Jahren habe ich begonnen, mir Gedanken zu machen, wie ich mir selbst und anderen helfen kann, eine falsche Erziehung und die damit angelesene Not zu überwinden. Sehr bald mußte ich einsehen, daß das mit Hilfe öffentlicher Publizistik nicht möglich war ... Für Mädchen war es sehr viel schwieriger, sich zur Selbstbefriedigung zu bekennen. Nur wenn der Leidensdruck sehr stark war, waren sie bereit, über ihre Ängste zu sprechen. Die waren immer wieder dieselben: Beunruhigung wegen weltanschaulicher oder religiöser Forderungen, Ungewißheit über Auswirkung von Maß und Dauer der Selbstbefriedigung. Das sind auch heute noch die gleichen Ängste. Selbst fortschrittliche Eltern, denen das sexuelle Glück ihrer Kinder am Herzen liegt, haben nirgendwo eine ordentliche Aufklärung darüber. Was mir aber immer wieder auffällt, daß es doch einen großen Anteil natürlicher Menschen gibt, für die das ‹Sich-Aufheben› für einen Partner unverständlich ist, weil es ihnen so selbstverständlich erscheint, die geschlechtliche Selbstbefriedigung als eine zu gewissen Zeiten und in gewissen Situationen normale und in jeder Hinsicht unbedenkliche sexuelle Tätigkeit zu sehen. So hat man oft den Eindruck, daß sich bisher immer die Falschen zu diesem Thema geäußert haben und dadurch ein unrealistischer Eindruck entstanden ist.» (Eine sogenannte deutsche Hausfrau, geboren 1925, seit 35 Jahren glücklich verheiratet.)

Die Pfirsich-Bowle: «Bei uns zu Hause haben sich die Dorfjungen von ganz kleinen Kälbern einen wichsen lassen. Sie steckten denen einfach die steifen Schwänze in den Mund, und die Kälber taten den Rest ... In der Schule trieben wir es mit Pfirsichen. Nicht nur fühlten sich die Pfirsiche sowieso wie unsere Säckchen an, sondern wenn man sie aufbrach und den Kern herausnahm, konnte man auf das vortrefflichste mit ihnen onanieren. Wir nannten das ‹Für-Sich(Pfirsich)-Bowle›. Wenn man den Samen vermischt mit dem Pfirsich essen wollte, wartete man, bis man geil war. Das schmeckte unglaublich gut.» (Willi)

Die Provokation: Das lüsterne Interesse konzentriert sich bei der Selbstbefriedigung immer wieder darauf, *wo* die Menschen sie betreiben. Bei der Rektoratsübergabe focht es Adorno an, die Zeit damit totzuschlagen. Die Menschen konnten es nicht lassen, im mündlichen Examen, im Unterricht, bei diversen Sitzungen, in der Bahn, in der Kirche. Überall Reiben und Schenkelpressen, plötzliches Zucken, das in letzter Minute als Niesen kaschiert wird. Vielleicht sind das aber keine echten Selbstbefriedigungen, vielleicht verbergen sich hinter diesen Taten Gruppensexwünsche. Manchmal greifen Menschen auch aus Angst vor Fremden ans Geschlecht: Ihr könnt mich mal, ich hab hier meinen Lustschutz! Selbstbefriedigung als Selbstberuhigung. *Ich* kann mich in Gefahren leider nicht auf sie berufen. Vor und während öffentlicher Strapazen schrumpft die Nille zum ungreifbaren Regenwurm zusammen.

Selbstbefriedigung kann auch Schutz vor libidinösen Überschwemmungen durch andere Menschen sein, wie ein Freund mir davon berichtete, daß er immer unterm Weihnachtsbaum autobierte, wenn die Familie zum heißesten Gefühls-Dampfbad des Jahres angetreten ihn umzingelte.

Die Unerreichbaren: Nicht alle Menschen sind zu haben. Liebe ist nicht immer gegenseitig. Und es nützt dann auch nicht die fleißigste «libidinöse Arbeit» zum «Aufbruch der Panzer»[20] (S. 233). Noch empfindlicher ist das Leid, wenn die Liebe zwar gegenseitig ist, aber nur von einem der beiden zueinanderstrebenden Menschen verwirklicht werden kann, wenn der eine in den Fesseln anderweitiger sozialer Bezüge lebt und sich nicht lösen kann und will und jede ertrotzte Auflösung einen Lebensmurks nach sich zieht, der alle neue Liebe verstümpert. Ebenso können äußere Grenzen und Entfernungen nicht überwindbar sein. Film und Literatur sind voll von diesen dramatischen Unübereinkünften. Solange es Patriarchat gibt, wird es Romeo und Julia geben. Die heftigsten Schmerzen an Unüberbrückbarkeiten entstehen, wenn die Liebe gegenseitig ist, aber beide Menschen ihre *eigenen* Panzer nicht aufbrechen können, sie alles nur erdenkbar Falsche bei dem Versuch machen, die Panzer des anderen zu sprengen und in Wirklichkeit sich aus ihrem eigenen nicht herausbewegen.

Als ich mich aufmachte, Männer zu lieben, war ich überrascht von dem Ernst meiner ersten Empfindung für einen Mann und zugleich erstarrt über meine Unfähigkeit, daraus eine schöpferische Beziehung zu gestalten. Ich hatte kein Werkzeug dafür. Ich mißtraue der dem Tier gegenüber erhöhten, sogenannten Liebesfähigkeit des Menschen. Das Patriarchat hat in den Gewinn der Liebe so gigantische Verluste an Schmerzen eingebaut, daß sich diese Erfindung für den Menschen nicht auszahlt. Aber er hat eine Gnade bekommen, mit der es ihm möglich ist, unter diesen Zwängen eine Weile auszuharren: die Phantasie. Das wissen die Wächter und wollen mit ihrer Verketzerung auch noch die letzte innere Balance des Menschen anstechen. Ich habe dreimal den geliebten entfernten Mann in Gedanken umarmt. Die Orgasmen waren ihm gewidmet, wie Tournier es schreibt. Ich kann nicht sagen, mich dabei selbst befriedigt zu haben, auch das Wort «Ersatzbefriedigung» bleibt mir im Halse stecken. Aus den erlebten gemeinsamen Ekstasen mit Personen weiß ich, daß diese phantasierte Zusammenkunft der möglichen, unmöglichen originalen ähnlich sein mußte.

Die Konzertkarten: «Nee, bei uns zu Hause kam ich gar nicht auf solche Gedanken. Ich war ja nie allein. Mein Schlafzimmer lag zwischen dem von meiner Mutter und dem Zimmer meiner Großmutter. Eine von den Weibern war immer bei mir drin. Aber wenn meine Mutter mich zu ihren Besorgungen mitschleppte – sie stand stundenlang irgendwo nach Karten für ihre diversen Barock-Konzerte an –, dann mußte ich im Auto allein bleiben, sie parkte immer irgendwo falsch. Da machte ich es durch die Hosentasche und döste in die Luft.» (Arick)

Das Spiel: Ich würde lieber autobieren, als auf die Spielbank gehen. Die Spielneigung soll nach Freud[32] mit der unterdrückten Selbstbefriedigung zusammenhängen[96] (S. 26). Der Mensch könnte die Kitzel einfacher haben, und zugleich würde er nicht so energisch Patriarchatsunterstützung betreiben, wie wenn er Geld und Nerven auf der Spielbank verpuffen läßt.

Der Spiegel: Ich zog um. Nichts stand an seinem Platz. Zufällig lehnte ein großer Spiegel an der Heizung, gegenüber der sich das Bett befand. Ich sah beim Schlafengehen in den Spiegel hinein und begann, den Gedanken hochzulassen: «Wenn ich nun ... davor ... und jetzt es mache und bis zuletzt gucke, mich angucke, also nicht auf einen Arm gestützt mit dem Becken stoßend einen GeA nachahme oder auf dem Rücken liege und die Augen schließe, nein, vor dem Spiegel sitze und sehe, wie ich aussehe, wenn ich das mache?» Ich machte das und hatte so etwas noch nie gesehen. Da hast du Gott – den Menschen in seinen ersten Momenten. Ich wußte nur, daß die Geliebten und ich nach den Umarmungen schöner als zuvor aussahen, aber in dem Gedrängel der Zusammenkunft hatte ich nie Ruhe, das sinnliche Erblühen eines Menschen zu sehen. Nun, da vor mir brach rosa Schimmer aus der Haut. Der Körper lebte auf im Sinn seiner Proportionen und Farben. So probieren sich wohl Erwachen, Morgenröte, Aufbruch in die Blüte. Die ersten Töne waren im leisen Anlauf hervorgelockt. Ich saß still da und sah hinein, wie das war. Die Dimensionen tanzten. Ich tat nichts anderes, als mit der Hand den Schwanz zu reiben. Die Farben und Flächen von den entferntesten Plätzen, den Knien, den Ohren, den Zehen, den Lippen griffen nacheinander, umzingelten sich. Jetzt nicht die Augen schließen, guck, was es zu gucken gibt, zu staunen über das Zusammenwirken aller Kräfte im Lächeln.

Der Zug: Einen zweiten Spiegel erlebte ich im Zug. Ich hatte eine Tante zu sich nach Hause in eine andere Stadt gebracht. Sie gab mir Geld. Die Gute überzog den Fahrpreis 2. Klasse erheblich für die Erfüllung meiner eigenen Wünsche. Ich war von klein auf zur strengen Sparsamkeit erzogen worden. Pullover, Hose, Buch ...? Nein, mich ritt mit dem überschüssigen Geld heute die Lust zum Prinzen. Die Gegebenheiten förderten die Abweichungen vom Prinzip. Ich hatte den Tageszug zurück verpaßt. Die Tante gab mir Liegekarten-Zuschlag. Aber die Liegeplätze waren besetzt und die gewöhnliche 2. Klasse gedrängt voll. Also 1. Klasse und – mein Sinn strebte zur Spitze der Zuggenüsse – 1. Klasse, Schlafwagen! Drei Betten übereinander, sicher sind die Königs- und Politiker-Einbett-Kabinen noch feudaler, es war mir gleichgültig, ich war mit den drei Betten zufrieden, war allein. Das Schnüffeln überallhin, was es an Schnäderätäng hier und da gab, war schon Freude genug: ein Spiegel zum Aufklappen, ein Wasserbecken dahinter. Ich turnte auf den Betten herum, knipste Lichtchen an, zog

Vorhänge auf und nieder, drückte auf die verschiedenen Knöpfe. So viel Gegenstandslust mündete schließlich in Selbstlust. Ich war glücklich, daß ich so frech die Sparsamkeit zum Teufel gejagt hatte. Die gute Tante! Ich zog mich aus und wollte mir die Rarität ansehen: Ich mit dem Schwanz in der Hand im sausenden Erster-Klasse-Reiseprunk. Ich saß auf dem mittleren Bett, ließ die Beine baumeln und hielt mich an der Stange – der Bettstange – fest. Wieder eine Überraschung! Sah die erweiterte Mitte schön aus! Der Zulauf der Schenkel zum Popo mündete in einer reizvollen Fruchtschale. Bei den Frauen war ich anfangs immer noch so stramm. Da hatte ich keine Ruhe zu schauen, und die hätten wohl auch gefragt: «Wieso?», wenn ich sie gebeten hätte, ihre Beine nur für ein Angucken auszubreiten. Ich hatte keine Schwierigkeit, mich auf Anhieb dort unten schön zu finden. Mein Gesicht erscheint mir zwiespältig. Jahr um Jahr leide ich an einem anderen Ausschnitt. Ich komme mit meinen Gesichtsdimensionen nie klar. Eine Stelle nach der anderen mißhagt mir, und wenn ich durch bin, fange ich von vorn an. Schade, daß die Menschen ihre Schönheitsgesetze von oben, vom Gesicht her, und nicht von unten, vom Arsch her definieren. Da brauchte sich niemand zu schämen oder über sich zu ärgern. Leider sehen sie ihren Hintern in seinen schönsten Bedingungen nur zu selten. Ich wurde diesen Linien allmählich immer ergebener, wollte Wasserspiegel im Klosett eines Mädchenpensionats sein. Nun hielt ich mich auch bei Frauen mit dem Anschauen auf, ob die das gut fanden oder nicht.

Die Franzosen bauen ihre Spiegel wahrscheinlich nicht nur für das Betrachten der Umarmungen an die Wände und Decken ihrer Schlafzimmer. Beim Geschlechtsakt sieht der Mensch entweder auf seinen Partner hinunter, oder er sieht ihn im Spiegel herumfuhrwerken. Einer der beiden hat es mit dem Sehen schwierig. Ich glaube, die Spiegel werden für die Gelüste nach Mehr-Personen-Sex und nach Selbstbesichtigung gebaut. Beim Geschlechtsakt soll der Mensch sich einbilden, nicht nur Claire und Jean sind da, auch noch Robert und Brigitte sind dabei. Und während der Selbstbefriedigung betrachtet er die Wunder seiner Kelchentfaltung.

Die Körperkunst: «Ich war eingeladen zu einer öffentlichen Diskussion in einer weit entfernten Stadt. Der Verlauf war qualvoll, ich war mies gestimmt, kam auch nicht zum Zug und wollte zuletzt mit keinem mehr reden. Ich war einlogiert in einem luxuriösen Hotelzimmer. Eine Eigentümlichkeit des Zimmers war ein riesiger Wandspiegel, fast eine Spiegelwand, mit indirekter Beleuchtung. Als ich deprimiert und abgeschlagen von dem Gequatsche zurückkam, hat es mir fast die Kleider vom Leib gerissen. Die verstellbare indirekte und direkte Beleuchtung – es standen mehrere bewegliche Lampen zur Verfügung – habe ich gehandhabt wie manieristische Maler ihre Lichtquellen. Ich habe mich eine gute Stunde mit optischer Körperkunst beschäftigt, geturnt, exhibiert, mich gekrümmt und gestreckt. Es war ein narzißtischer Rausch, in den sich allerdings nach dem Erguß beschämte Bitterkeit mischte ... Es wich die Angst, es könnte jener lang eingesperrte Narzißmus derart stark sein, daß er die Kraft zu engen Beziehungen zu anderen Menschen quasi aufsaugen würde. Gleichzeitig meine ich, daß diese Art des Narzißmus weiter verbreitet sein muß, als man denkt, obschon verdeckt von der Verdrängung und immer nur stellvertretend agiert von den Profis des Exhibitionismus in der Mode, der Bühne oder auf dem Bildschirm.» (Tilmann Moser[89], S. 104, 105)

Die Hilfe: «Ich glaube, daß die Onanie mir geholfen hat, Beziehungen einzugehen, ohne unter sexuellem Druck zu stehen, da die Erfüllung meiner sexuellen Triebe nicht unbedingt von der Partnerschaft erzwungen werden mußte und ich so unbeschwerter in eine Beziehung gehen konnte.» (Hans)

Die Rasur: «Obwohl das vielleicht frivol klingen mag, finde ich, daß Kürzen oder Rasieren der Schamhaare die genitale Wahrnehmung verbessert. Es gibt mir die Möglichkeit, meine Geschlechtsorgane mit der gleichen Aufmerksamkeit zu erforschen, die ich auf mein Gesicht und mein Haar zu verschwenden pflegte. (Ich habe viel Zeit meines ‹Erwachsenen›-Lebens damit verbracht, mich ausschließlich um mein Gesicht und meine Frisur zu bemühen, während der Rest meines Körpers unerforscht blieb.)» (Betty Dodson[22])

Der Geschmack: In Germaine Greers *‹Weiblichen Eunuchen›*[54] gibt es eine wunderbare Passage. Germaine hat ein Testrezept dafür, ob die Frau sich liebt und annimmt: «... wenn du glaubst, du seist emanzipiert, so stell dir mal vor, dein Menstruationsblut zu kosten – wird dir schlecht, hast du noch 'nen langen Weg vor dir, Baby.» (S. 51) Ich muß dem Mann ähnliches sagen: Hast du schon mal versucht, deinen Samen zu kosten? Es gibt viele Geschmackssorten. Ist deiner mehr salzig, mehr süß? Im allgemeinen ekelst du dich doch vor dir selber, wie willst du dann andere Menschen kost-bar finden?!

Die Schaukel: Rezepte sind nicht Techniken. Ich will nicht wie Herr van de Velde mit seiner «vollkommenen Ehe» den Menschen ihre eigene Erfindungsgabe stören. Auch in den wissenschaftlichen Büchern werden unter dem Vorwand der Mitteilung von Fällen Techniken aufgeführt. Frauen reiben, pressen, führen ein, drücken, turnen, Männer hätten nicht so viel Abwechslung, heißt es. Vibratoren sollen den Frauen phänomenale Orgasmen heraufbeschwören. Der Mann kann sehen, wo er bleibt. Mal die Hand nicht anlegen, nur die Schenkel hin und her reiben, naja, wie Korkenzieher ist das dann. Aber ein Erlebnis hat mir eine neue Erfahrung gebracht, die ich in keiner Umarmung wiederfand. Ich habe davon noch nie gehört, vielleicht kennt sie niemand. Vielleicht ist sie gesundheitsfördernd. Du liegst dabei auf dem Rücken, hast nichts an – nicht nur so Griff in die Hose –, auch keine Bettdecke über dir. Die Beine mußt du so weit auseinanderspreizen, wie du kannst, die Hand um den Schwanz fassen und so tun, als lägest du unter einer Frau, die sich nicht bewegt. Du mußt von unten mit dem Becken alle Arbeit tun, sollst mit der Hand nicht zur Hilfe reiben. Die Beine dürfen sich nicht aufstützen, sie müssen in der Luft wedeln, als setzten sie zu einer Rolle rückwärts mit anschließender Grätsche an. Alle Lust müssen die in der Luft schwebenden Beine hervorrufen.

Durch leichtes Nach-hinten-Kippen ziehen sie die Hüften hoch. Etwas anstrengend scheint das zu sein, ist es auch, das kannst du nicht jeden Tag machen. Aber was in der Schale vor sich geht, gehört zu den eigenartigsten Lüsten, die ich erlebt habe, es ist eine sehr physische, keine elementar erschütternde Lust, es scheint, als ob sie alles durchmassierte, als ob der Penis bis zu den Bandscheiben ginge. Wieviel Sitzleiden könnten die Männer damit beheben! Nach ein paar Beinflügen nach oben hinten ist jede Bewegung ein Orgasmus, die Ejakulation unterscheidet sich dann von der vorhergehenden Lust kaum, es gibt nicht einen einzelnen Höhepunkt, sondern eine ganze Kette davon.

Die Götterdämmerung: «Das Arschloch hat einen betörenden Duft. Weil es Scheiße passieren läßt, denken wir, stänke es nach Scheiße. Aber es riecht ganz anders, ein Geruch beinahe wie ein Parfum, das einen Stoff enthalten muß, der wach macht. Ich habe das einmal in der fünfstündigen ‹Götterdämmerung› ausprobiert. Bevor ich in die Oper ging, ergab es sich so, daß ich den Zeigefinger meiner linken Hand ein Weilchen in mein gesäubertes Arschloch hineinsteckte und ihn nicht mehr abwusch. Als ich in der ‹Götterdämmerung› einzuschlafen drohte, führte mich ein Instinkt dazu, den Finger direkt unter meine Nase zu halten. Nachdem ich das Arschloch-Parfum eingesogen hatte, war ich in ein paar Sekunden wieder frisch.» (David)

Der Kreis: Conny und Mickey können ihren Körper zum Kreis runden, ihren Schwanz in den Mund nehmen und sich «einen» absaugen. Das Gefühl soll ungeahnt sein. Wer kann das noch? Ich kann's nicht. Es muß von früh an gelernt werden.

Die Künstlerin: «Selbstbefriedigung ist natürlich auch was, das man rein künstlerisch tut. Ich glaube, irgendwie ist alles, was man tut, damit es einem gutgeht. Ich mach ja nicht Sachen, damit es mir schlechtgeht. Selbstbefriedigung ist vor allen Dingen, sich selbst und anderen gutzutun. Wenn ich ständig Aktionen mache – Disco-Abende, Filme, neue Platten, Auftritte, Konzerte –, dann hat das damit auch was zu tun. Selbstbefriedigung ist überhaupt nicht was Negatives, sondern was Positives. Man muß das mal auch auf 'ner anderen Ebene als nur auf der sexuellen Ebene verstehen.» (Nina Hagen)

Die Mutter: «Mein wahnsinnigstes Onanie-Erlebnis hatte ich, als ich Mitte dreißig war. Ich lebte mit meiner Mutter zusammen in einer Zweieinhalb-Zimmer-Wohnung. Ich war damals zwischen allen Stühlen eingeklemmt. Schwul fühlte ich mich, war es aber noch nicht offiziell. Ich machte nichts, traute mich nicht, mich so darzustellen. Schon einige Jahre lang plagte mich eine idiotische Beziehung zu einem Mann, der zehn Jahre jünger war als ich. Seit unendlicher Zeit kam er am Wochenende zu mir und meiner Mutter zu Besuch. Freitags abends traf er ein, und montags morgens fuhr er wieder ab. Ich war zum Zerplatzen auf ihn scharf, wagte jedoch nicht, mich ihm anzutragen. Meine Wichsarmut war ohnegleichen: immer an ihn denken, immer was von ihm wollen, nie was kriegen, nie was mit ihm machen können und immer nur die Hand am eigenen Schwanz.

Eines Nachts wachte ich von einem Geräusch auf. Ich hörte auf dem Klo Stöhnen. Ich schlich auf den Flur und dachte: ‹Das ist doch die Höhe! Jetzt wichst sich der Erwin vor meiner Nase auf dem Klo einen ab! Vielleicht hat der die gleichen Phantasien wie ich und will eigentlich auch! Und ich Blöder nehme ganz falsche Rücksichten!› Ich preßte mein Ohr an die Klotür und hörte von drinnen Gekeuche herausdringen. Ich war nicht mehr zu halten. Ich wichste wie verrückt. Wut über den Eingeschlossenen und Geilheit auf ihn mischten sich zu einem sagenhaften Tanz an der Tür, bis ich einen Riesenspritzer in die Gegend schoß. Ich eilte zurück in mein Zimmer. Da hörte ich, wie aus dem Klo meine Mutter kam, die einen schweren Stuhl gehabt hatte.» (Clemens)

Das Plastiksäckchen: «Auch Einfallsreichtum spielt bei der Masturbation eine fröhliche Rolle. Wenn du nur eine Position, nur eine Methode dafür hast, wirst du dich selbst langweilen ... Hat nicht jeder hier und da einmal den Staubsauger angeschaltet, um sich richtig einen blasen zu lassen? ... Als ich noch in der Schule war, begegnete ich einem sehr einfallsreichen Wichser ... Eines Abends ... erzählte mir Bimbo, daß er Saggys fickte: ‹Saggys sind eine Art dünner Plastiksäckchen, in die man seine Butterbrote steckt ... Sie sind sehr billig. Jedenfalls, du nimmst ein Saggy und einen sehr großen Schwamm, entweder einen künstlichen oder einen Naturschwamm, schneidest einen engen Schlitz etwa ... oh, so lang wie dein Pimmel ist. Dann nimmst du das Saggy und steckst es in den Schwamm. Dann machst du den Schwamm mit Wasser – warmem Wasser, nicht heißem – feucht und weich und steckst ihn in eine größere Plastiktüte ... Jetzt nimmst du eine Tube Hautcreme, drückst ziemlich viel davon in das Saggy im Schwamm und knetest ein bißchen. Nun, was ich mache, ist folgendes: Ich stecke den Schwamm zwischen Matratze und Sprungrahmen. Das ist gerade die richtige Höhe, wenn du auf den Knien bist. Schieb dein Pipi einfach rein und fick drauflos!›» (d'Arcangelo[7], S. 78)

Der Yogasitz: Als ich eine lange Zeit täglich Yogaübungen gemacht hatte, kam ich zu einer Stellung, mit der das Yoga-Buch die Anregung der Unterleibssinne empfiehlt. Die Anregung – dachte ich – könnte ja sofort Wirkung haben. Ich mußte im Yogasitz die Beine übereinander pressen und dann den Körper mit den auf den Boden gestützten Fingern hochdrücken. Wenn ich das geschafft hatte, sollte ich meinen Leib zwischen den Armen schaukeln. Ich machte es drei-, viermal, und siehe, der Schwanz preschte vor. Das zwischen den Armen Hin- und Herschaukeln wurde zusehends sinnlicher. Mir schien, als strich die Luft um den aufgesprungenen Penis. Er sah noch nie so prall-rot aus. Das Blut wurde durch die angewinkelten Beine und die pressenden Arme in ihn hineingepumpt. Ich schaukelte noch mal und noch mal – so oft verlangte die Übung das nicht, es machte Spaß –, und zack, spritzte die Fontäne ohne eine Berührung des Schwanzes hervor. Ich konnte persisch-indisch ejakulieren und war stolz darauf. Aber es ging nur einmal, nie wieder. Persische Lustjünglinge sollen das können: vor einer Gesellschaft auftreten, ihren Mantel zurückschlagen und lossprit-zen. Stekel berichtet von einem Mann, «der zuerst mit phantastischen Vorstellungen einer Orgie ohne Friktion onaniert. Dann spannt er seine Muskeln auf das äußerste an und setzt so erst den Orgasmus durch.»[92] (S. 31) Doch soviel Spritzsport muß ich nun auch wieder nicht können.

Das Telefon: Durch das Telefon mit anderen Leuten zu autobieren, gehört wohl auch zu den unechten Formen der Selbstbefriedigung. Mit einem anderen, auch einem Wildfremden an der Strippe, erlebt der Mensch Reste sexueller Partnerschaft. Telefonanie sollen nicht nur «Kranke» machen, die fremde Leute belästigen. Ich habe von einem Paar gehört, bei dem der eine oder andere aus Sex-Beweg-Gründen mal mit dem Partner telefoniert. So etwa: «Du, ich habe gerade Mittagspause und würde gern mit dir ficken, aber ich kann ja nicht zu dir.» Oder: «Hallo, ich kann aus einer Terminarbeit nicht heraus, es wäre mir zu umständlich, dich zu besuchen, aber ich möchte, daß du bei meinem Treiben wenigstens mit deiner Stimme dabei bist.» So sind die Übergänge zwischen Person mit sich und Person mit anderen fließend.

Das Boot: Auf einem See fuhr ich einmal alleine Boot. Menschen waren sonst nicht da. Wie es so ist, die Sonne scheint, der Kahn gleitet, die Ruder pitschen ein, ich bade nackt, sonne mich im wiegenden Boot. Wann kannst du so richtig noch mal Baby sein? Jetzt war ich es und tat das Unzüchtigste, was sich denken läßt, hielt die Mitte der Sonne entgegen, die Beine angewinkelt wie ein Säugling. Die schöne Schale bekommt so wenig Licht.

Das Euter: Als ich über die Rezepte nachdachte, wurde ich verlegen, nicht wegen der Unverschämtheit, die sich hinter ihnen verbirgt, sondern ich fürchtete, nichts anbieten zu können. Was sollte ich sagen, was konnte ich denn, ging ich wirklich geschickt und vielfältig mit dem Geschlecht um? Ein paar Einzelheiten von mir und was sonst? Viel anderer Leute Meinung. Jetzt beim Schreiben kam mir ein Gedanke nach dem anderen. Aber jedes Buch muß auch ein Ende haben. Es hätte sich vielleicht doch gelohnt, ein Rezeptbuch für die Selbstliebekunst zu schreiben. Nun, in diesen Rezeptfragmenten ein letztes: Der Mann vernachlässigt den zweiten Teil seines Geschlechts oft. Vom Sack-Streicheln spricht er nicht, es gibt auch keinen Slang dafür. Ich hatte diesem wichtigen Zubehör nie meine Aufmerksamkeit gewidmet. Fast unter Pflicht machte ich mich eines Abends daran, die weiße Stelle zu betreten. Es war jetzt, vor einem Monat oder gestern. Es schien, als ob sich dieses Paketchen meldete. Nun hörte ich hin, kniete vornübergebeugt, stützte den Kopf auf, preßte die linke Hand kreisend um das stramm angezogene Täschchen und wrang mit der rechten den Schaft des Penis. Als ob etwas lange Fehlendes dazugekommen war, erschütterte mich ein neues Lachen, als ich mir aus dem Säckchen einen meiner schönsten Räusche herausmelkte.

Der Rückzug: Mit dem «Euter» endeten meine Rezepte vor zehn Jahren. Ehe ich Primowitz das Feld für die letzte Schamlosigkeit überlasse, möchte ich noch ein Verhalten aus meinen Zwischenzeiten notieren. Beim Durchblättern der Rezepte fiel mir auf, wie Selbstbefriedigung Selbstdarstellung für mich bedeutete. Ich war Autor, Regisseur, Darsteller und Publikum zugleich. Ich war im Kämmerlein und an manch anderem Ort für mich selbst ein «Profi des Exhibitionismus», wie Moser es beschrieb.

In neueren Zeiten, in denen ich mich mehr mit Lusttauschen beschäftigt habe, erlebte ich eine Art der Selbstbefriedigung, von der ich überzeugt bin, daß sie in das Erwachsenenleben gehört und den Menschen immer begleiten wird. In Zeiten heftiger Zuwendung zu und Turbulenz mit einem Menschen kann ich mich nicht mehr für mich selbst aufregen. Manchmal war ich überdreht, verausgabt. Ich wollte mich wieder einkriegen. Mit dem Schwanz allein ging das nicht. Der stand, ja, aber wie außerhalb von mir, nicht mehr für mich. Ich mußte die anderen Stellen des Körpers zu Hilfe nehmen. Das klingt, als seien sie Diener. Nein, sie waren es, die den Schwanz, meinen Geist, meine Sinne wieder einholten, mich beruhigten, auf mich selbst zurückführten. Das so lange mißverstandene Wort «Selbstbefriedigung» wurde plötzlich klar. Ich befriedigte mich selbst, ich machte mir Frieden. Ich brachte mich von meinen Aufregungen herunter. Ich tat das wohl alles, um neu aus mir herausgehen zu können. Wer Selbstbefriedigung für Erwachsene madig macht, geht nie so aus sich heraus, daß er ein Auf-sich-Zurückkommen braucht.

Werner Finck:
«... und immer war ich tief beschämt,
doch immer tat ich's neu;
ein andrer wäre längst gelähmt,
ich bin noch = toi toi toi.»
(Der siebzigjährige Werner Finck schrieb dieses Gedicht auf die Titelseite meines Exemplars der ersten Ausgabe des «selbstbefriedigten Menschen».)

Die Fliege: Das Buch soll mit einem Schalk von Primo schließen. Als ich mit ihm auf den sommerlichen Waldeshügeln tobte und an die Verwirklichung eines solchen Unterfangens nicht im Ernst geglaubt hatte, gab er mir das erste Rezept. Lust und Frechheit hätten am Anfang des Buches die Leser verschreckt. So schließe ich mit ihm:

«Man schnappe sich eine Fliege, nehme sie in der umschlossenen Faust zum Bad am Sonntagmorgen, setze sich in die vollgelaufene Badewanne, halte die Fliege fest, warte, bis der Schwanz so steif geworden ist, daß die Eichel aus dem Wasser schaut. Dann zupfe man der Fliege die Flügel aus, setze sie auf die Eichel und lasse sie hin- und hersausen. Sie kann nicht mehr fliegen, und ins Wasser kann sie auch nicht. So rennt sie auf der Eichel auf und ab. Guten Sonntag, kann ich dir sagen. Das kitzelt ganz schön. Du läßt die Fliege alles von allein machen, bis du deinen Spritzer hast.» (Primowitz)

Unbedenklich schrieb ich dieses Rezept in die erste Fassung des Buches, da alarmierte mich eine Mitarbeiterin des Verlages, daß hier ein Tier gequält werde und daß das auch noch zur Lust eines unverschämten Jungen passiere. So könne ich das Buch nicht enden lassen. Ich erschrak, war ich doch längst Tierschützer geworden. Auch wenn es nur eine Fliege ist, quälen zur Lust, das ist so etwas Männerübliches, damit wollte ich prinzipiell nichts zu tun haben. Ich verfälschte das Ganze und machte aus der Fliege einen Marienkäfer, dem keine Flügel ausgerissen werden. Acht Jahre sauste das Buch mit dem Marienkäferschluß durch Deutschland. Jeder Junge, der das Rezept ausprobiert hat, weiß: eine Ente! Ob mit oder ohne Flügel – Marienkäfer sausen nicht. Das Rezept ist falsch. Nun wollte ich das Buch weder mit einer Tierquälerei noch mit einer Lüge enden lassen, und verzichten wollte ich auf den Eichelbadesausespaß auch nicht. Da kam mir ein Freund zu Hilfe, der ein ähnliches Fliegenrezept in seiner Jugend ausprobiert hatte, aber ohne dem Tier dabei weh zu tun. Dieses nun kann ich mit gutem Gewissen propagieren. Ich muß Primowitz noch im nachhinein ausschimpfen, daß er so roh war und nicht das fliegenfreundliche Rezept ersonnen hatte, nämlich: Man bestreiche die versteifte Schwanzspitze mit Zuckerwasser. Dann kommen die Fliegen von allein, gleich mehrere, und sausen, auch ohne daß ihnen die Flügel ausgerissen werden. Mußt nur aufpassen, daß du keine Wespen anlockst. Falls die doch kommen, tauch schnell den Schwanz ins Wasser.

# Literatur


1 ADORNO, THEODOR W.: Minima Moralia. Frankfurt/M 1962

2 ADORNO, THEODOR W.: Sexualtabus und Recht heute. In: Eingriffe. Frankfurt/M 1963

3 ADORNO, THEODOR W. / MAX HORKHEIMER: Dialektik der Aufklärung. Amsterdam 1944

4 ALSTEENS, ANDRÉ: Tabu im Reifungsprozeß (Masturbation – Symptom oder Vergehen?). Luzern/München 1969

5 AMENDT, GÜNTER: Sexfron(t). Reinbek 1982

6 ANDERSCH, ALFRED: Der Vater eines Mörders. Zürich 1982

7 D'ARCANGELO, ANGELO: Handbuch für Homosexuelle. Frankfurt/M 1970

8 ASPERGER, HANS/JOPPICH, GERHARD: Über die geistig-seelische Entwicklung des Kindes, seine Erziehung. In: JOPPICH, GERHARD (Hrsg.): Lehrbuch der Kinderheilkunde. Stuttgart 1975, S. 30

9 BARBACH, LONNIE GARFIELD: For Yourself – Die Erfüllung weiblicher Sexualität. Berlin 1977

10 BAUMANN, MICHAEL C.: Sexualität, Gewalt und psychische Folgen. BKA Forschungsreihe Bd. 15. Wiesbaden 1983

11 BEKKERS: Onania oder die erschröckliche Sünde der Selbstbefleckung. Leipzig 1736

12 BITTNER, GÜNTHER: Sexualität und Selbstwerden. In: SCARBATH, HORST / TEWES, BERNARD: Sexualerziehung und Persönlichkeitsentfaltung. München 1982, S. 13

13 BORNEMAN, ERNEST: Studien zur Befreiung des Kindes. 3 Bde. Berlin 1980

14 BORNEMAN, ERNEST: Sexuelle Entwicklungspsychologie. Aarauf/Frankfurt/M 1981

15 BORRMANN, ROLF/SCHILLE, HANS JOACHIM: Eltern als Sexualerzieher. Berlin 1983

16 Braunmühl, Ekkehard von: Zeit für Kinder. Frankfurt/M 1984
17 Buckendahl, Holger: Selbstbefriedigung – Männer berichten. Unveröffentlichtes und unkorrigiertes Manuskript einer Diplomarbeit am Psychologischen Institut im Fachbereich Philosophie und Sozialwissenschaften I der FU Berlin v. 30. 3. 1983
18 Chadwick, Mary: Die allgemeine Verschwörung zur Verleugnung. In: Zeitschrift für psychoanalytische Pädagogik (1928), Sonderheft «Onanie», Heft 4, 5, 6, S. 128
19 Clauss, Günter u. a.: Wörterbuch der Psychologie. Leipzig 1981
20 Dannecker, Martin/Reiche, Reimut: Der gewöhnliche Homosexuelle. Frankfurt/M 1974
21 Degenhardt, Johannes Joachim, Erzbischof: Menschliche Geschlechtlichkeit, Gabe und Aufgabe. Salzlottern 1977
22 Dodson, Betty: Liberatory Masturbation. Zu erhalten für 3 Dollar an Betty Dodson, c/o «Ms.» Magazin, 370 Lexington Avenue, New York 10017
23 Doucet, Friedrich W.: Patienten bekennen. München 1968
24 Edwardes, Allen: Die Selbstbefriedigung bei Arabern und Juden. In: Masters, R. E. L. (Hrsg.): Das heimliche Laster. München 1969, S. 197
25 Elias, Norbert: Über den Prozeß der Zivilisation. Frankfurt/M 1976
26 Elschenbroich, Donata: Das im Verborgenen schleichende Laster – auf dem Wege zur «Sexualerziehung». In: Oest, Johann Friedrich: Höchstnötige Belehrung und Warnung. München 1977, S. 155
27 Erikson, Erik H.: Kindheit und Gesellschaft. Stuttgart 1971
28 Evangelische Kirche in Deutschland: Denkschrift zu Fragen der Sexualethik. Gütersloh 1971
29 Fassnacht, Dieter: Selbstbefriedigung. Frankfurt/M 1971
30 Freud, Sigmund: Zur Ätiologie der Hysterie. G. W. Bd. I
31 Freud, Sigmund: Einige psychische Folgen des anatomischen Geschlechtsunterschiedes. G. W. Bd. XIV
32 Freud, Sigmund: Dostojewski und die Vatertötung. G. W. Bd. XIV

33 FREUD, SIGMUND: Über die weibliche Sexualität. G.W. Bd. IV
34 FREUD, SIGMUND: Die «kulturelle» Sexualmoral und die moderne Nervosität. G.W. Bd. VII
35 FREUD, SIGMUND: Drei Abhandlungen zur Sexualtheorie. In: Freud-Studienausgabe, Bd. V. Frankfurt/M 1972
36 FREUD, SIGMUND: Über infantile Sexualtheorien. G.W. Bd. VII
37 FREUD, SIGMUND: Die Weiblichkeit. In: Neue Folge der Vorlesungen zur Einführung in die Psychoanalyse. G.W. Bd. XV
38 FRIDAY, NANCY: Die sexuellen Phantasien der Frauen. Reinbek 1980
39 FRIDAY, NANCY: Die sexuellen Phantasien der Männer. Reinbek 1982
40 FUERSTAUER, JOHANNA: Selbstbefriedigungspraktiken junger Frauen. Konstanz 1970
41 GAGERN, F. E. v.: Selbstbefriedigung und Sittlichkeit. Wien 1968
42 GAMM, HANS-JOCHEN: Einführung in das Studium der Erziehungswissenschaft. München 1974
43 GANSEWINKEL, ALBERT VAN: Ist Selbstbefriedigung Sünde? In: Neue Antworten auf alte Fragen. Frankfurt/M 1979, S. 47
44 GARAT, L.: Selbstbefriedigung und ihre Folgen. In: GIESE, HANS (Hrsg.): Mensch Geschlecht Gesellschaft. Baden-Baden 1961, 1968, S. 325
45 GIESE, HANS (Hrsg.): Mensch Geschlecht Gesellschaft. Baden-Baden 1961, 1968
46 GIESE, HANS (Hrsg.): Die sexuelle Perversion. Frankfurt/M 1967
47 GIESE, HANS (Hrsg.): Psychopathologie der Sexualität. Stuttgart 1962
48 GIESE, HANS/SCHORSCH, EBERHARD: Zur Psychopathologie der Sexualität. Stuttgart 1973
49 GIESE, HANS/SCHMIDT, GUNTER: Studenten-Sexualität. Reinbek 1968
50 GILLETTE, PAUL J.: Abartiges Sexualverhalten. München 1974
51 GOETZE, HELGA: Hausfrau der Nation oder Deutschlands Supersau? München 1973

52 Gordon, David Cole: Self-love – Liebe ohne Partner. Wiesbaden 1971
53 Grassel, Heinz: Sagst du es deinem Kind? Berlin 1982
54 Greer, Germaine: Der weibliche Eunuch. Frankfurt/M 1979
55 Gügler, Alois: Die erzieherische Behandlung jugendlicher männlicher Onanisten. (Arbeiten aus dem Heilpädagogischen Seminar der Universität Freiburg, Schweiz, Heft 12) Luzern 1942
56 Guyotat, Pierre: Langage du corps. In: Artaud, par Xavière Gauthier ... et Philippe Sollers. Paris 1973
57 Handke, Peter: Der kurze Brief zum langen Abschied. Frankfurt/M 1974
58 Hess, Ernst: Sexualität in der Gesamterziehung. Freiburg 1982
59 Hitschmann, Eduard: Beitrag zu einer Onanie-Diskussion. In: Zeitschrift für psychoanalytische Pädagogik (1928), Sonderheft «Onanie», Heft 4, 5, 6, S. 119
60 Höhne, Wolfgang: Wege zur sexuellen Gewissensbildung. In: Seelmann, Kurt (Hrsg.): Lehrer und Geschlechtserziehung. München 1969
61 Hofmeier/Müller/Schwidder: Alles über dein Kind. 2 Bde. Reinbek 1982
62 Hunold, Günther: Die Eigenliebe der Frau. München 1982
63 Hunold, Günther: Intimreport der deutschen Frau: die sexuelle Befreiung vom Mann. München 1978
64 Hunold, Günther: Die Selbstbefriedigung der Frau. Flensburg 1974
65 Illies, Joachim: Auf dem Wege – Briefe an Thomas. Vellmar –Kassel 1982
66 Jacobs, Karl-Felix: Die Entstehung der Onanie-Literatur im 17., 18. Jahrhundert. München 1973
67 Joppich, Gerhard: Kinderpflegelehrbuch für Säuglings- und Kinderschwestern. Stuttgart 1955
68 Jordi, Alfred: Anthropologischer Beitrag zum Verständnis der männlichen Masturbation. Basel 1969
69 Kavemann, Barbara/Lohstöter, Ingrid: Väter als Täter – Sexuelle Gewalt gegen Mädchen. Reinbek 1984
70 Kentler, Helmut: Eltern lernen Sexualerziehung. Reinbek 1981

71 KINSEY, ALFRED C.: Das sexuelle Verhalten der Frau. Frankfurt/M 1963
72 KINSEY, ALFRED C.: Das sexuelle Verhalten des Mannes. Frankfurt/M 1964
73 Kongregation für die Glaubenslehre: Erklärung zu einigen Fragen der Sexualethik. Rom 1975, Nr. 9
74 LANDAUER, KARL: Die Formen der Selbstbefriedigung. In: Zeitschrift für psychoanalytische Pädagogik (1928), Sonderheft «Onanie», Heft 4, 5, 6, S. 133
75 LANDAUER, KARL: Die Onanie-Selbstbeschuldigung in Psychosen. In: Zeitschrift für psychoanalytische Pädagogik (1928), Sonderheft «Onanie», Heft 4, 5, 6, S. 161
76 LANDAUER, KARL: Zwei Vorbemerkungen zur Onaniediskussion. In: Zeitschrift für psychoanalytische Pädagogik (1928), Sonderheft «Onanie», Heft 4, 5, 6, S. 115
77 LEA, EDUARD: «Ein Monster, gräßlich anzusehen». In: MASTERS, R. E. L. (Hrsg.): Das heimliche Laster. München 1969, S. 15
78 LEIBBRAND-WETTLEY, ANNEMARIE: Von der «Psychopathia sexualis» zur Sexualwissenschaft. Beiträge zur Sexualforschung Bd. 17. Stuttgart 1959
79 Männer und die Onanie – ein Studienbuch. Holbäk 1977
80 MASTERS, R. E. L. (Hrsg.): Das heimliche Laster. München 1969
81 MASTERS, W. H./JOHNSON, V. E.: Die sexuelle Reaktion. Wissenschaftliche Bearbeitung der deutschen Ausgabe und Vorwort von Volkmar Sigusch. Reinbek 1980
82 MEAD, MARGARET: Jugend und Sexualität in primitiven Gesellschaften. 3 Bde. München 1971
83 MEND, ALEXEJ/PILGRIM, VOLKER ELIS: Das Paradies der Väter. Weinheim 1980
84 MERGEN, ARMAND: Sexualforschung – Stichwort und Bild. Hamburg 1962/63
85 MERKEL, JOHANNES/RICHTER, DIETER: Johann Friedrich Oest und die «Höchstnöthige Belehrung». In: OEST, JOHANN FRIEDRICH: Höchstnöthige Belehrung und Warnung. München 1977
86 MILLER, ALICE: Am Anfang war Erziehung. Frankfurt/M 1982
87 MILLER, ALICE: Du sollst nicht merken. Frankfurt/M 1983

88 Moor, Paul: Selbsterziehung. Bern 1971
89 Moser, Tilmann: Lehrjahre auf der Couch. Frankfurt/M 1974
90 Neill, Alexander: Theorie und Praxis der antiautoritären Erziehung. Reinbek 1980
91 Oest, Johann Friedrich: Höchstnöthige Belehrung und Warnung für Jünglinge und Knaben die schon zu einigem Nachdenken gewöhnt sind. (1787) München 1977
92 Die Onanie – 14 Beiträge zu einer Diskussion der «Wiener Psychoanalytischen Vereinigung». Wiesbaden 1912
93 «Onanie» – Sonderheft «Onanie». Zeitschrift für psychoanalytische Pädagogik (1928), Heft 4, 5, 6
94 Orwell, George: «1984». München 1984
95 Parnitzke, Chr.: Autoerotische Handlungen im jüngeren Jugendalter und Lebensschwierigkeiten. In: Ärztliche Jugendkunde (1973), Heft 64, S. 291
96 Pilgrim, Volker Elis: Dressur des Bösen. München 1977
97 Pilgrim, Volker Elis: Die Elternaustreibung. Düsseldorf 1984
98 Pilgrim, Volker Elis: Manifest für den freien Mann. Reinbek 1984
99 Pilgrim, Volker Elis: Sex antarcticus. München 1975
100 Pilgrim, Volker Elis: Der Untergang des Mannes. München 1979
101 Plattner, Elisabeth: Jugend im Reifealter. Stuttgart 1963
102 Plattner, Elisabeth: Die ersten Lebensjahre. Freiburg 1981
103 Preuss, Rudolf: Sexueller Lustgewinn durch Onanie und andere Praktiken. Flensburg 1973
104 Reich, Wilhelm: Der Krebs. Köln 1974
105 Reich, Wilhelm: Massenpsychologie des Faschismus. Kopenhagen 1934
106 Reich, Wilhelm: Über Onanie im Kindesalter. In: Zeitschrift für psychoanalytische Pädagogik (1928), Sonderheft «Onanie», Heft 4, 5, 6, S. 149
107 Reich, Wilhelm: Die Funktion des Orgasmus. Frankfurt/M 1982
108 Reich, Wilhelm: Die sexuelle Revolution. Frankfurt/M 1966

109 REICHE, REIMUT: Sexualität und Klassenkampf. Frankfurt/M 1965
110 REMPLEIN, HEINZ: Die seelische Entwicklung des Menschen im Kindes- und Jugendalter. München 1971
111 RÖMER, FRIEDL: Geschlechtserziehung auf der Hauptschule. In: SEELMANN, KURT (Hrsg.): Lehrer und Geschlechtserziehung. München 1969, S. 75
112 ROHLEDER, HANS: Die Masturbation. Berlin 1899
113 ROTTER, HANS: Sexualität und Verantwortung. Freiburg/Schweiz 1982
114 SCHATZMANN, MORTON: Die Angst vor dem Vater. Reinbek 1974
115 SCHELSKY, HELMUT: Soziologie der Sexualität. Reinbek 1983
116 SCHLESINGER, MIROSLAV: Die Onanie. Radeburg 1925
117 SCHMIDT, GUNTER: Jenseits des Triebprinzips. In: SCARBATH, HORST/TEWES, BERNARD: Sexualerziehung und Persönlichkeitsentfaltung. München 1982, S. 27
118 SCHMIDT, GUNTER/SIGUSCH, VOLKMAR: Arbeitersexualität. Neuwied 1971
119 SCHMIDT, GUNTER/SIGUSCH, VOLKMAR: Jugendsexualität. Stuttgart 1973
120 SCHMIDT, WERA: Onanie bei kleinen Kindern. In: Zeitschrift für psychoanalytische Pädagogik (1928), Sonderheft «Onanie», Heft 4, 5, 6, S. 153
121 SCHORSCH, EBERHARD: Die Stellung der Sexualität in der psychischen Organisation des Menschen. Nervenarzt 49, 1978, S. 456
122 SCHULZE, THEODOR: Häusliche Szenen und seelische Entwicklung. In: Erziehung in früher Kindheit. Hrsg. v. GÜNTER BITTNER und EDDA SCHMIDT-CORDS. München 1968, S. 291
123 SCHWARZER, ALICE: Der «kleine Unterschied» und seine großen Folgen. Frankfurt/M 1975
124 SEELMANN, KURT (Hrsg.): Lehrer und Geschlechtserziehung. München 1969
125 SEELMANN, KURT: Zwischen 14 und 18. München 1974
126 Sexualerziehung, Lexikon der Sexualerziehung. Hrsg. von TOBIAS BROCHER und LUDWIG VON FRIEDEBURG. Stuttgart 1972

127 Sexualpädagogik, Wörterbuch zur Sexualpädagogik. Hrsg. v. Jochen Fischer und anderen. Wuppertal 1969
128 Spitz, René: Autorität und Onanie. In: Psyche, Band VI (1952/53), Heft 4, S. 1
129 Spock, Benjamin: Säuglings- und Kinderpflege. Berlin 1982
130 Strätling, Barthold: Sexualethik und Sexualerziehung. Donauwörth 1970
131 Sturgis, F. R.: Die Behandlung der Onanie. In: Masters, R. E. L. (Hrsg.): Das heimliche Laster. München 1969, S. 22
132 Suenens, Leo J. Kardinal: Christliche Liebe und Sexualität heute. Leutesdorf 1983
133 Sury, Kurt von: Wörterbuch der Psychologie. Olten 1974
134 Sutor, Jacobus: Onanie beim Weibe, Paris 1900. In: Masters, R. E. L. (Hrsg.): Das heimliche Laster. München 1969, S. 35
135 Thomas, Klaus: Abriß der Entwicklungspsychologie. Freiburg i. Br. 1979
136 Thomas, Klaus: Sexualerziehung. Stuttgart 1970
137 Tissot, Simon-André D.: De l'onanisme, ou dissertation physique sur les maladies produites par la Masturbation. Paris 1760
138 Tissot, Simon-André D.: Vom Onanismus – Versuch von den Krankheiten welche aus der Selbstbefleckung entstehen. Frankfurt 1760
139 Tissot, Simon-André D.: Der Onanismus, seine hintergründigen Gefahren. In: Giese, Hans (Hrsg.): Die sexuelle Perversion. Frankfurt/M 1967, S. 10
140 Tölle, Rainer: Psychiatrie. Berlin 1982
141 Tournier, Michel: Les Météores. Paris 1975. Deutsch: Die Zwillingsbrüder. Frankfurt/M 1984
142 Trobisch, Ingrid und Walter: Mein schönes Gefühl – Briefwechsel mit Ilona D. Baden-Baden 1975
143 Ussel, Jos van: Sexualunterdrückung – Geschichte der Sexualfeindschaft. Gießen 1979
144 Wechselberg, Klaus/Puyn, Ulrike: Mutter und Kind heute. München/Gütersloh 1979
145 Weininger, Otto: Geschlecht und Charakter. München 1980

146 WERREMEIER, FRIEDHELM: Bin ich ein Mensch für den Zoo? Wiesbaden 1968
147 YANKOWSKI, JOHN S.: SEX VOR DER EHE (YANKOWSI-REPORT). MÜNCHEN 1967
148 ZULLIGER, HANS: Sexualentwicklung, Sexualerziehung und geschlechtliche Aufklärung der Kinder. München 1958

# Danksagung

Keine schriftliche Arbeit hat mir so widerstrebt wie dieses Buch. Widerstrebend verhielt sich auch die Umwelt – sie hat mir dadurch geholfen, schärfer zu sehen und präziser zu formulieren.

Trotz elementarer Kommunikationshemmungen angesichts des Themas ist keine meiner Arbeiten so wie diese fast vollständig das Ergebnis von Kommunikation. Viele Menschen haben mir Eindrücke und Erfahrungen mitgeteilt. Einige davon möchte ich nennen.

Allen voran gilt mein Dank Christa Müller: In ständigem Gespräch mit ihr schwand meine Unsicherheit. Sie stützte und beriet mich beim Aufbau und der Gestaltung.

Glücklich bin ich über die Anregungen und Hilfen gewesen von: Klaus Ascheneller, Elisabeth Bachtler, David Bennett, Gerlach Bommersheim, Kathrin Brigl, Christel, Claudio, Katharina und Yara Dreyer, Eva, Traut Felgentreff, Christa Gilge, Gisela Nowka, Helga Goetze, Frieda Grafe, Udo Heiland, Hellmut, Robby Holzach, Anne Rose Katz, Rudolf Lenk, Thorsten Müller, Skip Norman, Paul Sahner, Gabriele Schmolck-Hieber, Walter Schörling, Ria Schulte, Bernd Sobe, Wieland Speck, Birgit Teising-Eger, Erika Wisselinck.

Vorangetrieben hat mich der Streit in und der Ansporn von meiner Männergruppe: Axel, Bodo, Hans, Herbert, Karlheinz, Peter, Rainer, Richard, Thomas und Wolfgang.

Peter Kobierski, Mira Prus und Sibylle Wissmeyer verdienen meine besondere Dankbarkeit, weil ihre Liebe und Freundschaft zu mir sich als Band von Gesprächen durch die mich oftmals beklemmende Arbeit gezogen haben.

Ein altes Buch wieder aufzurollen, verläuft nicht ohne Schmerzen. Dieser Vorgang ist für mich schwieriger, als ein Buch neu zu schreiben. Ich konnte nicht aus einem Atem, vor allem, nicht allein schreiben. Ich hatte als Co-Autor ein zehn Jahre jüngeres Ich, das mir andauernd in die Quere kam. Oft war ich verzweifelt, wußte nicht, wem ich mehr vertrauen sollte, mir damals oder mir heute. In der Zeit der Mühen haben mir Männer geholfen, meine Arbeit gefördert und sich auf die Seite meines lebendigen Ichs gestellt. Ich danke Cornelius, Frank, Hans-Günther, Jürgen, Michael, Siegfried und Wolfgang für ihre Anteilnahme an diesem Prozeß.